汽车专业高技能职业教育系列教材

汽车服务接待实用教程

段钟礼　张撂挑　编著

机 械 工 业 出 版 社

本书打破了以往教材只考虑讲师如何教，而不考虑学员如何学的思维局限，将技能点的训练与实战应用有机地结合起来，使学员的学习不再乏味，变得趣味横生。本书将汽车服务接待工作分解为七个项目：服务意识的确立，提供服务产品、优化服务过程，维修预约作业，车辆维修服务接待，增项处理，交车作业，服务跟踪。通过对这七个项目的学习及围绕这七个项目展开的场景训练，本书的主人公小王顺利地由学员成长为了一名合格的服务接待。

本书适合于中高级职业学校、汽车服务类企业等作为教材使用，也可供一线服务接待人员和对汽车服务感兴趣的读者参考阅读。

本书配备教学课件，教师可在机械工业出版社教育服务网（www.cmpedu.com）注册后免费下载，或添加微信获取（微信号码：13070116286）。

图书在版编目（CIP）数据

汽车服务接待实用教程/段钟礼，张撂挠编著. —北京：
机械工业出版社，2010.8（2024.7 重印）
汽车专业高技能职业教育系列教材
ISBN 978-7-111-31345-8

Ⅰ.①汽⋯　Ⅱ.①段⋯②张⋯　Ⅲ.①汽车工业—销售管理—商业服务—高等学校：技术学校—教材　Ⅳ.①F407.471.5

中国版本图书馆 CIP 数据核字（2010）第 137777 号

机械工业出版社（北京市百万庄大街22号　邮政编码100037）
策划编辑：齐福江　责任编辑：何士娟　责任校对：李汝庚
封面设计：鞠　杨　责任印制：单爱军
北京虎彩文化传播有限公司印刷
2024年7月第1版第18次印刷
169mm×239mm　·16.25 印张·312 千字
标准书号：ISBN 978-7-111-31345-8
定价：39.00 元

凡购本书，如有缺页、倒页、脱页，由本社发行部调换

电话服务	网络服务
服务咨询热线：010-88379833	机 工 官 网：www.cmpbook.com
读者购书热线：010-88379649	机 工 官 博：weibo.com/cmp1952
	教育服务网：www.cmpedu.com
封面无防伪标均为盗版	金 书 网：www.golden-book.com

前　言

随着我国经济的快速发展，私人用车成为汽车消费的主流。汽车服务个性化、多样化的时代已经到来。客户需求的不断增加，必然导致汽车后市场革命性的变化。

传统意义上的服务接待已远远不能满足现代车主日益丰富的需求。汽车服务企业需要一大批业务熟练、有服务提供能力，以及熟悉企业各类关联服务的服务接待。本书为机械工业出版社汽车专业高技能职业教育系列教材，咨询邮箱502135950 @qq.com。

服务接待对汽车服务企业的重要性毋庸置疑。能够编一本学员想学、企业实用、老师好用的书是编者最大的愿望。为此，编者结合一线实际，总结了职业教学和培训过程多年的实践经验，在教材编写思路上进行了大胆的创新和尝试，突破了以往教材编写只考虑教师如何教，而不考虑学员如何学的思维局限。

（1）结合当前职业教育的特点，在同类教材中率先引入了行为引导法的最新职业教育理念，突破了以往章节式平铺直述的内容展开方式。根据服务接待的工作特点，将全书设计为7个工作项目：服务意识的确立，提供服务产品、优化服务过程，维修预约作业，车辆维修服务接待，增项处理，交车作业，服务跟踪把各个内容单调乏味的知识点变更为工作中可能出现的疑问点，使学员由原来单纯的知识点学习转变为对新问题的探索，使整个学习场景变得更加生动。

（2）本书注重学员的实战应用，创新性地将以往教材编写中零散的案例讲解，编写成一位初入职的服务接待成长为一个优秀服务接待的经历，学员可以通过跟随主人公小王从入职培训、上岗实习、入职工作等有趣的工作经历，去感受如何成长为一名合格的服务接待，从而使学员的学习变得更有趣、更主动。

（3）本书突破了以往同类教材知识单一、内容滞后的障碍，结合了众多维修服务企业服务接待、服务经理等的一线工作经历，全方位地展示了一名服务接待如何提供服务、如何销售服务的各种实战技巧，提出了表演式服务、全方位服务、有价值服务的全新理念，为每一位准备从事服务接待工作的学员指出了明确的职业发展方向，真正做到了学以致用。

（4）本书的编者来自于职业教育第一线，项目从教师的实践应用角度展开。每个项目划分为若干个子任务。教师可以根据一线实际自由确定每个项目训练所需的时长，并通过小王的工作经历，挖掘企业注重的技能点，从而利于教师教学重心的把握。

（5）本书文字简练、突出重点、通俗易懂，既保证了内容的完整性，又突出了趣味性，达到了行为引导的职教目的。

　　本书适合于中高级职业学校、汽车制造公司、汽车服务类企业等作为教材使用，也可供一线服务接待人员和对汽车服务感兴趣的读者阅读参考。

　　本书由段钟礼、张撂挑编著。本书的编写得到了沈阳敏捷科技有限公司培训总监田久民、山西香山汽贸集团董事长高保瑞、山西汇众汽车家园有限公司董事长姚刚、山西友信汽车销售公司服务总监李东、上海大众汇众 4S 店服务总监李赟、山西友通汽车销售有限公司服务总监高翔、山西交通技师学院讲师赵启文、王永忠等诸位同仁的大力支持，在此一并表示衷心的感谢。目前本书已委托沈阳敏捷科技有限公司进行配套教学软件的开发，敬请期待。

　　由于编著者水平有限，书中难免存在不足之处，恳请广大读者批评指正。

编著者

目　　录

项目一

服务意识的确立

项目导入

学员小王有一年左右的汽车维修从业经历，后拟从事汽车服务接待工作。他通过网络渠道了解到某品牌专营店招聘汽车服务接待，就兴冲冲到该店应聘。由于小王有一定的维修经历，所以很快就通过了专营店的初试，紧接着企业的培训人员对其进行了服务意识的培训。

项目分析

服务意识是服务类企业从业人员必备素质之一，要达到确立服务意识的目的，从事这一行业首要的基本工作要求是：

◎ 认识汽车服务。

◎ 知道如何进行服务的营销。

◎ 有较强的服务意识。

任务一

认识汽车服务

任务目标

目标一：能够认识什么是汽车维修服务

目标二：能够描述客户满意与客户忠诚

任务下达

某品牌专营店对新入职的服务接待进行服务理念培训，要求学员首先充分认识汽车维修服务的特点，为以后销售服务产品、服务客户奠定基础。

任务分析

汽车服务业在我国属于朝阳产业。要从事汽车服务工作，首要的任务是明确什么是汽车服务，因为服务接待与客户保持高度接触，服务的好坏直接关系到企业、厂家和客户三者之间的关系。需要明确的概念包括：

1. 什么是服务？
2. 什么是汽车维修服务？
3. 什么是客户满意与客户忠诚？

上述概念涉及服务、汽车维修服务以及客户满意与客户忠诚等方面的知识。为了使学员能够明确什么是汽车服务，首先要进行相关知识的学习。

作为消费者，我们每天都在享受服务，上网、教育、购物、理发、乘车以及住宿等都属于服务消费的范畴，服务是现代社会产品的重要体现形式之一。

【问题一】　什么是服务？

服务是一种可以用来交易、客户能够感受、但却无法交到客户手中的一种产品，多年来对于服务有很多种定义，得到多数人认同的一种定义是：服务是一方向另一方提供某种经济活动，通常是通过限时的表演过程，给接受者、物体或买方所负责的其他对象带来所需要的结果。客户可以从员工的劳动专业技能，或企业的设备、网络、系统、器材中获得价值，但是并不拥有对任何实体要素的所有权。

（一）服务与实体产品的不同之处

服务是通过行动或表演使客户获得某种感受的产品，因此与通常意义上的产品有很大的不同，我们可以通过表 1-1 来看看服务产品与实体产品的区别。

表 1-1　实体产品与服务产品对比

实 体 产 品	服 务 产 品
如：客户购买汽车、衣服、房屋等	如：客户接受教育、听音乐会、住宿等
客户购买产品的目的是为了该产品的所有权	客户购买服务，以感受为目的，而不在意其所有权
产品是客户看得见、摸得着的，是有形的要素在创造价值	提供的服务是看不见、摸不着、但客户可以去感知的，是无形的要素在创造价值
产品可以进行标准化生产，客户并不参与其生产过程	人员也是产品的一部分，客户可直接感受员工的行动，有很多可变的因素，服务过程很难标准化

（续）

实 体 产 品	服 务 产 品
产品生产和消费的过程是分离的	服务的生产和消费同时进行
生产的产品可以储存	提供的服务直接消费，无法退货和转售
客户对时间的要求通常并不强烈	客户希望服务能够在恰当的时间被提供
产品通过实体分销渠道到达客户手中	分销渠道多种多样，有多少种信息的传递途径，就会有多少种服务提供的途径

（二）服务的分类

服务是现代社会的重要活动之一，形式多种多样，对服务的划分也有多种方式。通常情况下，下述的这两种划分方式对我们今后的汽车服务工作有很大的指导意义。

1. 按照服务创造和传递的过程来分类

服务的过程就意味着一定的投入和产出，在服务过程中涉及两大因素，即人和物品。在很多情况下，客户本身就是服务过程的主要投入，例如交通和教育，而在一些情况下，比如汽车维修，主要的投入是物品。有一些服务过程，行为是有形的，而在一些以信息为基础的服务中，发生的行为则是无形的。据此，我们可以从运营的角度把服务的过程分为 4 类，如表 1-2 所示。

表 1-2 服务过程分类示意

行为本质		示 例	描 述	运 营 特 征
有形行为	针对人体的服务	乘客运输、美容美发、医疗保健、酒吧、健身等	客户必须积极参与到服务系统之中，并需要花费时间与服务提供者积极配合	服务者需要根据客户经历的事情来考虑服务的过程和结果，以确定客户得到了哪些收益，从而确定非财务成本
	针对实体的服务	货物运输、汽车维修、仓储保管、洗衣与干洗、加油、园艺等	客户参与较少，一般仅限于对所需的服务提出要求，待服务后再领回物品	服务者需要解决客户所提出的问题并令其满意或对实体作出实质性的改善
无形行为	针对人脑的服务	广告/公关、广播电视、娱乐、音乐会、教育、咨询、宗教等	服务者主要针对客户的大脑发生作用，以影响人的思想和行为为目的，通常需要时间的投入	这类服务是以信息为基础的，所以可以通过一定的方式记录下来，以便以后使用
	针对无形资产的服务	会计、银行、数据处理、保险、法律、投资等	服务者主要提供信息服务，可以通过物理的方式记录下来，如信件、光盘、书本等	可以多渠道、多方式地进行远距离交易

2. 按照客户与服务者的接触程度和创造价值的程度来划分

严格来说，产品也可以看作是一种服务的体现形式。随着社会经济的飞速发展，服务的意义越来越丰富，服务的概念涵盖的范围也越来越广泛。在现代社会传统意义上的单一实体产品已经非常少，更多的情况是服务和实体产品相伴相生，服务已经无处不在。鉴于此，我们可以根据客户与服务者的接触程度和创造价值的能力来区分不同的服务。

（1）按被服务者参与程度划分，可以把服务业分成 3 类。

① 高接触性服务业，是指消费者（被服务者）必须参与其中全部或绝大部分活动的行业，如电影院、娱乐场、公共交通、学校等。

② 中接触性服务业，是指消费者只是在特定时间内参与其中的活动的行业，如银行、律师、房地产经纪人等提供的服务。

③ 低接触性服务业，是指服务的提供者和消费者不是面对面接触，他们大部分交往是通过仪器设备而进行的行业，如信息中心、批发商业、邮电通信业、车辆维修等行业提供的服务。

（2）根据纯粹服务成分的高低划分，如图 1-1 所示，可以把服务业分成 3 类。

① 高服务成分的服务业。这些行业对物质技术设备的要求一般不高，主要是通过提供纯粹服务劳动来满足消费者的需求，无形的服务是为客户创造和提供核心利益的主要源泉，如教育、法律咨询、旅游、金融行业等。

② 中服务成分的服务业。这类行业对有形产品和服务水准都有较高的要求，如饮食业、旅店业、设备安装和维修业。

③ 低服务成分的服务业。这类行业是指消费者更注重产品，而对服务要求不高的行业。有形的产品是为客户创造和提供核心利益的主要源泉，无形的服务只是满足客户需求、提高客户满意度的附加增值部分，如欧美的汽车商店（仅限于汽车销售）、自助商店以及自选市场等。

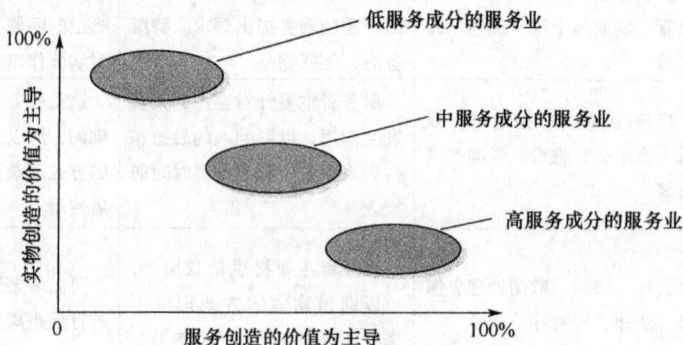

图 1-1　服务成分分类示意图

【问题二】 什么是汽车维修服务？

在人类发展的历史进程中，汽车比任何一种发明对世界的影响都大，它改变了人的生活方式。通过大众对汽车的广泛认可，它已经不仅仅是一种将货物、人、服务等及时运往较远距离的交通工具，汽车更成为人们表达自由和活动能力的一种最深刻的、最人性化的方式——反映出车主的性格、期待和自我。

汽车和其他产品相比有很大差别。自汽车诞生的那一天起，汽车服务作为他的孪生兄弟也同时诞生：哥哥——独具魅力的大汽车产品，包括设计、制造和营销等一系列活动，带有强烈的实体产品特征；弟弟——为保证汽车能够持续行驶所必须的服务、维修、维护、支持以及由于汽车而衍生出来的一切服务。汽车销售与汽车售后的服务销售既存在一致性——我们无法单独来考虑售前或售后，而是要进行整体的服务提供；又存在很大的差异性——售前强调产品本身的品质，而售后则强调服务过程的连贯性及客户对服务的感知。

与大多数服务和实体产品不同，汽车产品的消费既有服务消费的特征，也具有实体产品的消费特征。在多数情况下，我们容易把汽车的销售和汽车服务的销售混为一谈，因为他们本身就是孪生兄弟。实际上对于从事汽车服务业的企业来讲，汽车售前和售后服务的提供方式有很大的区别：汽车新车销售有着明显的实体产品特征，很多时候，车型质量和性能的优劣在客户的价值衡量中起着主导的作用，也就是说，客户不会仅仅因为服务好就买车；而汽车售后服务却有着鲜明的服务产品特征，相较而言，客户更在意等待的时间及汽车性能的恢复程度，也就是说，客户更在意服务提供的质量及其服务的态度，服务质量的好坏程度决定着客户最终的价值考量。我们可以通过表1-3将汽车的销售与汽车维修服务的销售进行一下对比。

表1-3 汽车销售与汽车维修服务销售的对比

汽车销售	汽车维修服务销售
汽车可以先生产，再销售，例如一辆汽车可以在北京生产，运到上海，几个月后再卖掉，并在以后的几年内消费	汽车售后服务基本上和消费是同时进行的，例如汽车维修的过程就是客户消费的过程，客户可以观察甚至参加到生产服务当中
可以进行标准化的生产作业，产品质量可以得到有效控制	售后服务的质量与人有很大关系，不同的客户有不同的服务要求，而服务提供者由于情绪波动等原因也很难做到自始至终的一致服务。服务质量的好坏很大程度上依赖于服务"真实瞬间"发生的情况
汽车可以储存、转售和退回	在售后服务过程中，维修的工时不可存储，一旦服务，则无法再退回或重新出售。例如维修服务企业闲时工位和技工闲置，而忙时也不可能将原来闲置的工时再行追回

（续）

汽车销售	汽车维修服务销售
作为汽车产品，很多情况下客户是可以等待的	由于客户直接参与生产过程，客户对时间的承诺更为在意
客户选择车型的原因主要是汽车本身的性能，服务的好坏并不是客户购车与否的主要原因	客户十分在意汽车维修服务的整个提供过程，维修技术的好坏、服务是否全面周到、态度是否端正热情，都是客户考虑服务价值的主导因素

【问题三】 什么是客户满意和客户忠诚?

客户满意和客户忠诚是汽车售后服务中两个十分重要的概念，客户满意是指客户原先的期望值和客户最终的实际值之间的对比。客户忠诚则用来描述客户对某一公司的长期惠顾以及将该公司产品推荐给朋友和同事的一种意愿。

（一）客户满意

客户满意是我们的服务目标之一。要明确这一概念，需要理解客户期望、客户体验以及客户的价值等式。

1. 服务之前我们要了解客户的期望

客户的期望也就是指客户对服务的心理预期。这和客户以往类似的服务经历、同行业竞争对手的服务水平、其他行业相关服务水平以及企业做出的服务承诺等息息相关。如果客户没有类似的经历，就会根据该车的口碑、新闻报道或者公司的市场宣传而形成购买期望。

我们可以把客户对汽车售后服务的期望分为渴望服务、可接受服务、预期服务以及在渴望服务与可接受服务之间的容忍区。表1-4说明了客户的期望程度层次。

表1-4　客户的期望程度层次

期望程度	期望程度的描述	实际现象	备注说明
可接受服务	这是起码的服务标准，是指客户能够接受而且不会造成不满意的最低服务水平	准确的修理 按时完成 友好的接待 专业性的解释维修项目 可信赖的服务	影响这一期望形成的因素包括服务表现的情景、可供选择其他服务提供者的服务水平等。竞争越激烈，客户要求的期望越多
预期的服务	预期服务是指客户实际期望得到的服务水平。如果客户预期是良好的服务，可接受水平就高；如果客户预期比较差，可接受的服务水平就低，这是根据具体情况来定的	良好的环境 合理的价格 热情的服务态度 专业性的推荐服务项目	如果当地同行业的服务水平较低，那么客户的预期服务也低；如果当地同行业的服务水平很高，那么客户的预期也就会高

（续）

期望程度	期望程度的描述	实际现象	备注说明
渴望服务	渴望服务是客户希望达到的服务，是一种客户的愿望——相信自己能够得到专门的满足自己个人需要的服务。事实上，客户也知道企业很难满足他们的全部需要	友好的氛围 绿色通道 个性化服务 专业性的车辆维护建议	渴望服务的提供与当地的竞争形势、服务水平以及品牌的档次有关
容忍区	容忍区就是客户愿意承受的服务水平的浮动范围。服务如果高于可承受的范围，客户就会满意；如果低于可承受的服务范围，客户就会不满意。如果服务的变动超出了容忍区，客户就会产生正面或负面的反应	车辆不要两次以上都修不好 时间不要多次拖延 价格要和当地消费情况相当，不要太离谱 起码热情一点，不要板着脸 等待的时候可以喝水	服务的内在本质决定了同一个企业中的不同员工很难提供完全相同的服务，甚至相同的员工在不同的时间也很难提供相同的服务。容忍区也可能随着客户的不同而扩大或缩小

2. 服务的价值等式

价值等式是指客户在衡量费用/成本、绩效/表现及客户认为的价值体现三者之间的内在联系。对客户来讲，价值也同样是一个相对的观念，价值的高低，首先取决于客户所遇到问题的重要性和迫切性。费用/成本是客户愿意花费的金钱和其他任何客户认为有价值的东西，包括时间在内。绩效/表现可以看作是服务的同义词，是指向另外一个人提供援助或帮助所采取的行动，或者是一个人为了使另外一个人受益而做的工作。

我们可以这样来理解等式：如果我们提高了一项服务的费用，却没有更好的工作表现与之相适应，那么价值就会下降；如果我们的工作表现有了很大的改善而服务费用保持不变，那么价值就上升；要是相应地提高工作业绩和费用，价值就会稳定——换句话说，如果我们给予了客户远远超过他们想要和需要的东西，那么我们就可以相应地提高费用以保证获得更大的利润和赢利空间。

实际上，客户每一次做出购买决定都是一个在针尖上的平衡过程（图1-2），购买汽车维修服务也不例外。客户考虑问题时，一边是问题的严重性，而另一边是解决方案的费用。如果客户认为问题没有大到需要一个解决方案，那么费用将决定客户是否购买服务。假如一个车主在高速公路上开车，发现一个后轮的 ABS 警告灯亮了，但是车主仍然觉得车是安全的（我们不要去探讨是不是安全的），那么他就不急着确定出了什么问题，更不会着急去服务站。但是如果在一个烈日炎炎的夏日，空调坏了，这时候不管什么费用，为了能够快速处理，车主会立刻去服务站维修。

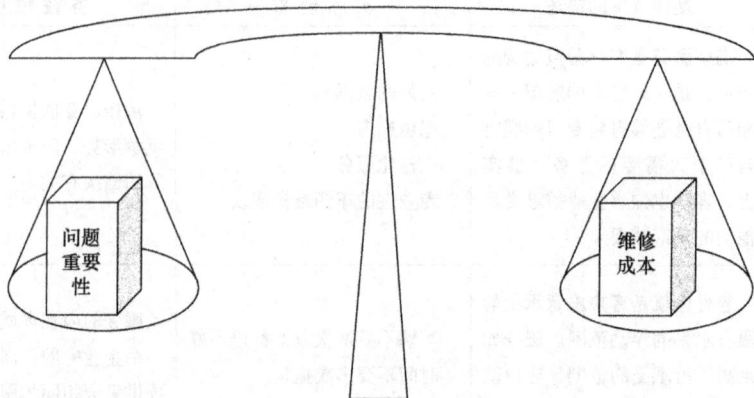

图 1-2　客户心中的价值等式

服务承诺与服务欺诈

　　有一位车主到专营店更换轮胎，看到在前台有一个价目表，轮胎价格是1380元。车主虽然觉得贵，但还是决定换。当服务接待去配件部询问有无现货时，配件人员告知轮胎涨价了，今天早起开始实施的，现在是1880元——这和服务接待报给客户的价钱差了500元。当服务接待向客户说明后，客户当时就火了，认为这是欺诈！服务接待再三给客户解释，说明是厂家统一调价的，不是公司自己随便上调的。但是客户说，"你和你们汽车厂家什么关系，我现在是对你们一个整体，是你们整个汽车厂家——要明白这个概念，你和你们的管理公司没有关系吗？我要你们给我一个答复。"实际上是服务接待工作没做到位，所以只能听他说，最后他的一个朋友出面协调了一下，客户还是换了轮胎。这件事虽然就这么解决了，但是却搞得十分尴尬。

　　※※为了获得客户的信任，我们做出了服务承诺，明码标价，但是由于一时的疏忽，标价与实际不符，我们的服务承诺就成了欺诈，这就是欺诈和承诺之间的关系。由于服务有很多不确定性，因此，服务接待在向客户做出服务承诺时，一定要慎重及留有余地，不然的话，我们的承诺在客户看来就是欺骗。

　　3. 客户满意的本身就是一个相对概念

　　客户满意是客户期望与客户实际感受之间的对比，我们可以通过图1-3来理解客户满意这一概念：如果客户认为体验到的服务的价值低于他们的期望值，就会感到不满意；如果服务价值符合期望，客户就会感到满意；如果服务价值超过客户的期望，他们就会感到非常满意。客观来讲，企业寻求高于竞争者的客户满意程度，并不意味着使客户的满意程度最大化，这是因为服务的目的是在实现盈利目标的情况下创造客户的价值，并使这个价值最大化并达到客户满意。

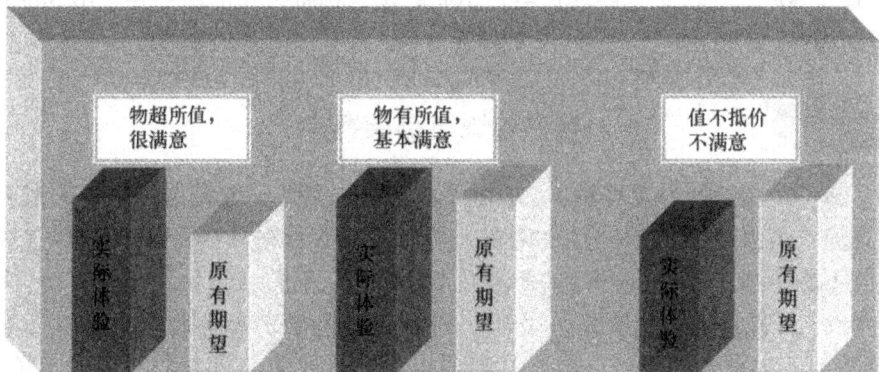

图1-3　客户期望与客户体验对比示意图

（二）客户忠诚

客户忠诚的基础源于客户满意，高度满意的客户更容易成为一名忠诚客户。满意的客户并不等于忠诚的客户，对服务类企业而言，忠诚客户才是真正有价值的客户，在多数情况下，忠诚客户的多少，反映了服务类企业的效益好坏。非常满意的忠诚客户会成为企业的倡导者，传播积极的口碑效益。相反，不满意将迫使客户离开且成为负效应的传播者，我们称他为企业的"恐怖分子"。我们可以通过图1-4来深刻认识这一问题。

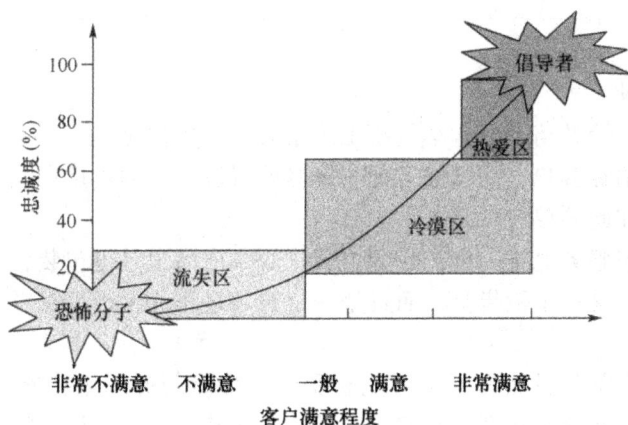

图1-4　客户满意与客户忠诚关系图

图1-4将满意和忠诚的关系分为三个主要区域。首先是满意度较低的客户流失区。在这一区域中，客户将更换服务商，除非更换转换成本很高或没有其他方

便的选择；极端不满意的客户将转变为"恐怖分子"，对服务提供者进行负面的口碑宣传。其次是满意度处于中间水平的冷漠区；在这一区域中，如果客户找到了更好的选择，也会更换服务商。最后是满意度较高的热爱区；在这一区域中，客户有较高的忠诚度，这些客户会在不同的场合称赞公司的服务并介绍其朋友也来尝试服务。

客户忠诚与绑架客户

有一车主到某专营店修车，需要更换配件。客户一看到服务接待的报价，很吃惊，因为这一品牌的备件明显比其他品牌的价格要高的多，就嫌太贵，问能不能便宜点。服务接待回答说，"对不起，我们这是全国统一定价，不能降价"。客户听到后十分不高兴，就想去别的地方修。服务接待回答道："别的地方也没办法修呀，我们这款车的备件其他渠道买不到，您只能在这里修。"客户听到这话愣了一下，想想也是，那没法就在这里修吧，谁让自己不知道配件这么贵，买了这款车呢！于是客户就在这里修了。

※※在很多时候，我们往往认为回头客就是忠诚客户，实际上从这个例子可以看出回头客未必是忠诚客户，也很有可能是"恐怖分子"！这是因为我们忽略了一个问题，那就是忠诚客户要具备两个要素，缺一不可：其一是客户长期惠顾，其二是客户与企业之间良好的关系，对企业的服务十分满意。而上面这个例子，我们可以想象——这个客户只能说是被"绑架"的忠诚客户。因此说，虽然客户满意不等于客户忠诚，但是忠诚的客户一定要是满意的，否则只能说是"绑架"客户！

任务实施

听完服务主管的培训后，学员小王思绪万千，感慨地说："我一直以为维修接待只是帮忙招呼客户，让维修工把车修好就可以了。通过培训我才明白原来汽车服务并不是如此简单：

其一，原来服务也是一种产品的体现，服务产品也是可包装，可销售的。看来服务接待不仅是一个销售员，而且是一个服务过程的生产组织者，这个工作很有挑战性。

其二，维修服务虽然看不见但能感受到。维修服务的销售看来比卖汽车更难，我们服务时客户就在享受我们的产品，要保持一个始终如一的服务态度，容不得半点差错，真的不容易呀。

其三，服务产品首先是一种客户的体验，客户满意直接关系到服务产品的价值，而每一位客户都有不同的服务期望，以我现在的服务技能和水平……有点晕，看来下一步我要好好学习专业技能，起码我要达到客户的最低期望才行呀。

其四，原来回头客并不一定是忠诚客户呀，我一直以为……

服务接待这个工作的学问真多，看来我得好好学学。"

任务二

服务的营销

任务目标

目标一 明确服务是相互关联的系统工程

目标二 能够描述服务营销

任务下达

服务理念的培训使学员小王对公司的服务产生了浓厚的兴趣，随后公司安排小王到服务前台了解工作环境，介绍公司为客户服务的过程，并引导小王来认识和了解服务营销。

任务分析

汽车维修服务的生产过程就是客户的消费过程，因此，服务提供的每一个环节都要注意客户的感受。在很多情况下，服务就是"表演"。要做好维修接待工作，就要注意客户服务消费的心理感受，注重服务过程中每一个环节的客户真实需求。要做好服务的营销，需要掌握的知识包括：

1. 汽车维修服务的过程。

2. 服务是一个系统工程。

3. 服务是需要营销的。

4. 认识维修服务工作。

上述概念的明确，涉及维修服务过程、服务的系统化以及服务营销等方面的知识，因此，为了使学员能够正确地进行服务定位，使得服务需求得到最大满足，首先要进行相关知识的学习。

【问题一】 客户是如何参与服务过程的？

在大多数情况下，客户很少参与到实体产品的生产过程中来。与此相反，服务的一个显著特点就是客户一定会参与到服务创作和提供的过程中来。因此，在服务提供之前，我们必须来了解客户是怎样来参与体验的。

1. 客户服务过程的体验

服务提供者要想改善服务质量，提高工作效率，必须了解客户的参与程度。我们通过前面的学习了解到维修服务属于接触服务，强调客户和服务人员接触过程，在很多时候客户与维修服务人员的接触到服务传递结束为止。当维修服务人员和客户接触时，服务人员所传递的信息往往影响客户对服务的期望和评价，我们可以通过图1-5所示的简单的服务过程来看看客户的参与程度。

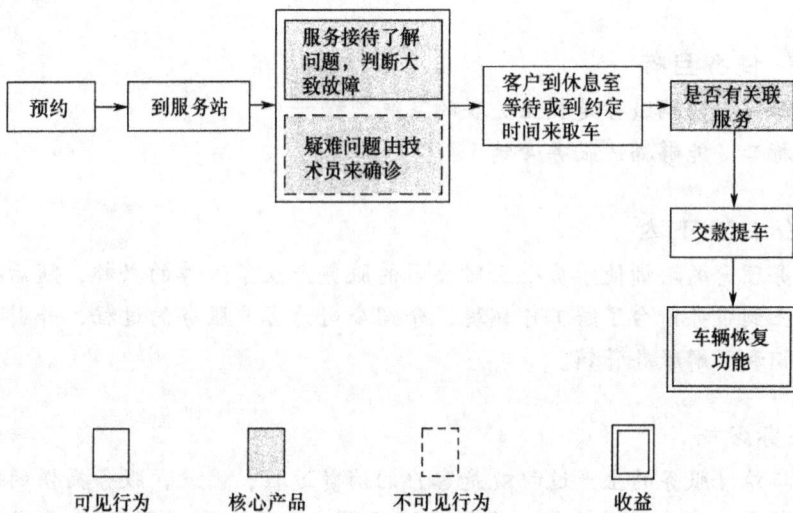

图 1-5　汽车服务过程示意图

在维修服务过程中，客户的作用只是说明汽车的故障情况，留下汽车，然后根据需要等待时间的长短来决定下一步的行动。如果只是保养，那么客户会选择在店里等待；如果是需要较长时间的维修，则客户会选择离去，几天后再来取车。这时客户必须相信在自己不在场的情况下技术人员提供服务的能力，因为客户通常不会参加技术服务的生产。但是，如果客户对技术服务产生了怀疑，则可能到车间里观看技术服务的过程。如果维修工作做得好，那么客户在使用维护后的汽车就能很满意，反之则产生极大的不满意。

2. 服务接触的关键时刻

通过图1-5我们可以发现，核心服务的可见部分，多数情况是服务接待传达给客户的。客户是通过对服务接待所提供服务的感知，来判断服务的档次和价值的。也就是说，服务接待在接车、等待、交车这几个关键环节的现场表现十分关键，在整个服务过程中服务接待所用的技巧和手段、技术人员的技术服务、客户的期望和行为一起实现了维修服务的整个过程。如果服务接待所提供的是一次不成功的服务，就会严重影响企业与客户之间的关系。

3. 要努力使客户对公司的服务有舒适感

在客户与服务接待发生互动之前，客户仅仅对交易抱有某种期望，这时还谈不上对满意度的评价。然而，客户对服务和服务提供商的舒适感在从购买前到购买后的每个阶段都是存在的。客户们用来形容舒适感的词语一般包括：安全、放心、不用担心、对服务质量有信心、内心平静、与服务提供者相处自在，以及信任他们。通过对客户的调查，我们可以看到随着感知风险的降低，客户舒适感是不断增加的。

对维修服务企业来说，仅仅依靠购买后的满意调查是不够的。因为这样做不可避免地会失去很多发现问题的机会，特别是当客户处于服务过程中，或者还没有作出进一步的使用决策时。如果客户对使用某一服务感觉不自在，那么他将不会再购买此服务。如果客户对服务的某些方面感觉不舒服，那么他将可能选择在交易完成之前退出，尤其是当他们不必为剩余服务付账时，这也是当服务接待推荐增项时客户不愿意接受的原因之一。

虽然在服务接触过程中进行正式的客户调查并不总是可行的，但是服务人员要注意提高观察力。当客户看起来遇到困难、感觉不安时，服务人员要能够及时发现并且询问他们是否需要帮助。如果客户对服务接触的某一方面持续地不满意，就意味着需要对此服务进行重新设计和完善。

【问题二】 服务的各个环节之间有联系吗？

服务中的各个环节都是息息相关的，可以说服务是一个系统。这个系统里面的服务一部分是可见的，或者对客户来说是明显的，但是其他一些部分则是隐藏的，客户甚至意识不到他的存在。我们可以用一种戏剧化的方式来了解这一系统的概念，也就是说前台的服务是可见的，而后台的服务是无形的。服务的好坏和以下三个重叠的系统有关系。

1. 服务运营系统

服务运营系统是指处理投入并创造服务产品的要素，由实现服务运营和服务产品创造所要求的人员、设备、设施组成。在这一系统中，通常客户只同服务接待接触。

如同剧院演出一样，服务运营的可见组成部分可以分为服务人员表演部分和后台支持部分(如实体设施、设备和其他有形资产)。由于服务接待需要与客户直接接触，所以客户对服务质量的评价与服务接待有很大的关系。客户并不关心后台发生了什么，通常他们和观众一样，根据在服务传递过程中实际体验到的和感受到的服务成果来评价生产；但是如果后台支持系统没能完成好其他部分的服务支持，就会影响前台活动的质量，客户就会觉察到后台服务有问题。譬如，客户仅仅是给车做保养，却花了很多的时间，客户就会很不满意。

2. 服务传递系统

服务传递是指如何组装企业服务提供的各个单元，并传递给客户。这一部分将有形的服务运营同客户联系起来。服务传递系统关注的是服务传递给消费者的地点、时间和方式。在这个系统中，不但包括服务运营中的可视要素——建筑物、设备和人员，而且会受到其他客户的影响。

汽车产品的高技术含量、耐用消费品的特征决定了汽车维修服务的复杂性。汽车维修服务可以通过接待、电话、网络等多种渠道将服务提供者和客户联系起来。服务管理人员要重视服务传递过程，对客户在服务过程中的行为进行研究，以确保服务时能够充分考虑客户的感受和需要。

3. 服务营销系统

服务营销系统包括所有与客户有关的接触，如广告、宣传册、财务人员开票、门卫迎送等。服务营销系统代表了客户可能接触和了解服务组织的所有不同方式。除了服务传递系统以外，其他一些因素也可能影响客户对维修服务的整体看法，如广告宣传、客服部门的业务拓展、大众媒体、其他人员的随机接触以及老客户的评价等，这些因素构成了服务营销系统，我们可以通过图1-6所示的服务营销系统示意图进一步了解它。

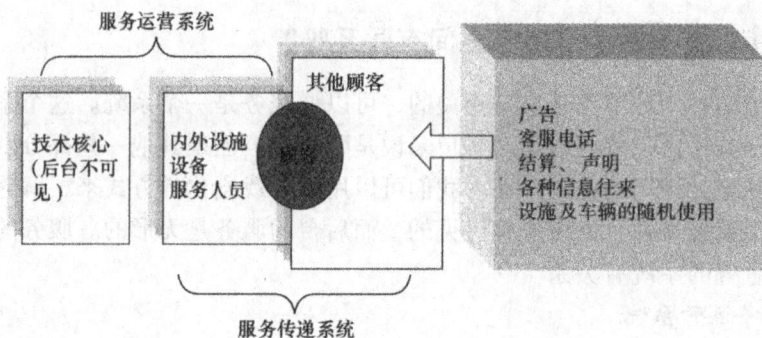

图1-6　服务营销系统示意图

维修服务企业设计了多种服务方式，希望客户能够积极地参与其中，但实际上客户参与的程度是由客户决定的。如果客户参与得不够，则可能降低服务所带来的收益，如我们向客户建议进行某些项目的维护，但是客户拒绝接受。同时，如果客户过度参与，也可能使企业提供更多的资源，譬如有的客户希望提供代用车。因此，服务企业必须设法帮助客户扮演好自己的角色，以使客户的参与水平达到最优。

实际上，客户参与的程度越高，就越需要了解如何参与才能获得最佳服务的结果。汽车是一种技术含量较高的产品，客户十分希望得到正确使用车辆的指导,但是很少有维修企业愿意承担这一工作。

我们可以在服务传递之前提供一个真实的服务预览,使客户对自己在服务合作中扮演的角色形成一个明确的概念。我们可以通过视频或其他方式,制作一份服务指南来帮助客户了解他们在服务过程中所扮演的角色。例如我们可以指导客户如何咨询/预约、如何保养车辆、如何进行业务沟通、如何处理异议等,通过这样的方式使客户了解企业,并说明如何配合企业获得良好的收益。

因为客户对汽车技术服务的接受程度不同,所以服务接待可以根据客户接受附加服务项目的意愿和能力对客户进行细分,其中很重要的一个细分变量就是人的个性特征。服务接待进行附加服务推荐时,一定不要忽视个性特征这一重要因素。

【问题三】 什么是服务的营销?

在现代社会,服务是无处不在的,有市场的存在就需要有营销。服务,营销的方式也与实体产品有很大的不同,我们可以通过下面的七个要素来认识服务营销。

1. 产品

企业要基于客户期望的利益和当地竞争者的状况来选择核心产品(商品或服务),以及相对应的辅助服务。

2. 渠道和时间

将产品传递给客户涉及传递渠道、时间以及采用的方式等。根据维修服务的特征,服务传递包括实体传递渠道和电子传递渠道。企业通过实体传递保证客户的车辆处于良好的运营状态,也需要通过网络等渠道传递客户所需的信息服务。所以服务的传递速度和便利性就成为服务产品传递过程中的重要因素。

3. 促销和教育

如果没有有效的服务沟通,任何营销计划都不会成功,服务产品同样如此。促销扮演着至关重要的角色:为客户提供必需的信息和建议;说服目标客户相信特定产品的优点和性能;鼓励客户在特定的时间采取购买行动。由于汽车较高的技术含量,使得许多沟通具有教育的特征。特别是对于不太懂汽车的客户而言,这种教育更为显著。服务人员需要向新客户讲授有关服务利益的指示,告诉他们在什么时间/什么地点得到服务,提供如何参与服务过程的指南等。沟通既可以由服务人员来进行,也可以通过媒介(电视、广播、报纸、杂志、招贴画、小册子、网页)进行。促销活动可以影响客户的品牌选择,企业可以采用价格刺激的手段来吸引客户进行购买。

4. 价格和其他服务成本

这一部分主要强调对客户获得服务产品利益的过程中所花费的成本进行管理。企业不仅需要设定销售价格和规定交易的信用条件，而且需要努力做到使客户在购买和使用服务过程中花费的其他成本最小。这些成本包括空间距离、难易程度、便利性、时间、精力等。

5. 实体环境

建筑物、景观、交通工具、内部装饰、设备、员工、标识符号、印刷资料和其他可视资料都为企业服务质量提供有形的证据。汽车维修服务企业需要仔细地管理有形的证据，因为这些有形证据能够对客户的心理产生重大影响。

6. 过程

创造和传递产品需要设计和执行高效的过程。过程体现了服务活动的方法和行动顺序，糟糕的过程设计将会导致缓慢、僵化的服务传递，因而造成客户流失。此外，糟糕的过程设计也会使一线员工很难做好自己的工作，从而导致低下的生产率，并增加服务失败的可能性。

7. 人员

汽车维修服务很大程度上依赖于服务接待和客户之间的直接互动。这种互动特征影响客户对服务质量的感知，也就是说服务质量与客户和一线员工之间的接触紧密相关。因此，成功的服务企业往往把主要精力放在招聘、培训和激励一线员工方面。

【问题四】　如何认识汽车维修服务工作？

服务质量的好坏很大程度上依赖于服务生产和消费的即时性。我们可以把维修服务比喻成一次戏剧表演，因为服务传递的过程正如客户在戏剧演出中所体验的一系列过程。

1. 用"戏剧表演"来比喻维修服务的传递

服务设施可以看成是服务展现的舞台。布景有时会在每一幕之间进行变换（例如车主来到接车区，然后把车交给服务接待，接着到休息室等待）。舞台上可能有一些"道具"，如服务设施等。

维修服务可以和剧本一样提前进行严格的设定，例如舞台场面设计可以定义为演员（服务接待、维修技师、休息室服务生）在舞台（售后维修服务站）、道具（待修车辆）、场景（设备和设施）中和其他演员之间进行的活动。

并不是所有的维修服务都要求客户到自己的"剧场"参与演出，譬如客户要求紧急救援，或要求取送待修车辆都可能变换场景。

前台的人员都可以看作是演员表上的成员，在一个剧目中扮演他们的角色，并得到后台生产小组的支持。有些企业要求服务接待和维修工穿上特定的服装，同其他的员工区分开来，目的就是在客户心目中强化专业的形象。不少汽车品牌将员工制服的样式和色彩都与公司其他的要素巧妙地融合起来。为了完成好表演，服务接待必须遵守服饰的搭配和化装的标准，才有利于很好地树立企业的服务形象。同时，汽车维修服务可以要求员工学习一些特定的台词，例如："很高兴为您服务"、"祝您一路顺风"、"请您稍等，我马上为您核实一下"等。正如戏剧表演一样，公司常用流程和规范来要求服务人员的行为。除了口头问候外，可能还需要眼神的交流、微笑、握手等。

2. 用角色剧本理论来诠释维修服务工作

在维修服务的接触过程中，员工和客户都有各自的角色。双方的满意程度取决于角色的一致性，员工必须使他们扮演的角色符合客户的期望，否则就会招致客户的不满乃至失去客户；客户必须按照规则来表演，否则就会给维修企业、员工甚至其他消费者带来不必要的麻烦。

"剧本"是服务传递过程中客户和员工需要学习并遵守的行为顺序。与电影剧本一样，维修服务的剧本提供了客户和员工需要表演的具体动作。客户与服务企业接触的经历越多，他对这个剧本就越熟悉。任何脱离这个剧本的行为都会给客户和员工带来麻烦，造成很多不愉快。如果一个公司决定改变服务剧本，例如，利用企业信息技术将高接触的客户来店服务转变为低接触的预约取送服务，那么应该向服务人员和客户告知这个新的剧本，并且说明它将带来的好处。

有些剧本是高度结构化的，能够帮助服务人员快速有效地完成任务（例如日常保养的车主）。服务销售剧本通常都规定有特定的开头和结尾。然而，并不是所有的服务都涉及严格的剧本式的表演。对定制化程度较高的 VIP 客户来说，服务剧本是灵活的，并可能根据客户和环境的不同而改变。当客户接受一项新的服务时，他们可能不知道应该期待什么，或者害怕做错事情。维修接待应该告诉客户他们将在服务传递中扮演的角色，因为不恰当的客户行为会终止服务传递，并且会使客户感到不安和窘迫。

过程图是设计剧本的好方法。剧本要提供对服务接触的全面描述，包括描述在服务处于不同阶段时客户和服务人员的表演。表 1-5 所示的是汽车一般故障处理的一个简单剧本，涉及四个演员——车主、维修接待、服务生和维修技师。每个人都有自己特殊的角色需求。在这里，剧本主要目标是出色和安全地完成技术任务。只有当车主积极配合时，检查和保养的核心服务才能够顺利地完成。这个剧本中有若干个要素涉及信息的流动：确认和遵守预约时间能够避免客户的等候，并且保证有效地利用维修技师的时间；记录维修对保持完整的车况记录和准确地开具账单都很重要；在维修后客户马上付款可以改善企业的现金流状况，避免坏账；最后，欢迎词、感谢和道别词等规定显示出企业友好的态度，并使这个在大多数人看来有些不太愉快的经历充满人性的关怀。

表 1-5　维修服务过程剧本

车主	维修接待	服务生	维修技师
1. 电话预约	2. 确认需要并安排时间 3. 查看维修记录，并通知维修技师		4. 做好接车准备
5. 车主到服务站	6. 问候车主，车辆预检，下单，预计工时/费用，安排客户等待，通知维修技师到达 7. 告知服务生和车主大致等待时间		
8. 车主到休息室等待（或离店）	9. 送车到维修工位	10. 服务生问候车主，并奉茶	11. 检验、确认维修项目
		12. 服务生询问客户是否需要相关服务，如餐饮、休闲、娱乐等	13. 领配件，开始维修
14. 考虑是否享受关联服务			15. 排除故障，并检查是否有其他故障
	16. 发现有其他故障及时通知车主		
17. 车主决定是否处理增加问题	18. 查验维修进度	19. 到预定时间，询问服务接待车辆维修状况	20. 检验维修状况，洗车，通知维修接待
	21. 核实维修项目，完成维修记录，通知客户准备提车 22. 问候车主，确认维修结束，解释项目	23. 礼貌地恭送车主离开休息室	
24. 离开休息室（或来店）	25. 开票，提醒下次保养时间，并做好记录		
26. 交费，领服务卡	27. 感谢车主，并目送车主离开，说再见		
28. 离开服务站			

任务实施

为了使小王了解工作环境，服务主管引导小王参观了汽车售后服务的六大功能区域：接/交车区、业务前台、维修区、备件库房、车主休息室及客户服务中心，并详细介绍了各主要区域的功能。

（1）接/交车区：属于服务传递系统，是服务工作的前台，服务接待日常服务开展的地方，也是企业同车主服务接触的主要区域。车主对服务站有没有信心，很大程度上取决于服务接待良好的服务沟通。

（2）业务前台：属于服务运营系统，是服务接待与其他服务人员进行服务沟通的地方。通过业务前台，实现了后台支持系统与前台的协作。

（3）维修区：属于后台服务运营系统，虽与车主接触较少，却是企业的技术核心，通过维修技师和相关设施/设备为车主服务。

（4）备件库房：属于后台服务运营系统，一般不同车主发生接触，但备件供应得是否及时准确，同样关系到客户的满意程度。

（5）车主休息室：属于服务传递系统，休息室的环境、气氛、设施以及服务生提供的服务直接影响车主对企业服务的评价，同时车主休息室是企业传递营销信息的重要场所之一，如相关服务、促销活动、汽车资讯等。

（6）客户服务中心：属于服务营销系统，客户服务中心的设立本身就是企业将高接触服务向低接触服务的一种延伸。通过客户服务中心，企业可以采用多种方式传递服务信息，为客户提供更便利、更快捷、更准确的服务。

听着服务主管的讲解，小王饶有兴趣地看着公司职员的工作。通过细致观察，小王总结出几个结论。

（1）在整个维修服务过程中，预约、接/交车、维修等服务接触行为十分关键，如果能够处理好每一次的服务接触，客户的期望就较容易实现。

（2）服务是一个系统工作，每一个环节都是相互关联的。台上一分钟，台下十年功，每一次服务的成功，都是六大功能区域共同协作的结果。服务接待则是联合各大功能区为车主提供服务的关键环节。

（3）原来维修服务也需要车主的积极参与，很多时候我们不仅要满足车主的意愿，还需要在消费中引导车主——车主的用车理念是需要我们教育的！

（4）汽车服务也有很多营销的卖点。很多车主并不只是想简单维修车辆，如果企业能够给车主提供期望中的关联服务，车主很乐意付款。

（5）每一次的维修服务就如同一次戏剧表演，每个人都需要完成特定的任务。好的服务如同看了一场好戏，车主付款后满意而去。很多车主的抱怨往往都是因为服务的疏忽，就如同好戏演砸，观众喝倒彩一样。

想通了上述问题的小王十分兴奋，向服务主管谈了自己对汽车维修服务的认识，服务主管听后连连点头，赞赏地说："真是孺子可教！"

任务三

服务意识的培养

任务目标

目标一：使每一位客户都有一次愉快的消费经历

目标二：探寻客户需求，服务客户

任务下达

接着公司对小王进行了服务礼仪培训，并要求小王在客户休息室进行为期一个月的服务。一天，小王正在整理休息室，看到服务接待小李推门进来，随后走进一位车主，小李介绍道："张老板，这是我们的服务生小王，您先在这里休息，我去帮您安排修车。有什么事，您可以先找小王帮您。"

任务分析

察言观色、服务车主是服务接待的基本功。要做好服务接待工作，首要任务是探知顾客的真实需求，设法满足车主的期望，使车主在遇到令人不愉快的车辆故障时，能够感受到令人愉悦的服务。要做好这项服务工作，需要掌握的知识点包括：

1. 服务接待必须具备哪些商务礼仪的常识。
2. 如何根据车主的性格提供相应的服务。
3. 进行优质服务应该掌握的基本原则。

【问题一】 服务接待必须具备哪些商务礼仪的常识？

商务礼仪是人们在商务活动中，用以维护企业形象或个人形象，对交往对象表示尊重和友好的行为规范和惯例。对于服务接待来说，学习商务礼仪可以有效塑造自己的素质和专业形象，使交往对象产生规范、严谨、专业、有礼、有节的良好印象。

（一）服务人员的仪容要求

个人的穿着打扮和身体动作是决定外表形象的重点，服务人员与顾客交往时，第一印象非常重要，最直接且最迅速造成印象的就是他的外表形态。对服务人员的仪容要求如表1-6所示。

表1-6 服务人员的仪容要求

部位	要 求
头发	头发干净整齐，色泽自然，无油汗、头皮屑，不染发，不做奇异发型 男性不留长发。女性不留披肩发，发型文雅、庄重，刘海不得超过眉眼，长发要用发夹夹好，不扎马尾巴，不选用华丽发饰
眼部	无眼屎，无睡意，不充血，不斜视。眼镜端正、洁净明亮。不戴墨镜或有色眼镜。女性不画眼影，不用人造睫毛
耳朵	耳朵内外清洗干净，及时清除耳朵孔中的分泌物，不佩戴耳环
鼻子	鼻腔保持干净，不要让鼻涕或别的东西充塞鼻孔，鼻毛不外露
胡子	刮干净或修剪整齐，不留长胡子，不留八字胡或怪状胡子
嘴部	牙齿整齐洁白，口中无异味，嘴角无泡沫，会客时不嚼口香糖等食物。女性不用深色或艳丽口红
脸	洁净。女性施粉适度，不留痕迹
脖子	清洁，不戴项链和其他饰物
手臂	双手保持清洁，指甲修剪整齐，不得留长指甲，不涂指甲油。不戴结婚戒指以外的戒指。肩部不裸露在外。腋毛不为对方所见
腿部	脚部清洁，无异味，脚趾甲要勤于修剪，不光脚穿鞋子（如拖鞋、凉鞋）等。男性不暴露腿部，女性不穿短裤或超短裙

（二）服务人员的仪态要求

1. 站姿

正确的站姿是抬头、目视前方、挺胸直腰、肩平、双臂自然下垂、收腹、双腿并拢直立、脚尖分呈V字形，身体重心放到两脚中间；也可两脚分开，比肩略窄，将双手合起，放在腹前或腹后，如图1-7所示。

（1）男性站姿：双脚平行打开，双手握于小腹前或腹后。

（2）女性站姿：双脚要靠拢，膝盖打直，双手握于腹前。

（3）当下列人员走来时应起立：客户或客人；上级和职位比自己高的人。

图1-7 站姿

2. 坐姿（图1-8）

入座时要轻，至少要坐满椅子的2/3，后背轻靠椅背，双膝自然并拢（男性可略分开）。身体稍向前倾，则表示尊重和谦虚。

（1）男性坐姿：可将双腿分开略向前伸，如长时间端坐，可双腿交叉重叠，但要注意将上面的腿向回收，脚尖向下。

（2）女性坐姿：入座前应先将裙角向前收拢，两腿并拢，双脚同时向左或向右放，两手叠放于左右腿上。如长时间端坐可将两腿交叉重叠，但要注意上面的腿向回收，脚尖向下。

3. 走姿

（1）男士：抬头挺胸，步履稳健，避免八字步。

（2）女士：脊背挺直，双脚平行前进，步履轻柔自然，避免做作。可右肩背皮包，手持文件夹置于臂膀间。

4. 蹲姿（图1-9）

拾取低处的物件时，应保持大方、端庄的蹲姿。一脚在前，一脚在后，两腿向下蹲，前脚全着地，小腿基本垂直于地面后腿跟提起，脚掌着地，臀部向下。

5. 手势

（1）指引：需要用手指引某样物品或接引顾客和客人时，食指以下靠拢，拇指向内侧轻轻弯曲，指示方向。

图1-8 坐姿

（2）招手：向远距离的人打招呼时，伸出右手，右胳膊伸直高举，掌心朝着对方，轻轻摆动。不可向上级和长辈招手。

（3）交际场合不可当众搔头皮、掏耳朵、抠鼻孔、擦眼屎、搓泥垢、修指甲、揉衣角、用手指在桌上乱画、玩手中的笔或其他工具；切忌做手势，或指指点点。

6. 行礼（图1-10）

（1）15°——"请稍等一会儿"。服务人员在接受顾客委托或是请顾客稍等时的行礼角度，只需轻微地身体前倾15°即可。如果服务人员和顾客眼睛碰上时，行礼的角度也是15°。

图1-9 蹲姿

（2）30°——"欢迎光临"。欢迎的行礼角度，以30°最为恰当，因为在打招

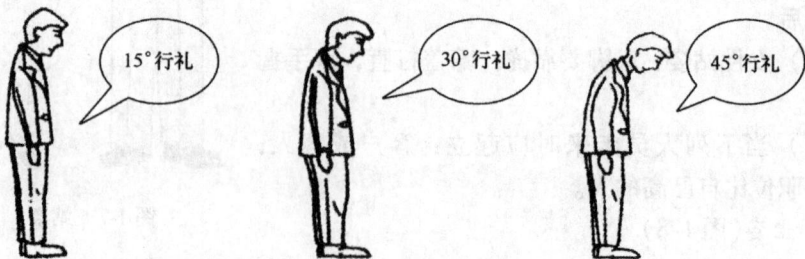

图1-10 行礼

呼的同时，还要注意顾客的视线以及顾客的表情。

（3）45°——"谢谢光临"。在目送准备离去的顾客时，由于服务已经告一段落，应该表示谢意，因此，行礼的角度不宜过小，须在45°。

7. 视线

（1）与顾客交谈时，两眼视线落在对方的鼻间，偶尔也可以注视对方的双眼。

（2）恳请对方时，注视对方的双眼。

（3）为表示对顾客的尊重和重视，切忌斜视或忽视顾客，使顾客产生非礼和心不在焉的感觉。

（4）道别或握手时，要注视对方的眼睛。

8. 声音

（1）发音没有地方音，且吐字清楚。

（2）发言语法正确。

（3）不说令人讨厌的字眼。

（4）语速适中。

（5）音调恰当。

（三）服务人员的着装要求

1. 不同场合的着装（表1-7）

表1-7　不同场合的着装标准

场合	说　明	基本要求	适宜服装
公众场合	执行公务时涉及的场合	庄重保守	男士：制服、西装套装、长裤、长袖衬衫。 女士：制服、西装套裙、长裙
社交场合	工作之余在公众场合和同事、商务伙伴友好进行交往应酬的场合，如宴会、舞会、音乐会、聚会、拜会等	时尚个性	礼服、时装、民族服装（中山装、旗袍等）
休闲场合	工作之余一个人单独或在公众场合和其他不认识者共处，如健身运动、观光旅游、逛街购物等	舒适自然	牛仔服、沙滩装、运动装等

2. 男性着装规范

男性服务人员，胡须应每天刮干净，头发梳理整齐，服装必须整齐清洁，不得穿着便服、或休闲服，不得穿脏或有皱褶的衣服，应穿着公司规定的制服，新进人员未分发制服前，应穿着白衬衫配领带。男士着装标准见表1-8和图1-11。

表 1-8　男士着装标准

着装	要　求
衬衣	白色或单色衬衫，无污渍，袖口不得长于手。领口不得有显露的破痕。所有扣子均系上，质地、款式、颜色与其他服饰相匹配，并符合自己的年龄、身份和公司的个性
领带	领带紧贴领口，端正整洁，不歪不皱，不过分华丽耀眼，质地、款式、颜色与其他服饰相匹配，并符合自己的年龄、身份和公司的个性
西装	整洁笔挺，背部无头发和头屑。不打皱，不过分华丽。与衬衣、领带和西裤匹配。与人谈话或打招呼时，将第一个纽扣扣上。上口袋不要插笔，所有口袋不要因放置钱包、名片、香烟、打火机等物品而鼓起来
铭牌	擦亮，表面没有胶条及皮筋。佩戴在上衣口袋连缝处，不能随意佩戴各种纪念牌
皮带	松紧适度，高于肚脐，不选用怪异的皮带头，颜色与鞋子、公文包搭配
裤子	无褶皱，适体，不系裤带时不掉落。站立时裤脚不应拖地，应能盖住袜子，着装饰简单的黑色皮带
鞋袜	鞋袜搭配得当。鞋面干净亮泽，鞋底不宜钉铁掌。袜子无褶皱、脏迹、破痕、异味。不露出腿毛，不穿尼龙丝袜，袜子颜色和皮鞋相近

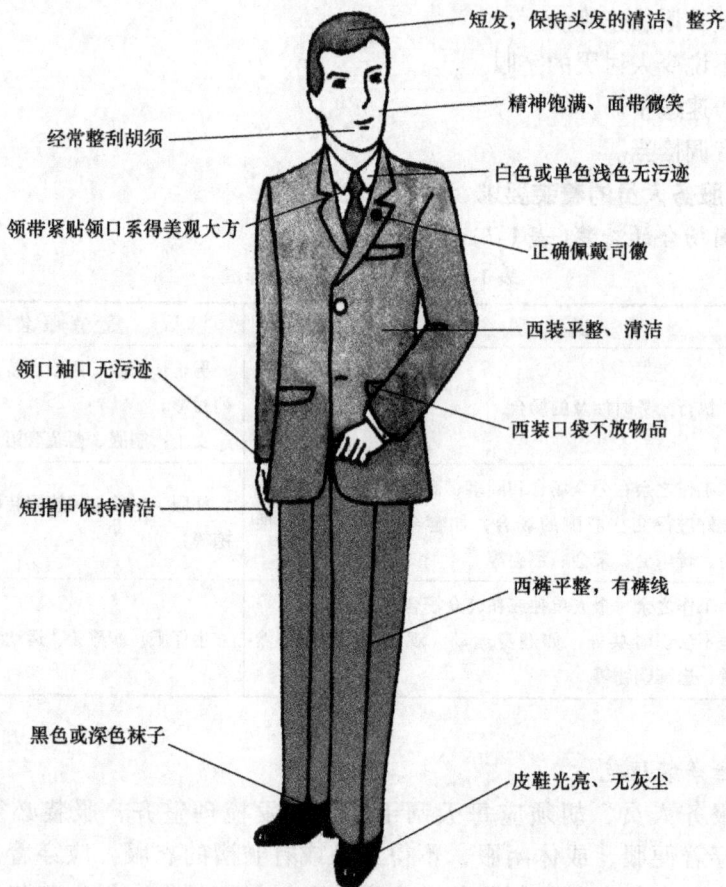

图 1-11　男士着装基本礼仪

3. 女性着装规范

女性着装应符合身份，扬长避短，区分场合，遵守惯例。制服要完整、清洁及合身，不得穿脏或有皱折的衣服。女性着装要求见表1-9，着装基本礼仪如图1-12所示。

表1-9　女士着装要求

着装	要　　求
衬衫	领口无显露破痕，领口无污渍，领带、领结及所有扣子应系好
上衣	无明显褶皱，着装平整，按要求标准着装，无污渍
铭牌	擦亮，表面无胶条及皮筋。一律佩戴在上衣左口袋连缝处。不能随意佩戴各种纪念牌
裙子	长度适宜，无褶皱、肮迹、破痕
裤子	裤无褶皱，适体，不系裤带时不掉落；站立时裤脚不应拖地，盖住袜子，着装饰简单的黑色皮带
筒袜	没有显露的破痕及缝迹，一般穿肉色短袜或长筒袜
鞋	擦亮，没有显露的开线及破痕

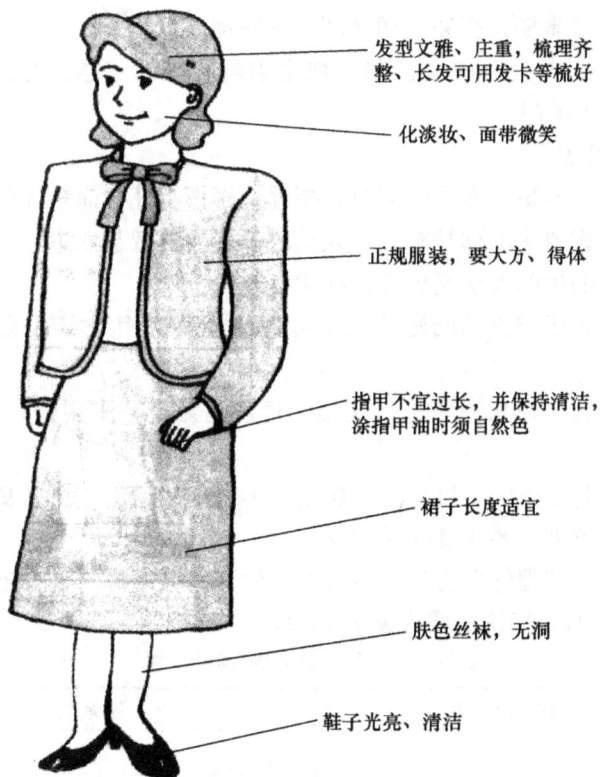

图1-12　女士着装基本礼仪

女士着装应注意：不能在工作场合穿黑色皮裙；不光腿；袜子上不能有洞；套裙不能配便鞋；穿正式凉鞋——前不露脚趾，后不露脚跟；不能出现三截腿——裙子一截、腿一截、袜子一截；不能拿健美裤充当袜子；不能将长筒袜卷曲一截。不过分杂乱，不过分鲜艳，不过分裸露，不过分透视，不过分短小，不过分紧身。

（四）日常行为礼仪

（1）遵守考勤制度，提倡提前15分钟上班，做好当天计划。

（2）准时下班，不迟到，不早退。病假、事假需按规定及时申请或报告部门经理，填报请假条。

（3）上班时间保持良好精神状态，精力充沛，精神饱满，乐观进取。

（4）对待上司要尊重，对待同事要热情，处理工作保持头脑冷静，提倡微笑待人、微笑服务。

（5）坦诚待人，平等尊重，团结协作，不将个人喜好带进工作中，不拉帮结派搞不团结。

（6）热情接待每一位来宾，不以貌取人。与客人约见应准时，如另有客人来访需等待时，应主动端茶道歉。

（7）保持良好坐姿、行姿，切勿高声呼叫他人。

（8）出入上司办公室或会议室，须主动轻轻敲门示意，经允许方可进入。进入房间后应随手关门。

（五）工作礼仪

（1）同领导、同事、客户会面要打招呼，彬彬有礼，简短问候。

（2）会见常客要主动称呼对方，表示对客户的尊敬与熟悉。

（3）对客户的提问要认真思考，准确答复。

（4）对本人难于解答的问题要提示客人通过其他相关部门或采用其他方法去解决。

（5）对抱怨的客户切忌争论，应给予适度道歉，并采用公司的既定方式进行处理。

（6）在开会时手机应关机或调至振动，不得中途退出，切忌交头接耳。

（7）与客户道别时要注意礼貌用语。

（8）下班前要整理好自己工作当天的文件资料等，与同事打招呼后离开。

对服务人员迎送/接待的要求见表1-10。

表1-10　服务人员迎送/接待要求

接待顺序	使用语言	处理方式
客人来访时	"您好！" "早上好！" "欢迎光临"等	马上起立 目视对方，面带微笑，握手或行鞠躬礼

（续）

接待顺序	使用语言	处理方式
询问客人姓名	"请问您是……" "请问您贵姓? 找哪一位?"等	必须确认来访者的姓名 如接收客人的名片，应重复"您是××公司×先生"
事由处理	客人要找的人在场时，对客人说"请稍候"。 客人要找的人不在时，对客人说"对不起，他刚刚外出公务，请问您是否可以找其他人或需要留言?"等	尽快联系客人要寻找的人 如客人要找的人不在时，询问客人是否需要留言或转达，并做好记录
引路	"请您到会议室稍候，××先生马上就来。" "这边请"等	在走廊引路时 　应走在客人左前方的两三步处；引路人走在走廊的左侧，让客人走在路中央；要与客人的步伐保持一致；引路时要注意客人，适当地作些介绍。 在楼梯间引路时 　让客人走在正方向（右侧），引路人走在左侧；途中要注意引导，提醒客人拐弯或有楼梯台阶的地方等
乘电梯	"请" "这边请"等	电梯没有其他人的情况 　在客人之前进入电梯，按住"开"的按钮，此时请客人再进入电梯；如到大厅时，按住"开"的按钮，请客人先下。 电梯内有人时 　无论上下都应让客人、上司优先
到达目的地	"请进" "请稍候"等	向外开门时 　先敲门，打开门后把住门把手，站在门旁，对客人说"请进"并施礼；进入房间后，用右手将门轻轻关上；请客人入坐，安静退出；此时可用"请稍候"等语言。 向内开门时 　敲门后，自己先进入房间，侧身，把住门把手，对客人说"请进"并施礼；轻轻关上门，请客人入坐后，安静退出
送茶水	"请" "请慢用"等	保持茶具清洁 摆放时要轻 行礼后退出
送客	"欢迎下次再来" "再见"或"再会" "非常感谢"等	表达出对客人的尊敬和感激之情 道别时，招手或行鞠躬礼

【问题二】　如何根据车主的性格提供相应的服务?

服务的核心在于人心,虽然每一位车主都希望得到服务,但期望的服务方式却并不相同。来修车的车主多数不会有好心情,大多数都会有诸如抱怨、后悔、气愤等负面情绪。这时如果服务人员不能很好地理解客户的心情,那么就可能因为细微的工作失误,而导致与车主产生冲突。很多情况下,企业往往要求服务人员忍耐,但更积极的做法是了解车主的交际风格,针对不同个性的车主采取针对性的服务方式,减少与客户可能发生的冲突,取得客户的认同和好感,从而达到优质服务的目的。

人的交际风格是一个十分复杂的心理现象,是由学习、认识、情绪、角色以及动机等多项因素综合形成的。它既包括表现于外的、给人印象的特点,又包括不露于外的、可以间接得到验证的特点。这些不同于他人的个性特点,给人的行为以一定倾向性。它表达了由表及里的包括身心在内的真实个人。

(一) 交际风格的类型

人的购买行为往往源于其内在的心理需求。心理学家总结出人的六个基本个性需求:权力、成就、认同、秩序、合作和安全。不同交际风格的人所侧重的个性需求不同。基本的个性需求导致了人们在行为和态度上出现了不同的特点。

1. 区别交际风格的标准

不同的消费者由于个性需求不同,从而表现出的对他人控制力和对自己控制力上的强弱水平也不同。通常我们把控制他人的力量称为支配力,这是指一个人希望运用权威的力量,来控制或支配别人,但并不是说此人目前的职务具有这样的权力,而是一种由其精神或人性的本质衍生形成的,并且自然地向他人展现的人格力量。我们把自我控制的力量称为自制力,这体现了人对自己的要求,或是自我约束的力量或程度。正是在不同强弱的自制力和控制力的追求下,形成了不同个性的消费者在购买行为中的不同行为和语言特点。如图1-13具体描绘了控制力、自制力不同强弱水平下的语言和行为特征。

2. 交际风格的类型

交际风格的不同表现在自控力和支配力的强弱不同,自控力反映人自我约束的能力,指人对情绪控制的强弱。自控力弱的人,情绪化,喜欢以沟通为导向,以非正式的方式解决问题;自控力强的人理性,喜欢以实现交易为目的的正式会谈。支配力反映对他人的影响能力。支配力强的喜欢告知,自以为是,决策快;支配力弱的倾向于询问,不轻易发表意见,决策慢。因此心理专家将消费者依据自控力和支配力的强弱变化划分为四种不同的交际风格类型,如表1-11和图

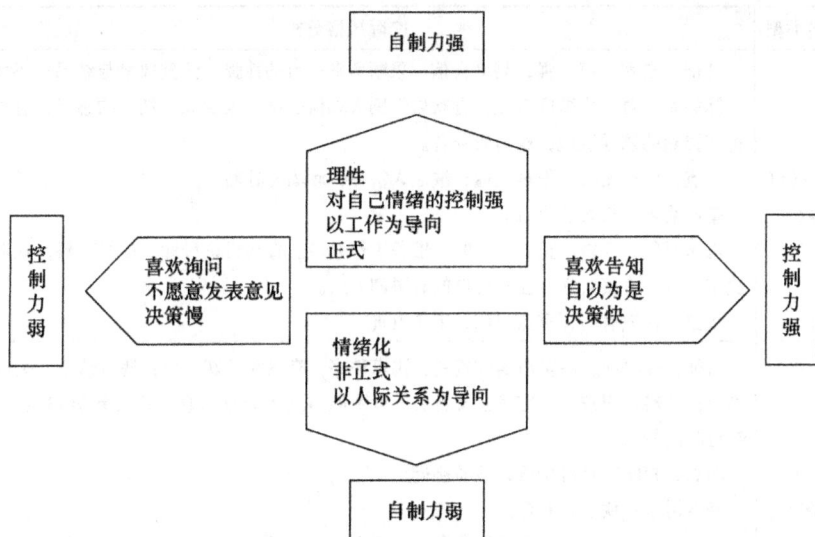

图 1-13　控制力、自制力强弱水平的语言和行为特征示意图

1-14 所示。从中可以看出：

（1）客户的风格有时不是单纯的一种，而是表现为以一种风格为主色调，并辅以另一种风格为副色调，但红色与绿色、蓝色与黄色一般不并存。

（2）由于工作环境和职务的不同，会表现出一些与其本身不一致的语言和行为，因此要注意全面观察，从自制力和支配力的强弱来判断。

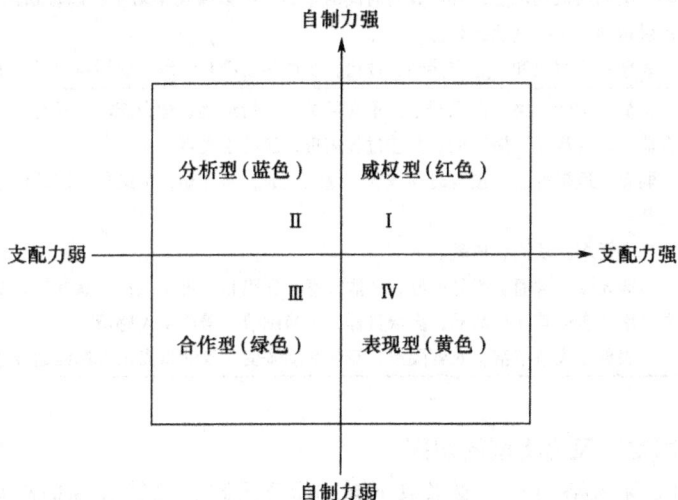

图 1-14　不同交际风格类型象限示意图

表 1-11 不同交际风格类型特点

交际风格类型	交际风格分析
威权型(红色,Ⅰ象限)	特征:自我约束力强,高度自信,果断负责;目的性强,注重效率与结果;不太重视人际关系。对工作高度专注,喜欢告知别人如何去做,很少关注别人的感受;有冒险精神和强烈的领导欲望,权力崇拜者。 弱点:没有耐心,很难沟通;缺乏人情味;顽固易独断。 基本需求:权力、成就。 沟通要领:坦白。正式、准时,准备工作充足。直接讨论目标,提供资料,让对方作决定,避免直接对立,注意会谈的时限和方式。 表象:快速有力,重点强调,工作负责
分析型(蓝色,Ⅱ象限)	特征:爱提问,注重事实和资料;讲求秩序,有敏锐的观察力;遇事慎重,关注工作细节;忽略说服技巧,完美主义者。一般不愿与别人分享信息,接受新事物能力较差,销售时间较长。 弱点:封闭,寡言少语,不易接近。 基本需求:秩序、安全。 沟通要领:可靠。列出详细的资料与分析;公事公办,不要谈太多闲话;有计划步骤、语言准确、注意细节。 表象:语速慢,动作少,工作是谈话重点
合作型(绿色,Ⅲ象限)	特征:随意,合群,有耐心;待人客气,喜欢聊天,容易沟通;关注融洽的合作关系。 弱点:无时间观念,原则性差;反复不定,优柔寡断,不愿承担风险。 基本需求:合作、安全。 沟通要领:容纳。经常性沟通,注重私人关系的培养;以安全为主要目标,提供特定的方案和最低的风险;理解其对时间的拖延,不诋毁竞争对手;以轻松的方式谈生意,提供帮助,带领其达致目标。 表象:表情温和,寻求接纳,放松,身体活动慢和圆滑,谈话重点是人的沟通
表现型(黄色,Ⅳ象限)	特征:交际风格外向乐观,注重人际关系,情绪化;精力充沛,具有冒险精神;幽默合群,容易沟通;擅言词;关注过程表现,冒险主义者。 弱点:逻辑性差,没有时间观念;随意性大,易冲动,情绪化,因此经常后悔;反复无常。 基本需求:认同、成就。 沟通要领:沟通。投其所好,争取好感,先附和,再切入;注意互动,交换意见;经常联络并邀请其参加活动;多谈目标,少谈细节;培养私人感情。 表象:表情丰富,衣着随意,身体活动多变,谈话重点是人的沟通和感觉

(二) 不同交际风格类型的辨别

针对不同交际风格的车主要采取不同的服务策略,这能大幅提高车主对服务的满意程度,交际风格的表现特征见表 1-12,通过观察到的行为和语言特点,服务人员可以更快、更简便地判断客户人际风格类型。

表 1-12 每种交际风格的表现特征

行为和语言特点	威 权 者	外 向 者	合 作 者	思 考 者
脸部表情	少变化	很多表情	温和有笑容	少变化
眼神接触	直接，凝聚	多方注视	注视寻求接纳	不慈祥，但想答案
说话速度	快速有力	快速	慢，有时停下	从容不迫
声音	控制声音	大声	柔软温和	适中
音调	单调，重点强调	忽高忽低	流畅	单调
姿势	正式，强硬	充满活力	放松	僵硬
身体活动	有些快速，有力	多种变化	慢和圆滑	少姿势
说话重点	工作	人，感觉	人	工作

这种方法简单、实用，但存在一定的危险性——生搬硬套而失去正确性。所以，专业销售人员虽然可以通过指示表进行初步的交际风格判断，但最终还是需要通过支配力和自制力，对客户的交际风格进行深入、全面的判断。如果消费者的行为和语言表现得富有竞争性、冒险、快速等，这说明该客户的支配力强，反之则支配力弱，如图 1-15 所示。

支配力：控制他人的能力

定义：某人影响或控制他人的思想和行动的程度

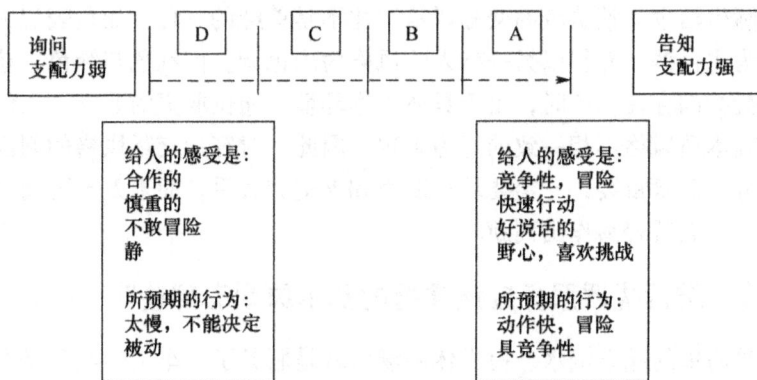

图 1-15 消费者支配力强弱变化趋势示意图

只判断消费者支配力的强弱并不能判断出消费者的交际风格类型，我们还需要判断消费者自制力的强弱。自制力弱的消费者，行为和语言往往热情、随意、容易沟通等，而自制力强的消费者，行为和语言往往冷漠、正式、讲究精确、与他人有距离等。消费者自制力强弱变化趋势如图 1-16 所示。

确定了消费者自制力与控制力的强弱，就可以判断出消费者是属于哪一类型的交际风格。为了帮助大家记忆，将四种基本的人际风格对应了四种不同的颜色：

自制力：控制自己的能力

定义：和别人交往时某人控制其情绪和感觉的程度

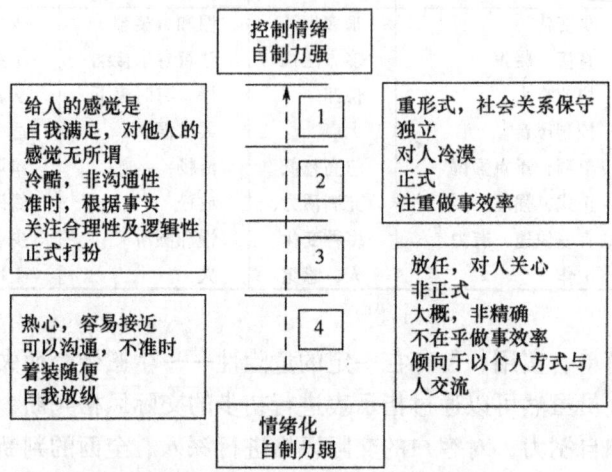

图 1-16　消费者自制力强弱变化趋势图

思考者(分析型)——蓝色；驾驭者(威权型)——红色；

关系者(合作型)——绿色；外向者(表现型)——黄色。

在实际生活中，消费者的交际风格往往不是单纯的一种，而是表现为以一种人际风格为主色调，并辅以另一种人际风格为副色调。但红色与绿色、蓝色与黄色一般不会共同存在；有时，由于具体工作环境和岗位职责的要求，人们会表现出一些与其本质风格不相一致的行为表现。因此，对客户交际风格的判断基础观察和全面分析非常重要，一定要从自制力和支配力着手，而千万不可通过一个很少量的语言特点就轻易作出判断。

【问题三】　进行优质服务应该掌握的基本原则有哪些？

并不是简单的端茶倒水、提供休闲场所就是服务了，车主的期望是在不断成长的，有了好的环境，车主其他的期望也会相应地提高。因此，要想提供优质服务，就必须首先了解服务的规律，并且在实践中严格遵守服务的原则。

1. 拥有优秀的服务态度

服务态度决定服务质量，而服务质量的高低直接影响着服务企业的利润。作为服务人员，要充分尊重车主，主动探求车主的每一项需求，以真心的微笑和热诚的态度去帮助每一位车主体验消费的乐趣。

在很多情况下，服务态度的好坏很难控制，这是因为每一位车主对服务态度是否满意都不相同，要使车主对服务基本满意，要注意做到以下几点：

(1) 保持微笑。微笑服务并不只是单纯地笑对车主，它实际上标志着服务人员竭诚为车主服务的温馨态度，是向车主表明服务人员全方位的服务意识。微笑的表情可以使车主产生愉悦的心情，是服务人员应该长期保持的表情之一。

（2）控制好自己的情绪。服务是即时提供的，但实际情况是，我们每一个人的生理和心理状态都会因为某些事件的发生而产生变化，而不好的心情同样会给车主带来不适，从而影响我们服务的品质。

（3）不卑不亢。服务人员并不是个体的存在，而是代表企业的形象和精神，我们要求服务人员全心全意地为车主服务，但并不等于事事迎合、只求业绩不求尊严的方式，而是落落大方、一视同仁的工作态度。

2. 要注意调整车主的期望

期望是车主对服务企业所提供服务预期的满意程度；感知是车主对企业所提供服务的实际感知水平。在车主感知达到或超过期望时，车主就会满意；反之，则不满意。

车主的期望虽然是企业不可控制的因素，但是我们前面介绍过，服务是存在教育的，我们要有意识地引导和教育车主的服务预期。当企业无法提供车主所期待的某些服务时，服务人员应当引导车主变换满足需求的方式。实际上，在汽车维修服务过程中，由于汽车有较高的技术含量，车主很难真正了解车辆，所以很多时候他们对汽车维修服务所给他们带来的利益非常模糊，期望也往往不符合实际，而不符合实际的期望又会导致他们对服务作出错误的评价。因此，企业要善于运用有形展示（服务设施、服务设备、服务人员等）、广告宣传等手段，让车主在使用服务之前就能够大致把握服务的特征，从而产生较合理的期望，以避免由于期望过高而造成不必要的负面影响。

3. 确定恰到好处的服务标准

服务标准具有两面性：对企业和服务人员而言，是约束要求和努力目标；对客户而言则是企业对所提供服务的承诺，是选择、信赖企业的理由。对于汽车服务企业来说，并不是服务标准定得越高客户的满意度也越高。服务标准定得过高，企业负担过重，员工难以坚持，同时服务的收益也不高；服务标准定得过低，则无法满足车主的需求，导致车主对企业缺乏信任，企业无从获得收益，因此，服务标准的制定必须恰到好处。

服务标准的制定可以分为技术性质量和功能性质量两个方面。技术性质量主要是指企业技师的维修技术，企业可以通过"规范化和功能化"以及加强培训来入手，使企业员工掌握必要的知识和技能，按照规范作业来解决车主所遇到的问题；功能性服务是指服务的技术要素是如何移交的，主要由服务中的员工来决定，包括服务态度、员工之间的关系等，企业可以通过文化建设、服务人员的服务意识培养、服务体系完善等方面进行改进；最后要注意赋予车主一定的服务监督权利，从而让车主扮演好自己的"角色"。

4. 提高服务接触的效益

汽车维修服务属于较高接触的服务，车主通常直接出现在服务现场与提供服务的员工和设备打交道，因此，决定汽车维修服务成功与否的关键因素是：一线服务人员的个人能力；良好的维修技术；有序竞争的经济环境；愉快舒适的环境以及服务存在的有形担保。

在服务接触过程中，车主、企业及服务人员三者相互发生作用，相互制约。企业如果以利润为主，就需要提高服务接待的工作效率，就需要利用规定和程序来限制服务人员对车主的自主权和判断力，从而导致服务缺乏针对性；如果由与车主接触的员工支配服务接触，则服务人员可获得较大的自主权，从而利用其专业知识为车主提供服务；如果由车主作为支配的服务接触，则需提倡极端的标准化和定制服务，需要企业较大的成本投入。由此看来，满意和有效的接触应该能够保证这三个方面的平衡——给予服务人员足够的培训，同时保证车主的期望能够在服务传递过程中得到实现，企业为了保持经济有效性而对效率的追求也可以得到满足。

5. 塑造完美的服务流程

简单地说，服务流程就是为车主服务的顺序。合理的服务流程可以使服务系统的运作更为经济，并形成较为统一的一致性质量。汽车维修服务流程既有标准化的特征，要求多数服务的一致性，又提倡个性化的服务，针对部分车主实行定制服务。在设计服务流程时一定要考虑车主的反应，某些环节产能过少导致效率不足，而产能过多则会导致不够经济。在设计服务流程时要注意服务流程应包括哪些必要的步骤；这些步骤是否可以合并、取消或重新顺序组合；每一步骤的产能是否均衡；车主在哪些环节可以介入服务；不必要的车主接触是否可以减少甚至取消等。

6. 拥有良好的职业操守

良好的市场经济秩序和商业伦理关系对每个人都是有益的。当前的社会存在着不少功利主义和短期行为，诚实守信成为十分难得的品格。如果服务人员具备了诚实守信的品格，就具备了强大的亲和力，可以让车主产生交朋友的愿望，从而使车主产生服务依赖。

7. 及时准确的服务保证

建立在诚信基础上的服务保证是车主信赖企业的重要原因之一。企业要慎用服务保证，如果不能兑现服务保证，在车主看来就是服务欺诈。进行服务保证要注意：服务保证的目标企业是否能够达到？服务保证的条款是否清晰？服务保证的内容是否能够兑现？服务保证的适用条件车主能否明白？等等。

8. 关注服务中的细节

服务是人心的体验，优质的服务始于细节的关注。服务人员在与车主接触的过程中，很多都是一些不起眼的小事，如随时续杯、时间提醒、车辆清洁、中餐提供等。在我们看来不起眼的细节问题，车主却可能非常在意，因为服务如同"戏剧"，细节的处理直接反映导演和演员的水平，也最容易让车主感受到贴心的关怀。

9. 服务是"利他"精神的体现

利他精神就是指在服务过程中，要首先考虑车主的利益。利益可以分为短时的经济利益和长期的品牌利益。当前诸多企业首先考虑的是自身盈利的问题，追逐短时利益。他们花很多的广告费用进行品牌建设，而忽略了服务品牌口碑传播的重要性，服务过程中功利化十分明显。实际上，服务的竞争就是利他精神的体现，在本质上要求服务企业在服务过程中先考虑车主是否有需求，其次再考虑企业盈利的问题。只有把握好两者的平衡关系，才能使企业的服务优势转化为品牌价值，获得长久的生命力。

▽ 任务实施

一、服务道具

（1）三种以上热饮：茶、咖啡、热饮等（视车辆品牌档次而定）。

（2）企业服务指南：每台一本，内容包括企业形象宣传、维修服务流程介绍、服务项目介绍（如汽车养护用品、取送车服务、待用车服务、汽车审验服务、汽车保险服务、俱乐部会员卡）。

（3）企业服务调查问卷：内容包括服务项目、服务价格、服务质量、服务建议等。

（4）车主信息登记表：内容包括车主姓名、车牌号、主要服务项目、待修时间、车主爱好等。

（5）硬件设施：电视、桌椅、报纸栏、电脑等，视企业代理品牌档次及当地消费偏好而定。

二、任务完成

小王看到车主进门，马上停下手中的工作，上前行30°鞠躬礼，微笑地招呼道："您好，欢迎光临！您请坐"。

引导车主坐好后，小王问道："张老板，您看看我们的服务卡，请问您想喝点什么？"

车主张老板本来车出了问题很郁闷，一看服务还算可以，肚子里面的气就消了不少，看了看服务卡，说道："那就来杯咖啡吧"。

小王把咖啡冲好，小心翼翼地放到客户面前，微笑地说："有点烫，您请慢用。您可以把项目委托书暂时给我一下吗，我帮您做一下登记，等会好帮您催一下"。

张老板听到后，十分高兴，"那好，那就辛苦你啦"。

小王接过张老板的委托书，回到服务台，认真地把信息登记到车主信息登记表上，然后来到张老板面前，说道："这是您的委托书，谢谢您的配合，您有需要的话，随时可以叫我"。小王在车主信息登记表记录见表1-13所示。

表1-13　车主信息登记表登记示例

车主姓名	车牌号	车型	维修项目	待修时长	提醒时间	车主偏好	备注
张某	京A12345	帕萨特，墨绿	3万公里保养，跑偏	1个半小时左右	11:30	咖啡	

情况一：

小王发现张老板拿着手机不停地发短信，估计到车主不是有耐心的人，一看时间，才过去半个小时，就上前帮车主续杯，招呼道："张老板，我们这里可以上网的，您要不要上网看看？"

情况二：

小王发现张老板拿着遥控器不时地换台，不时地向车间张望，一看时间，还要15分钟左右，就上前帮车主续杯，并拿出客户服务调查表，微笑地说，"张老板，您不要急，我帮您去看看，这是我们的服务调查表，可以的话您给我们提提意见"。小王把纸和笔留给张老板，连忙到服务前台去询问。小李答复道，可以按时交车，到时候他会来联系张老板。小王快步走到张老板旁边，说："我帮您问啦，大概还要10分钟左右，到时候小李会来找您"。张老板听到后，十分高兴，愉快地填好调查问卷，笑着说，"小王，调查表填好啦。有纪念品吗？"

小王听到后，笑着说，"谢谢您，当然有，您稍等，我帮您去拿"。

情况三：

张老板的车经检查后，存在增项，时间延长了半个多小时，张老板十分不悦，但也很无奈。小王一看时间，已经中午十二点，就上前问道："张老板，已经中午了，我们这里中午免费提供午餐，您看需要我通知他们给您备餐吗？"张老板一听，气就消了一大截，说道："小王，那就给我来一碗刀削面吧。"

情况四：

张老板坐下后，拿出打火机，开始抽烟，小王一看休息室烟雾缭绕，有几位车主已经皱起了眉头，便拿了一袋口香糖和一小碟瓜子，走上前去，笑着说："张老板，抽烟可是有害健康呀，要不您尝尝口香糖吧"。张老板一听看看周围的人都在看自己，不好意思地把烟掐了，尴尬地说："没办法，烟瘾犯啦，想抽一口"。小王留心一看张老板指头都发黄啦，知道张老板很难克制，便说，"我们这里有个抽烟室，要不你去那里抽烟？您看——"张老板一听，眼睛马上就亮了，说："抽烟室在哪边？我先去抽支烟"。

情况五：

张老板先是不停地翻看报纸，后来发现桌上放着企业的服务指南，便顺手拿起来翻看。小王发现张老板看得十分仔细，就上前续杯，笑着说："张老板，这上面有不少我们公司新推出的优惠项目呢！要不，我给您介绍一下？"张老板听后，一看表，时间还要一个小时呢，那就听他说说吧，反正闲着也是闲着，就说道："那好呀，小王，那你给我介绍一下。"

……

一个半小时后，只见小李走了进来，说道："张老板，真是不好意思，让您久等了，车已经修好，您和我一块去看看？"。张老板一看表，时间正好，没想到时间过得这么快，愉快地说："那太好啦，我们去看看！"然后向小王说"小王，谢谢你的咖啡，下次我路过的话，一定来看你。"小王听到张老板这么说，心里喜滋滋的，鞠躬45°，说："非常高兴能为您服务！"同时连忙上前，帮张老板打开房门，目送张老板离去，然后回来收拾桌椅，回到服务前台。

项目二

提供服务产品，优化服务过程

项目导入

通过为期一个月的服务意识培养，小王对服务接待工作的性质有了进一步的了解。他顺利通过了人力资源部门的考核，开始进入岗位见习，以进一步熟悉汽车维修服务接待的工作。

项目分析

服务接待是维修服务企业与车主接触最多的岗位之一，企业通过服务接待与车主接触和沟通实现各项服务，涉及业务流程的各个岗位，因此，从事这一行业首要的工作要求是：

◎ 能够根据车主的需求，有目的地推荐企业各种服务。

◎ 了解维修服务的整个工作过程，能够准确传递企业的服务信息。

◎ 了解服务接待的主要工作任务，做好企业、车主及车之间的沟通、协调工作，履行岗位职责。

任务一

服务产品提供

任务目标

目标一：能够描述汽车维修服务产品

目标二：能够描述服务沟通组合的内容

任务下达

在车主休息室实习一个月后，小王被正式派到维修业务前台进行工作见习。上午8点，小王兴冲冲地到服务经理周某处报到。周某私下里一直观察小王在车主休息室的表现，小王热情周到的服务他早就看在心里。今天看到小王来报到，他十分高兴，笑着说："欢迎你，小王！"扭头一看，小李正好走进来，就招呼到："小李，过来一下，这是新来的小王，你们互相认识一下"。小李一听就乐了，"周经理，我们早认识了"。周经理一听，"是吗？那正好，小王，从今天开始你进行见习接待，先了解一下工作内容和工作环境，小李就是你的师傅，有什么不了解的你可以问他。"小李听到十分高兴，谁不想有个聪明的徒弟呀，立刻说"经理，保证完成任务！"

任务分析

在汽车服务业中，汽车服务接待是十分关键的工作岗位，因为这一岗位同车主的接触程度最高，车主也在很大程度上，通过服务接待的服务态度来判断服务质量。因此，服务接待必须在熟悉服务项目及业务流程后方可上岗。上岗之前必须掌握的知识包括：

1. 汽车维修服务产品的核心是什么？
2. 汽车服务有哪些关键要素？
3. 是不是所有的附加服务对核心服务的作用都一样？
4. 服务沟通方式有哪些？

由于服务产品的固有特点，使得顾客对产品的评估和生产过程的联系更为紧密——顾客参与服务，而服务又是无形的，要说服顾客为无形服务付款，但是如何来让顾客理解服务的价值，实在不是一件容易的事情。

【问题一】　汽车维修服务的核心是什么？

汽车服务企业都面临着服务产品的选择以及服务产品生产过程的选择。服务产品通常由核心产品及一系列附加的服务组成，核心产品为车主提供最基本的利益——使车辆恢复正常的功能。附加服务是指推动和加强核心服务所使用的服务，包括为车主提供所需信息、建议、提供便利以及热情接待等。我们可以用图2-1所示的模型来认识汽车产品：实际上，车主消费的是产品组合，而不仅是单一的核心产品。在车主享受服务的过程中，既包括有形的要素，又包括无形的要素，无形要素占的比例越大，就越需要通过有形的展示来突出产品特点和强化服务质量。

【问题二】 汽车服务有哪些关键要素？

当企业准备为车主提供服务时，我们必须整合好关于汽车服务的几个关键要素。

1. 核心产品

核心产品是车主的核心利益，对车主而言，其核心产品是使汽车的各项功能恢复正常。也就是说，对汽车服务企业而言，维修技术是核心竞争力之一。

2. 附加性服务

附加性服务是核心产品的外延，如友好的接待、提供咨询、提供便利等，增加附加性服务或提高现有的附加性服务水平能够增强核心产品的价值，提高服务产品的价格。附加性服务的范围和水平在企业对核心产品实施差异化战略、选择市场定位过程中，有重要的作用。

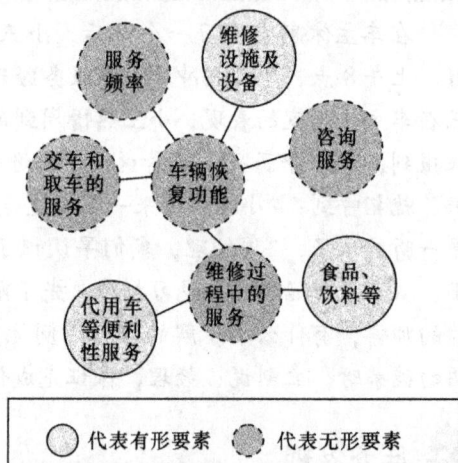

○ 代表有形要素   ◎ 代表无形要素

图 2-1   汽车服务产品模型

3. 传递过程

服务传递的过程也是企业需要考虑的因素之一。要明确在服务传递过程中，车主扮演的角色是什么？这个传递过程要多少时间？规定的服务标准和风格是什么等。相对而言，收费越高，每项服务的要求水平就越高。譬如说路边的简易维修点相关服务水平较低，相对的修车费用也低；而4S品牌服务站提供的相关服务水平较高，所以维修费用也越高。

4. 服务传递的时间次序

提供服务时要考虑车主使用核心服务的次序以及每个要素所需的时间——这些信息反映了车主的需求、习惯和期望。车主并不能同时消费所有的服务，企业的各项服务需要依次传递给车主。在汽车服务的过程中，时间不仅和操作过程（包括安排资源和安排工作时间）有关，而且与车主的行为也有关。图2-2所示为服务传递的时间次序示意图。

【问题三】 是不是所有的附加服务对核心服务的作用都一样？

企业的营销定位决定了附加服务的种类——为了提高车主感知质量而增加产品利益的策略所需的附加性服务要比低价竞争的策略多。每一项附加服务对核心服务的作用是不一样的，我们可以把汽车售后的附加服务大致分为两类：便利性附加服务和增强性附加服务。

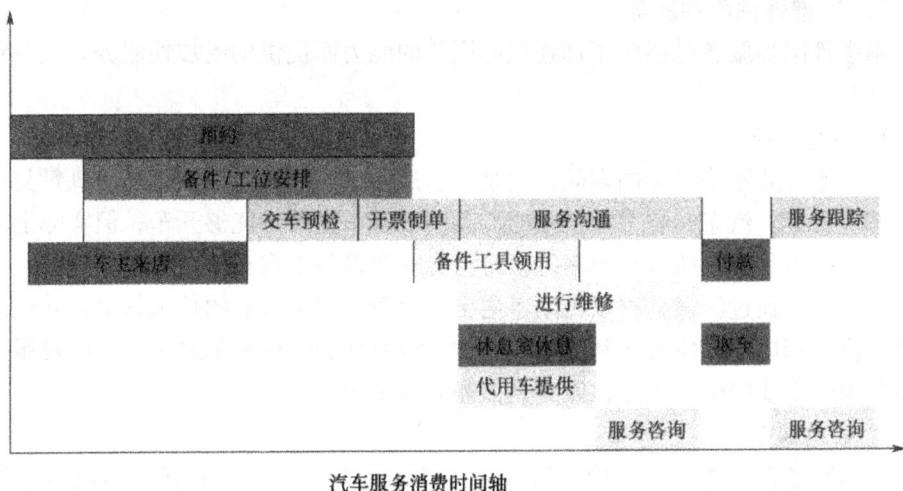

汽车服务消费时间轴

图 2-2　服务传递的时间次序示意图

（一）便利性附加服务

便利性附加服务是指为车主享受核心服务所提供的便利性附加服务，通常有下列几种：

1. 信息服务

为了充分享受企业的服务，车主需要企业提供相关的信息，对新车主而言尤为重要。信息包括：服务地点的说明、价格、服务时间、项目介绍、注意事项、变更通知、预约确认等。企业所提供的信息一定要及时准确，因为不准确的信息会给车主带来不便，而使车主不满。

2. 订单处理

一旦车主来店/电，一项关键性的附加服务就开始了，那就是预约、接车、预检和下订单。订单处理需要礼貌、快捷和准确的服务，这样才不会使车主感到浪费时间或忍受不必要的情感和物质上的折磨。

3. 开结账单

开结账单的方式包括手写账单、口头账单和机打账单。开结账单一定要准确、公正和快捷。有些服务企业不提供账单，或是提供不准确、不完整的账单，都会使原本满意的车主感到失望，使本来就不满意的车主愤怒。

4. 付款

通常服务是需要收费的，汽车服务企业要尽量为车主提供付款便利。单一的现金交易会给一些车主带来不便，所以企业应采用多种支付方式，如支票、汇票、刷卡、转账、电子货币以及现金等。

（二）增强性附加服务

增强性附加服务是指为了加强核心服务的能力而提供的附加性服务，主要包括下列几种：

1. 咨询服务

咨询服务并不是单纯的询问，而是要通过与车主的深入交谈为其提供量身订制的解决方案。汽车是技术性很强的产品，很多车主虽然能够开车，但实际上对汽车本身并不了解，所以在很多时候希望能够获得关于汽车使用的有关知识。企业的服务人员通过沟通，可以帮助车主更好地理解汽车目前的技术状况，并让车主自己决定相应的解决方案和策略——这种专业性的咨询服务对于汽车维修服务来说是十分重要的附加服务，服务人员需要使车主接受建议。

2. 接待服务

汽车服务企业要求员工像接待客人一样接待车主，无论是新顾客还是老顾客，都应该营造一个友好的氛围。汽车服务的接待工作贯穿车辆维修的始终。礼貌、关心和得体的言辞对接待工作而言十分重要，接待的质量好坏会增加或减少核心服务的满意度——如果我们不能热情地接待车主，那么即便是车辆维护得很好，车主依然不会满意。

3. 保管服务

当车主光临维修服务企业时，会希望企业能够保护好自己的财产。如果车主觉得不安全，就不会来消费。保管服务有好多种，包括顾客财产的保管（如车辆保管、贵重物品保管、儿童看管、人身安全等），车主所购商品的保管（备件真伪、检测诊断、车辆清洁、维护、取送车服务等）。

4. 额外服务

额外服务是指正常服务传递外的附加服务。优秀的服务企业都会预料到意外情况的发生并事先想好应对措施和行动方案，以免特殊事件发生时，员工手足无措。服务企业应该关注额外服务，额外需求过多，就说明原有的标准化程序需要改进。额外的服务可以分为几类：

（1）特殊要求。不少情况下车主都会提出常规操作程序之外的服务要求，这通常和个人需求有关，比如饮食、休闲等方面的需求。

（2）解决问题。当正常的服务传递（或产品表现）由于意外事故、服务推迟、设备故障或使用困难等问题而没有顺利进行时，就产生了解决问题的服务需求。

（3）处理车主的抱怨、建议和表扬。这一服务要按照明确的程序来进行。企业应该为车主提供方便的反馈渠道，并对车主的意见迅速做出反应。

（4）归还服务。归还服务是指车主在遭受严重服务失败时希望得到的赔偿。赔偿包括保质期内的免费维修、合法结算、退款、提供免费服务等各种形式。

企业要注意对额外服务的控制。额外服务过多，则可能会以牺牲服务传递的安全性、增加其他车主的负面影响和加重员工的负担；额外服务过少，则意味着企业的服务缺乏灵活性。

【问题四】　服务沟通方式有哪些？

在服务企业中，沟通十分重要。通过沟通，可以树立鲜明的企业形象，还可以使车主对企业产生信赖感，对企业的服务充满信心，因此，无论何种形式的营销沟通对企业的服务都非常重要。

（一）服务沟通组合的内容

人际沟通和非人际沟通的多种服务沟通方式形成服务沟通的组合。不同沟通要素传递同一信息的能力是不同的，服务营销人员要协调好各种沟通方式，如图2-3 所示。

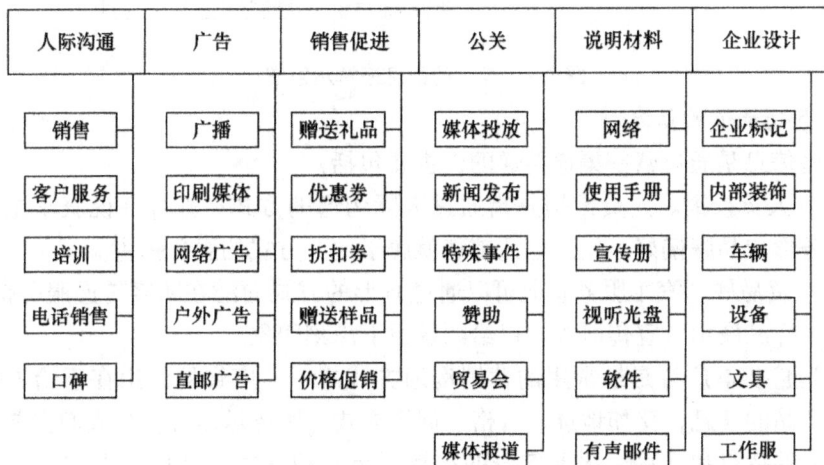

人际沟通	广告	销售促进	公关	说明材料	企业设计
销售	广播	赠送礼品	媒体投放	网络	企业标记
客户服务	印刷媒体	优惠券	新闻发布	使用手册	内部装饰
培训	网络广告	折扣券	特殊事件	宣传册	车辆
电话销售	户外广告	赠送样品	赞助	视听光盘	设备
口碑	直邮广告	价格促销	贸易会	软件	文具
		媒体报道		有声邮件	工作服

图 2-3　服务沟通的方式

（二）沟通的信息源

并不是所有传递给目标受众的信息源都是来自组织内部，通常信息有三类来源，如图2-4 所示。

1. 生产渠道传递的信息

有些信息产生于组织内部，经由生产渠道传播，主要分为两类：

（1）一线员工。一线员工面对面地为车主服务，并通过语言与车主交流。比如服务接待负责附加服务的传递，包括接待、预订、沟通、咨询、解决问题等，特别是对汽车不太了解的新车主，更需要通过服务接待了解应该如何接受企业所提供的各类服务。

（2）服务场所。无论企业有心还是无心，服务场所本身也会向车主传递一定的信息，如旗帜广告、海报、宣传册、企业标识、视频等，都会对车主产生影响。

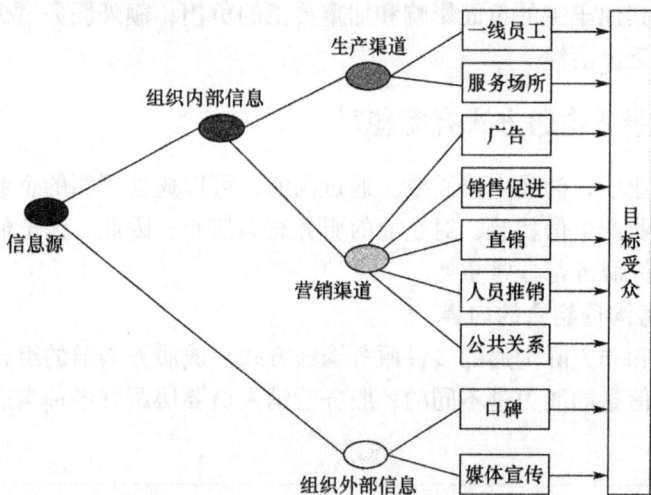

图 2-4　客户的信息来源示意图

2. 营销渠道的信息

有些信息是通过营销渠道传递的，主要包括：

（1）人员推销。人员推销是指通过人际沟通的方式，教育并说服车主对企业的服务形成品牌偏好。比如电话销售就属于这一方式的服务销售。

（2）贸易展。汽车服务企业可以通过有形的方式向潜在顾客传递服务信息，如展览、样品展示、宣传册等，以给顾客留下深刻印象。

（3）广告。广告是最常用的营销沟通方式之一。广告的作用在于给人们提供服务产品的信息，比如地址、价格、促销方式、服务承诺等，让人们提前了解服务产品的特点和功用。服务广告的传播媒体有很多种，如广播电视、印刷媒体、海报、广告牌、灯箱以及出租车等流动媒体。

（4）直销。这种方式包括邮件、短信、传真和电子邮件等方式，这些渠道可以向高度细分的目标市场提供有针对性的信息，比如 4S 专营店对新购车主展开的各类促销活动。

（5）促销。促销就是在与车主沟通的同时采取的一些刺激措施，目的是加快车主的购买决策，激励车主尽早使用某一服务，所采取的方式包括样品赠送、优惠券或折扣、礼品赠送或低价销售。

（6）公共关系。公共关系是指通过新闻报道、开发布会、举办活动以及赞助有新闻报道价值的第三方组织的活动等方式引起人们对企业的关注，比如当地关系协调、特殊事件参与（汶川大地震捐款捐物,当地失学儿童救助等）等活动。

3. 来源于组织外部的信息

有些信息是来源于外部的，这些信息不受营销人员的控制。

（1）口碑。车主通常认为其他车主的推荐比企业的促销活动更可靠。事实上，车主选择服务时感知的风险越大，搜寻口碑信息的主动性就越强，对口碑信息的依赖程度也越大，而新车主对口碑的依赖程度更大。在很多时候，口碑会影响车主的行为和满意度。

（2）媒体报道。虽然有些媒体报道是企业公关策划，但是广播媒体和印刷媒体也会自发报道，如记者暗访、投诉事件曝光、新闻报道等，都会对企业的服务行为产生影响。

任务实施

转眼之间，小王上班一个月了。由于公司业务繁忙，平常小李每天都要接10多台车，忙得不可开交。自从带了小王这个徒弟，小李明显感觉到轻松——下单的时候，有人给跑单；交车的时候，有人帮着联系车主；累了的时候，小王还会给倒杯水，这徒弟不错。小李在这里乐着，小王也挺高兴——看我师傅和车主的关系多好！而且一点都不藏私，我真是找了个好师傅。这天，小李问小王："徒弟呀，说说这两天有什么感受。"

小王说："师傅，我原来以为服务接待就是接车和交车，现在看来，没有那么简单呀。"

小李赞许地看了小王一眼，说道："对，汽车维修服务既包括核心的技术服务，也包括相关的附加服务，也就是说虽然车主是来修车的，但也是来享受服务的。"

"师傅，我发现你接待的车主很少有主动要求打折的，而且工单也比其他服务接待要多，难道您有什么绝招不成？"这个问题小王一直想问，今天总算有机会啦。

小李得意地说，"这可是绝招，一般人我可不告诉他。"

小王眼巴巴地望着小李，"师傅，我可是您徒弟呀！"

小李哈哈大笑，说道："逗你的，服务是车主的一种感受价值，其他的人只给车主接车、交车——服务先贬值，打折是肯定的，车主当然给钱少。你以为我们的车主都笨呀，他们可聪明着呢。我给车主提供的服务从来不打折，车主自然就不好意思提打折的话题啦。"

小王听到后，由衷地佩服师傅，又问道："那为什么您接待的车主多花钱也很高兴，而有的服务接待却由于推销相关服务让车主十分反感呢？"

小李自得地一笑，说："那是他们只想赚钱，从来没替车主想一想呀。服务的出发点必须围绕车主。为每一位车主提供便利性服务，为有不同需求的车主提供增强性服务，也就是说只有车主需要，我们才提供服务。在向车主推荐服务时，要善于应用各种营销沟通组合——"说到这里，小李一顿，"至于为什么我的建议车主都能愉快地接受，徒弟，这就是道行呀。"说罢，哈哈大笑。

任务二
描述服务过程

任务目标

目标：能够描述服务流程各环节主要工作

任务下达

小王愿意学，小李愿意教，良好的工作环境使小王深深地喜欢上了这个企业和这个岗位。他每天提前 10 分钟到岗，按照公司 5S 管理的标准做好工作准备。北方的十一月，天气渐凉，公司的业务日渐繁忙，小王工作的时间越长，越发现汽车服务接待工作的重要性和复杂性，看着小李游刃有余地与各类车主打交道，小王十分羡慕，开始留心小李每一次的接待过程，常言道，好记性不如烂笔头，对一些复杂的事件小王都认真地做了记录。对小王的表现，周经理都看在眼里，觉得小王真是个可造之材。某天，周经理把小王叫到办公室谈话。他和颜悦色地说："小王最近工作能适应吗？"对领导的关怀小王十分感激，回答说："谢谢领导对我的关心，还可以。"经理一看小王有点紧张，就说："我只是了解一下你的工作情况，小王，你不要着急。"说到这里，周经理停了一下，喝了口水，继续问道："对公司的业务流程熟悉了吗？怎么样，能不能给我简单说说。"小王听到经理这么问，知道这是经理在栽培自己，脑子里迅速转了个弯，说道"基本熟悉啦，我给您汇报一下，有不到位的地方，领导您尽管批评。"

任务分析

服务接待是汽车服务企业中与车主接触程度最高的岗位之一。车主通过服务接待和企业之间实现了沟通。因此，服务接待必须熟悉服务流程。为完成上述任务，需要学习的知识包括：

1. 什么是汽车服务流程？
2. 如何按照服务蓝图开展售后服务工作？

【问题一】 什么是汽车服务流程？

（一）流程的定义

所谓流程，就是做事情的顺序，是指为完成某一目标和任务而进行的一系列有序活动的集合。当企业发展到一定阶段，随着处理事务的增加，部门、岗位自然增加，原先一件简单的由一个人或某几个人就可以完成的事情，变成了需要跨部门、跨岗位来共同完成，所以就需要把这些处理事情的步骤、注意事项等，用文档的形式展现出来。为了使表达更直观、更容易，于是使用了图形、文字、表格（或表单）来描述，这就是我们常常见到的流程。服务流程就是企业为客户提供的服务方式。它描述了服务体系发挥作用的方法和次序，以及这些过程如何联系在一起为车主提供服务体验和产出。好的服务流程能够提高效率和服务质量，而不好的服务流程不仅影响服务接待的工作效率，还可能导致客户不满意。完整的作业流程有 6 个要素。

1. 资源

资源是指流程每一步骤的所需的资源，包括员工、作业条件等。

2. 过程

过程是指每一步骤先后的顺序和每一步的操作内容、方法、要求。

3. 过程的相互作用

过程的相互作用是指每一步操作的前后关系。

4. 结果

结果，即输出，是指最终的产品成果出现。

5. 对象

对象是指操作的内容，可以理解是需要填写的表单内容。

6. 价值

一个流程一定要有价值，否则就失去了意义。

（二）汽车售后服务流程

汽车售后服务流程是汽车服务企业售后服务工作的核心流程，通过服务流程，售后的各个岗位就可以有机地结合在一起，为客户服务。汽车售后服务流程如图 2-5 所示。

1. 预约、咨询作业

（1）电话回访员或服务接待根据企业的客户资料和预约条件，选定客户群，进行客户答疑和服务预约，并由服务接待进行预约安排。

（2）接受客户服务预约，填写预约登记表，并通知服务接待进行预约作业安排。

（3）电话回访员或服务接待确认客户预约，同时解答客户提出的服务疑问。

2. 接待、问诊

（1）服务接待友好地接待客户，如果是预约客户，优先予以安排。

（2）服务接待对车辆进行环车检查，同时询问车辆使用情况，并填写车辆问诊表。

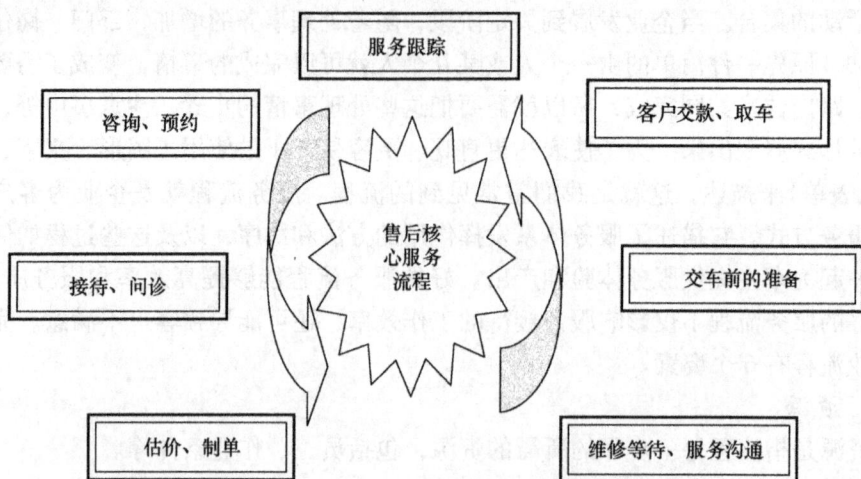

图 2-5　汽车维修服务作业流程示意图

（3）对需要通过路试方可确定的故障车安排路试。

（4）请客户在问诊表上签字，确定待修项目。

3. 估价、制单

（1）服务接待确定维修项目，并进行内部服务确认，与车间确定是否有工位，与库房确认备件是否有货。

（2）预计维修作业时间，预估维修费用，制作委托书、派工单。

（3）服务接待向客户推荐服务项目，解释委托书，无疑问时请客户签字确认。

（4）服务接待安排好客户后，将车开到维修工位，并与维修技师交接车辆手续。

4. 维修等待与服务沟通

（1）客户休息区服务生根据客户习惯奉茶或咖啡。

（2）登记客户待修信息，帮助客户关注车辆维修情况。

（3）维修技师领取备件，进行维修作业。

（4）维修技师发现新故障后，通知服务接待，由服务接待为客户进行解释，客户确认后派工维修。

（5）向客户推荐关联服务，客户确认后提供服务。

5. 交车前的准备

（1）竣工后，维修技师进行完工质检，质检员进行总检。检验合格后安排洗车工进行车辆清洁。

（2）质检员向服务接待移交手续及车辆，服务接待进行车辆终检。

（3）将车停到交车区，准备好维修旧件，以供客户确认。

（4）服务接待整理相关手续，制作交车明细表与结算单。

6. 客户交款、取车

（1）服务接待向客户解释维修项目，处理客户异议，提醒客户相关注意事项。

（2）服务接待处理可能产生的客户抱怨。

（3）向客户展示竣工后的车辆。

（4）协助客户完成交款，并进行车辆交接。

（5）目送客户离去。

7. 服务跟踪

（1）由专职的信息回访员整理客户资料，确定回访比例。

（2）回访员利用电话对客户进行服务跟踪，了解客户车辆使用情况，解答客户疑问。

（3）回访员负责接受客户投诉，并填写投诉事件处理单。

（4）服务接待对存在遗留问题的客户进行回访，处理可能出现的客户抱怨。

（5）服务接待根据回访员的预约通知，安排服务预约。

（6）对需要返工维修的车辆，按照返修作业流程安排返修。

【问题二】 如何按照服务蓝图开展售后服务工作?

为了使大家更好地认识服务流程是如何为客户提供服务的，我们提出服务蓝图这一概念，将整个维修服务过程编成一个演出剧本，以便使大家能更好地了解汽车服务是如何提供给客户的。前面已经讲过，服务是一种产品，那么就可以提前设计好规划方案，通过一定的过程生产出来，这一方案称为服务蓝图。

服务蓝图与流程图不同，流程图给出的是工作顺序，而服务蓝图不仅给出了工作的顺序，还识别了顾客前台的体验和顾客看不到后台活动。也就是说，服务蓝图清晰地表明了车主与员工之间的互动，并且指出了这些互动是怎样被附加活动和后台服务系统所支持的。正是由于服务蓝图显示了员工角色、运营过程、信息技术与车主互动之间的内在联系，因此服务蓝图的设计有利于汽车服务企业内部营销活动、运营活动和人力资源管理的整合。

一般来讲，对一家提供全方位服务汽车企业而言，我们可以用这样的方式来解释客户费用的支配：车主维修的备件成本占整个花费的30%～40%，而客户支付的其余的花费则用于租赁赏心悦目的候车环境、专业的维修设施，获得专业技术人员提供的维修服务，享用其他服务人员针对车或人所提供的其他各种关联服务。规划服务蓝图如同设计一个需要多元参与的表演剧本，守候各个岗位的服务人员通过对维修服务各环节的服务提供，向客户展现了具有情节的服务表演。

现在让我们从一台故障车预约维修开始，通过企业提供全方位的活动来演示汽车维修服务的服务蓝图。如图2-6所示，这份服务蓝图的关键组成部分从上到

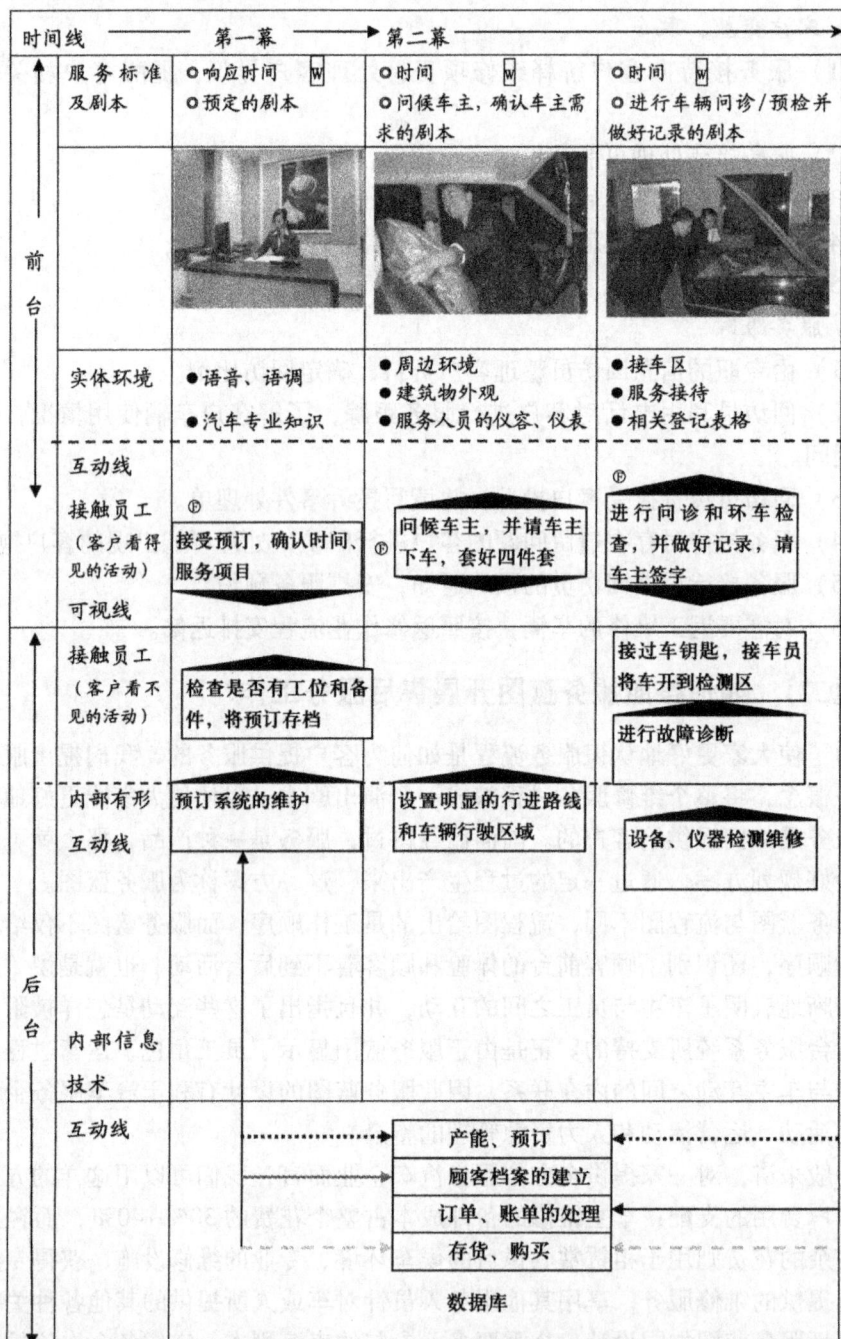

时间线	→	第一幕	→ 第二幕	
前台	服务标准及剧本	○响应时间 W ○预定的剧本	○时间 W ○问候车主,确认车主需求的剧本	○时间 W ○进行车辆问诊/预检并做好记录的剧本
	实体环境	●语音、语调 ●汽车专业知识	●周边环境 ●建筑物外观 ●服务人员的仪容、仪表	●接车区 ●服务接待 ●相关登记表格
	互动线 接触员工 (客户看得见的活动) 可视线	ⓕ 接受预订,确认时间、服务项目	ⓕ 问候车主,并请车主下车,套好四件套	ⓕ 进行问诊和环车检查,并做好记录,请车主签字
后台	接触员工 (客户看不见的活动)	检查是否有工位和备件,将预订存档		接过车钥匙,接车员将车开到检测区 进行故障诊断
	内部有形 互动线	预订系统的维护	设置明显的行进路线和车辆行驶区域	设备、仪器检测维修
	内部信息技术			
	互动线		产能、预订 顾客档案的建立 订单、账单的处理 存货、购买 数据库	

图2-6 服

时间线 ──────────────────→ 第三幕 ──────────────────→			
◎时间 Ⓦ ◎估价、估时、制单的剧本	◎准时到达和保留预订 Ⓦ ◎工作安排的剧本	◎时间 Ⓦ ◎问候车主，上饮料的剧本	◎时间 Ⓦ ◎享受等候服务的剧本

前台

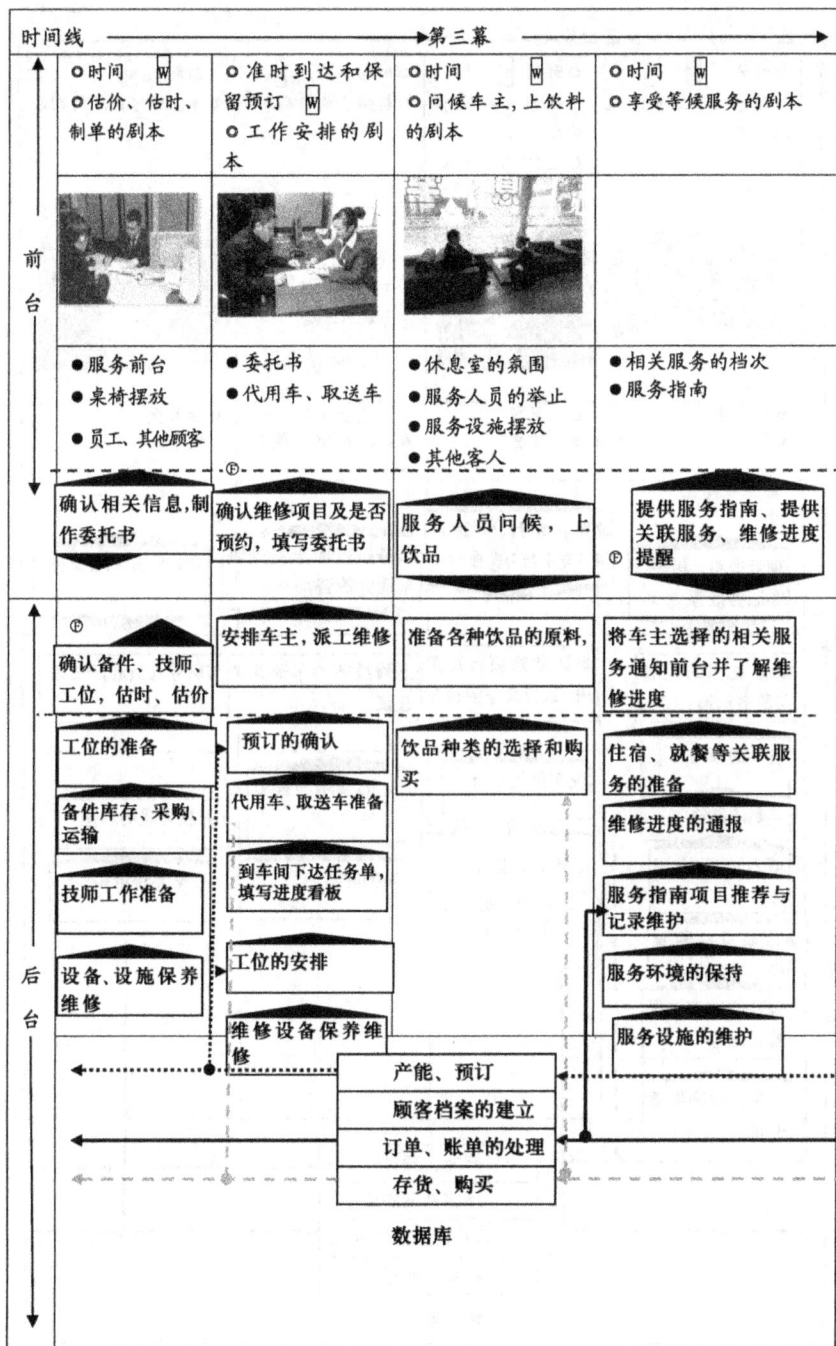

●服务前台 ●桌椅摆放 ●员工、其他顾客	●委托书 ●代用车、取送车	●休息室的氛围 ●服务人员的举止 ●服务设施摆放 ●其他客人	●相关服务的档次 ●服务指南
确认相关信息,制作委托书	确认维修项目及是否预约，填写委托书	服务人员问候，上饮品	提供服务指南、提供关联服务、维修进度提醒

后台

确认备件、技师、工位，估时、估价	安排车主，派工维修	准备各种饮品的原料，	将车主选择的相关服务通知前台并了解维修进度
工位的准备	预订的确认	饮品种类的选择和购买	住宿、就餐等关联服务的准备
备件库存、采购、运输	代用车、取送车准备		维修进度的通报
技师工作准备	到车间下达任务单，填写进度看板		服务指南项目推荐与记录维护
设备、设施保养维修	工位的安排		服务环境的保持
	维修设备保养维修		服务设施的维护

产能、预订
顾客档案的建立
订单、账单的处理
存货、购买

数据库

务蓝图

时间线 ——————→ 第四幕

○时间 W	○时间 W	○时间 W	○时间 W
○维修过程服务沟通的剧本	○账单格式及准确性 ○上结算单的剧本	○提供咨询的剧本	○车主结帐付款的剧本

前台

●休息室 ●任务单	●结算单 ●竣工单	●车主取车区 ●竣工车辆的展示 ●车旁	●结算区 ●发票
●其他顾客 Ⓕ			

项目变更，相关汽车服务推荐

送账单，解释维修项目，确认车主是否满意 Ⓕ

服务接待向车主提供车辆养护咨询 Ⓕ

开具发票，归还证件 Ⓕ

后台

维修过程的监督与服务沟通

确认维修项目及费用，进行交车前检查

维修技师的车辆养护建议

与财务人员进行交易

备件的领用

交车前的检查

旧件的展示与处置 Ⓕ

付款方式的选择

车辆的维修

结算单的准备 Ⓕ

车辆的清洁

安全系统维护

项目变更的通知

结算单系统的维护

维修质量检验及内返 Ⓕ

备件的库存、保管、运输

设备、设施保养维修

产能、预订

顾客档案的建立

订单、账单的处理

存货、购买

数据库

注：Ⓕ 服务过程中可能出现失误的环节。

W 可能由于时间延误导致客户不满的环节。

图2-6 服

时间线 ➡️ 第五幕 ➡️		
○时间 W ○车主取车、送客的剧本	○时间 W ○答复 ○遗留问题处理的剧本	

前台

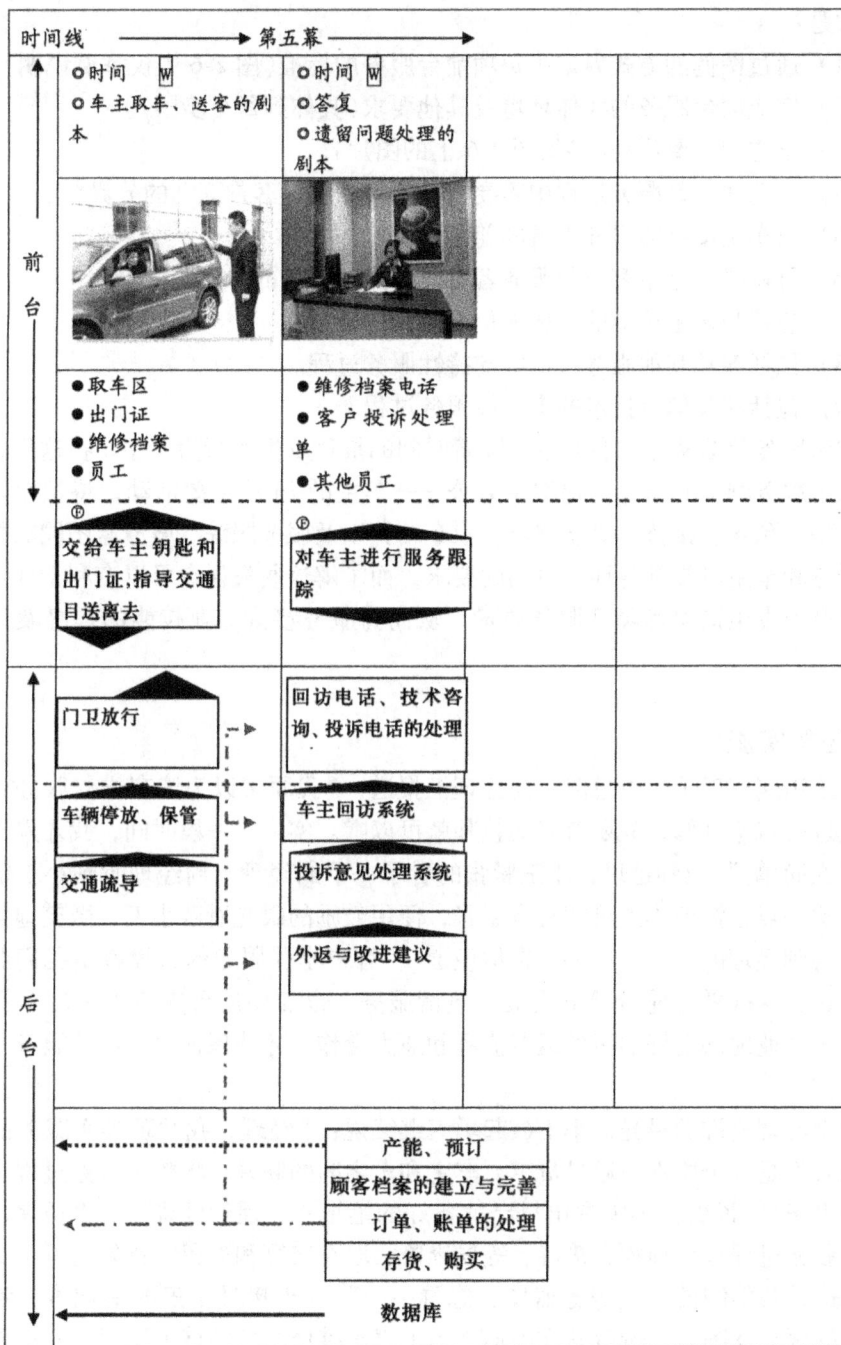

| ●取车区
●出门证
●维修档案
●员工 | ●维修档案电话
●客户投诉处理单
●其他员工 | |

| ⓟ 交给车主钥匙和出门证,指导交通 目送离去 | ⓟ 对车主进行服务跟踪 | |

后台

门卫放行	回访电话、技术咨询、投诉电话的处理	
车辆停放、保管	车主回访系统	
交通疏导	投诉意见处理系统	
	外返与改进建议	

产能、预订
顾客档案的建立与完善
订单、账单的处理
存货、购买
数据库

务蓝图(续)

下依次是：

（1）通过图例的方式界定了每项前台服务的标准（图2-6中仅举例说明）。

（2）完成前台服务的实体环境及其他要求（具体到每个步骤）。

（3）车主的主要活动（参见图2-6上的图片）。

（4）互动线：是服务过程中需要企业服务人员与客户互动的分界线。

（5）与车主接触的服务人员的前台活动。

（6）可视线：是指客户与服务者都能看到的服务的分割线。

（7）包括与车主接触的服务人员在后台的活动。

（8）包括涉及其他服务人员的支持性服务过程。

（9）包括涉及信息技术的支持性服务过程。

这份服务蓝图从左到右显示了随着时间的推移发生的行为次序。在这里，我们引入了服务剧本的概念，根据主人公——车主的13项主要活动，将整个剧本分为五幕：预约、接待、等候维修、取车结算以及服务跟踪。服务蓝图同时标明了失误点和车主对服务各环节时间的要求，而了解这些失误点可以有利于我们在工作中避免发生错误和降低服务质量，从而为服务接待专业技能的提高奠定了基础。

任务实施

小王迅速整理了一下思路，向经理汇报道："我原来以为汽车维修服务就是简单地进行汽车维修，只要有好的技师就可以啦。实习了一段时间，我才发现并不是那么简单。"说到这里，小王紧张的看了一下周经理。周经理听到小王能够认识到这一点，知道小王可能有点紧张，便用鼓励的眼光看着小王，微笑地点了点头。得到经理的赞许，小王兴奋地说道："客户享受服务的过程就是我们服务生产的过程，既需要前台接触人员的热情服务，也需要后台支持人员的辛勤工作，通过企业内部良好的服务运营流程和通力合作，才能保证每一次的服务令车主满意。"

看着经理赞许的目光，小王鼓起勇气继续说："经理，我发现其实服务的过程可以看作是一个剧本，通过员工、车主和车之间的联系，将整个服务过程全面地展示出来。"说着，小王拿出早已准备好的笔记本，递给经理说，"经理，我把整个服务过程分为预约、接待、等候维修、取车结算和遗留问题处理五个重要环节，这是我编制的企业服务蓝图，您看……"经理接过小王的笔记本，看着小王写的服务蓝图。这份蓝图详细地展示了汽车维修服务的整个流程，心里面暗暗称赞小王。然后说道："小王，你能绘制这份服务蓝图十分不错，看来你很细心也很用心，那么我再问你，你对服务接待这个岗位的职责和所起的作用，也明白了吗？"

任务三
了解维修服务接待的主要职责

任务目标

目标：能够描述服务接待在维修过程中的主要职责

任务下达

任务分析

周经理提出的问题是小王一直所困惑的问题。小王虽然学习的是汽车技术服务与营销专业，但对专业的了解仅限于所学的知识。通过这段时间的实习锻炼，他渐渐地对服务接待工作有了进一步的认识，但是仍然有很多疑问困惑着他，现在有机会听经理给自己讲，连忙热切地问道："经理，说实在话，虽然我学的是相关专业，也实习了一段时间，但对这一工作的了解仅限于表面。经理，您能给我讲讲如何才能做好一名服务接待吗？"看着小王渴求的双眼，经理十分欣慰，好学又谦虚的年轻人，在现在这个社会可是宝贝呀！周经理说，"那好吧，小王，你知道吗，我也是从服务接待开始做起的……"

服务接待与车主直接接触，是汽车服务企业的重要岗位之一。全面了解服务接待工作的职责，有利于学员更好地胜任这一岗位。达到上述学习目标所需学习的主要知识包括：

1. 服务接待应掌握哪些基本知识点？
2. 服务接待的主要工作职责有哪些？

【问题一】 服务接待应该掌握哪些基本的知识点？

服务接待在服务蓝图的各个情景中，都扮演着十分关键的角色，那么服务接待应该具备哪些基本知识，才能胜任这项工作呢？

1. 较强的沟通能力

在实际工作中，服务接待在汽车厂家、服务企业及车主之间起着桥梁和纽带的作用。如图2-7所示，三者之间通过服务接待实现了利益的交叉：对车主而言，车主的需求通过服务接待的沟通得到了满足；对服务企业而言，通过服务接待的服务销售实现了企业利润；对汽车厂家而言，通过服务接待展示了企业的服务理念，实现了厂家与消费者之间的信息沟通。在这个循环中，服务接待通过有效的沟通实现了三者之间的利益平衡。可见，对服务接待而言，沟通能力的强弱至关重要。服务接待要获得较强

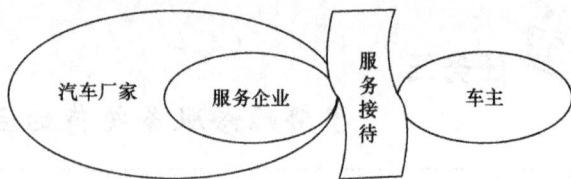

图 2-7　服务接待沟通作用关系示意图

的沟通能力，主要学习的知识点有：能够友好接待车主的礼仪常识；掌握沟通技巧，能够实现车主与企业之间的有效沟通；掌握异议处理的技巧，能够处理车主与企业之间发生的纠纷等。

2. 专业的汽车知识

汽车厂家造车，维修企业修车，车主开车，三者之间通过汽车这一媒介实现了利益的共享。服务接待要想做好三者之间的沟通，具备相当的汽车知识是十分必要的。服务接待所需学习的汽车知识主要包括：汽车构造及保养常识；能够利用仪器等手段对汽车故障进行静态、动态监测，大致判断故障，并提出维修建议；掌握汽车备件常识并了解备件及相关耗材的价格等。

3. 服务产品的销售技巧

随着人们对服务要求的日益提高，广大车主对汽车维修企业的要求已不仅仅是把车修好，而是要求在修车的过程中，也要满足自己其他的服务诉求。因此，对服务接待而言，在接待过程中，不仅要服务好，同时也要注意发现车主的其他服务诉求，把企业能够提供的服务产品销售出去。服务接待要销售好服务产品需要掌握的知识点有：熟悉并能够描述企业的各种关联服务产品；掌握服务产品的销售技巧，能够对车主的消费心理进行分析，根据不同车主的内在需求推荐服务产品等。

4. 熟练的业务处理能力

作为技术含量较高的消费品，汽车具有内容多、变数大、周期长的特点，因此对服务接待的业务处理能力也提出了较高的要求。为提高业务处理能力，服务接待需学习的主要知识点包括：如何按照企业的核心服务流程完成各项服务？如何进行维修业务的生产组织协调？如何处理保修索赔业务？如何进行故障车辆的定损核赔等。

【问题二】　服务接待的主要工作职责是什么？

我们通过前面所讲的服务蓝图可以看到，服务接待是汽车服务类企业与顾客之间联系的重要桥梁，汽车厂家、车主、维修服务企业需通过服务接待这一岗位才能联系起来，那么服务接待在服务蓝图的各个情景中主要职责是什么呢？

（一）在预约场景中的主要职责

我们可以把来店维修的作业过程分为两类：预约作业与突发作业。预约作业是指根据企业维修计划，按时安排的一种作业形式，而突发作业则是随机的，无法预计。因此，由于预约作业的计划性，服务接待的作用也显得尤为重要。从预约的形式上来区分，维修预约可以分为主动预约和被动预约。

1. 在主动预约场景中的主要职责

主动预约是服务接待主动邀请车主来店保养车辆或参加维修企业的各类促销活动。主要的服务对象是店内有相关信息资料的车主。要做好主动预约服务接待的主要职责是：

（1）服务接待要做好客户档案：注意收集和更新客户档案，预计车主的保养周期，根据企业的营销计划主动打电话给车主，提醒车主来店保养维护车辆或参加企业针对车主的各类促销活动，并做好预约信息登记。

（2）根据企业的预约服务流程做好预约作业的准备工作：主要任务包括确认配件、安排作业时间、提供作业信息、确认车主来店时间及接待前的准备等工作。

2. 被动预约

被动预约是车主主动要求进行服务预约。与主动预约的服务对象不同，主动预约的车主多数对车辆不是很了解或者时间观念较弱，而被动预约的大多数车主则是觉得车有故障，或者有较强的车辆保养意识及时间观念。要做好被动预约，服务接待的主要职责是：

（1）做好服务咨询工作：主动预约的车主往往面临车辆使用状况不佳的困境，因此，多数车主进行预约时，可能会向服务接待咨询车辆使用方面相关的问题。

（2）做好预约登记工作：要注意收集车主的信息，以便进行预约准备或相关安排。

（3）根据预约流程做好预约准备：包括确认备件、安排作业时间、确认车主来店时间及来店前的准备工作。

（二）在接待场景中的主要职责

服务接待要做好各类来店车主的接待工作。接待场景既包括对预约作业的接待，也包括对突发作业的接待。服务接待对来店的车主要一视同仁，都予以友好的接待。在这一环节，服务接待的职责主要包括：

（1）问候车主，确认车主需求。客户到来之后，服务接待要友好地接待车主，确认车主是来店保养、维修还是其他的原因，然后根据车主需求提供服务。

（2）进行问诊、预检，做好记录。服务接待要对车辆进行环车检查，并进行问诊。对车辆的状态及车主反映的问题要如实记录，并初步提出维修建议。

（3）估价、估时、制单。服务接待要检查备件库存情况，并预估维修价格，联系车间预估维修时间，征求车主意见后制作派工单。

（4）工作安排。服务接待要做好车主及车辆的安排。首先安排好车主，确认车主到休息室等待还是离店；其次对待修车辆进行工作安排，准时到达的预约车辆根据预约流程直接安排作业，其他代修车辆则开到待修区，由维修车间进行排班。

（三）在维修过程服务沟通场景中的主要职责

服务接待在车辆维修作业时并不等于工作告一段落，做好维修技师、客户之间的沟通工作同样关系到客户是否满意，在这一环节服务接待的工作包括：

（1）维修过程监督及服务沟通。服务接待要随时关注维修过程，了解维修进度，以备车主咨询。如果发现可能存在维修时间延迟的情况，要提前与车主沟通，以免发生异议。

（2）项目变更处理。在车辆维修时，有很多因素是无法预料的，如果维修的过程中发现维修项目需要变更或需要增加时，服务接待要确认变更项目，并了解备件情况后及时征求车主的同意。只有在征求车主同意的前提下，才能通知维修技师安排维修，如果车主不同意，涉及安全或大的维修项目时，要请车主签字确认，以免后期发生纠纷。

（3）进行交车前的车辆检查。服务接待要在交车前对竣工车辆进行检查，确认维修项目是否均已实施，车辆是否清洁。如果发现疑问的话，可要求试车员试车，对问题车辆安排内部返工。

（四）在交车场景中的主要职责

交车场景是一个维修接待与客户接触的很重要的瞬间。

（1）服务接待在交车前要核实维修项目及备件，确认是否有保修项目，计算维修工时及备件价格，计算费用并准备好交车明细和结算单。

（2）解释维修项目，并提供咨询。车主有权知晓维修费用的细节，因此，服务接待要向车主说明维修项目、维修过程和收费情况，对车主提出的疑问，要予以认真解答，对未修项目或遗留问题要明确提醒车主注意。最后，必须引导客户到收银台。

（3）处理好可能出现的客户抱怨。

（4）根据双方的约定结清费用后，服务接待与车主进行车辆交接，并目送车主离去。

（五）在服务跟踪处理情景的主要职责

客户的离去并不代表服务的结束，在这一环节服务接待的主要工作职责是：

（1）对存在遗留问题的客户进行电话回访，了解车辆使用情况，解答客户疑问。

（2）处理车主抱怨、投诉事件，并完成投诉事件处理单。

（3）填写返工作业单，安排车辆进行外返。

任务实施

周经理讲到这里，停了一下，目光也变得很深邃，不禁忆起当年的难忘岁月，然后喝了口茶，接着说："可能你也能感受到，服务接待在很多时候就像是顾客的出气包，不管是由于汽车的原因，还是由于自身的原因，又或者别的什么原因，一旦车辆发生故障，首先被抱怨的就是服务接待……"

小王听到这些，想想自己从业以来的经历，深有感触地点了点头。

周经理继续说道："我是 2003 年学校毕业参加工作的，从那一年起，私家车开始成为汽车消费的主流，客户开始变得越来越个性化，对服务的要求越来越高，企业间的竞争也越来越激烈。很多时候服务接待不是被领导批评，就是被客户抱怨，每天要求陪笑脸，却每天难得见几回笑脸。曾经有一段时间，如果不是我的一位前辈的一番话，我也差点跳槽转行……"

周经理的这番心里话，深深地打动了小王，在刚刚走上工作岗位的时候，能够遇到这样一位谆谆教导的好领导，也是一件十分幸运的事，怀着感激之情，小王问道，"那位前辈和您说什么啦？"

周经理满意地看了一眼小王，说："一份工作，就是一份事业，当我们择业时，首先应该考虑的是这个行业有没有发展前景。至于辛苦，这个世界上只要你想有一番成就，又有哪一件事情是能轻松得来的。再说，自己是否适合某一行业，不是你工作三两个月就能得出的结论，起码要工作一两年，才能窥出全豹，再来考虑自己适合不适合的问题。"

说到这里，周经理眼光里充满了激情，说道："正是由于前辈的这番话，我留在了这个行业。三年后，我喜欢上了这份工作，把这份工作当作我的事业，才有了今天的成就。"

周经理的这番话，对小王的触动很大，心里如同翻江倒海一般思绪万千，是啊，工作几个月来，表面上自己很积极，但每日繁琐的工作与刁难的客户，使小王的身心十分疲惫，私下里也曾萌生去意。周经理的一番话，如同惊雷，震醒了小王，是呀，自己怎么能就因为工作有困难就有这样的想法呢，这个世界上要做好一件事，又有哪个是能够简单成功的呢？小王的心里虽然豁然开朗，但对服务接待的工作仍有许多困惑之处，便接着问道："为什么呢？"

小王强烈的情绪变化，周经理都看在眼里，看到他豁然开朗的神色，周经理也十分欣慰。现在听到小王的问话，知道他心中的迷惑所在，便接着说，"是不是想问我，什么原因使我喜欢上这个职业呢？"被周经理看中了心思，小王急忙点头称是。

周经理感慨地说道："小王，看到你，就如同看到当年的我。服务接待的工作看似繁琐，实际主要就是两项任务，其一是为每一位来店车主提供咨询，销售服务产品。这是因为随着车辆个性化时代的到来，不同的车主对企业车辆服务的需求也不尽相同，如何为存在疑惑的车主提供咨询服务，如何针对不同需求的车主销售企业的个性服务，是我们服务接待的首要任务；其二，做好服务过程中的沟通工作，处理可能产生的车主抱怨。车主虽然天天开车，但由于职业所限，未必懂车，他们对车辆故障的理解也往往带有很大的片面性。当车辆发生故障时，多数车主往往仅从自身利益的角度来考虑。因此，在服务过程中，如何使车主对车辆状况和服务有正确的认识，做好车、企业、车主之间的沟通工作，是我们服务接待的主要责任。"

说到这里，周经理顿了一下，接着说："其实无论什么职业，要做好，都贵在坚持。服务接待是一份挑战性很强的工作，每天都会遇到不同的车辆故障，每天都会与不同的客户打交道。如果你能够游刃有余地处理好各项事务，也就具备了超强的沟通能力和协调能力。当你看着每位车主怀着怨气而来，最终通过你的服务满意而去，这种成就感又岂能用言语可以形容！"

项目三

维修预约作业

项目导入

有了前辈的指点和领导的教诲，小王顺利完成了两个月的见习锻炼。通过部门批准，人力资源部门审核，他正式成为一名服务接待。上岗之始，小王要面临的第一项工作就是要完成每月40%预约率的作业考核。

项目分析

预约率是现代服务业的考核服务接待能力的一项重要指标，企业通过一定的预约率保证了生产的有序安排及资源的合理利用，同时也大幅降低了车主的维修等待时间。从事这一行业首要的工作要求是：

◎ 能够通过多种渠道收集客户信息，建立和完善信息档案。

◎ 能够与车主进行有效的预约。

◎ 能够按照企业的预约维修作业工作流程完成车主预约。

任务一

服 务 预 约

任务目标

目标：能够与车主进行服务预约

任务下达

短短的见习实习三个月转眼就到，无论同事还是领导都喜欢上了这个负责、勤勉、好学的小伙子。在周一的例会上，周经理认可了小王在实习阶段的表现,批准了小王申请转正的请示报告。从星期一开始,小王就正式成为某专卖店的一名服务接待。接着周经理下达了本月的任务指标,其中预约率的指标要求为40%。对于刚参加工作的小王来说,由于没有客户资源积累,要完成这个指标并不容易。

任务分析

随着汽车个性化时代的到来,客户的时间观念越来越强,需求也更趋多样化。企业能否有计划地安排生产,提高工作效率,以增加车主对服务的满意程度,预约作业十分关键。要做好服务预约,服务接待必须明确以下问题:

1. 为什么要开展预约服务?
2. 预约作业有哪些类型?
3. 预约作业的工作流程是怎样的?
4. 电话预约的方法有哪些?

预约是指就某事双方进行的预先约定,有效的预约减少了可能发生的意外情况,从而使双方的工作效率得到提高。

【问题一】 为什么要开展预约服务?

服务接待预约活动的开展,依赖于企业和车主双方的互信关系。要了解为什么要进行预约作业,就要从企业和车主的两个角度来看待预约。

1. 预约作业环节车主的期望

车主在维修服务过程中,所承担的成本有货币、时间、行为和心理等,车主总是在设法降低自己的成本。因此,在维修的过程中车主更期望服务企业能够提供方便、快捷和准确的服务。就预约而言,车主期望得到的好处是:

(1) 能够避免维修高峰期的漫长等待。

(2) 通过提前告知故障,避免零部件准备不足而延误维修,缩短维修时间。

(3) 服务企业能够在配件、工具、技术人员等方面提前准备,从而可保障维修和保养的服务质量,提高工作效率。

(4) 希望获得服务企业针对预约提供的优惠折扣。

2. 预约作业环节企业的期望

企业总是在关注收益率的前提下,考虑开展预约活动。对于维修服务企业而言,单纯地考虑设备及人工的利用率并不能准确反映企业的盈利能力(高利用率可能是在利益甚至某种牺牲的情况下实现的)。收益率即为每单位的服务生产能力所获得的平均收入。这样做的目标是使收益率达到最大化,从而提高公司的盈利。促使企业考虑收益管理的其他因素还包括波动的需求水平、按照价格敏感度细分市场的能力，以及在使用前就销售了的服务等。

通过对收益率的分析，可以发现向某个顾客或某个细分市场分配产能时存在机会成本，因为另一个顾客或其他细分市场可能产生更高的收益率。由此我们可以得出预约作业企业期望的好处是：

（1）通过车主预约，实现"削峰填谷"，提高工位利用率及服务产能。

（2）减少由于维修服务的突然性而导致的非作业时间延长，提高生产效率。

（3）通过强化的预约活动，提高维修服务工作的计划性和规范化，达到提高服务水平的目的。

（4）通过预约活动的开展，达到降低维修生产成本，提高企业服务收益率的目的。

正是因为预约对双方都有益处，使得预约作业成为服务业是否成熟的标志性活动之一。预约率的高低，直接反映该服务企业的服务能力。我国服务业的发展既不均衡，也不完善，无论是企业还是车主，即便是预约，爽约的可能性也都很大：企业可能因为某项高收益的服务而放弃对预约客户的承诺，而车主也可能因为一时的不便而毫不犹豫地爽约。虽然受到诸多因素的影响，但不可否认，预约作业的开展，服务接待的作用十分关键。服务接待通过对企业和车主双方利益的准确把握，进行良好的沟通和协调平衡，从而使企业与车主双方利益最优化成为可能。

【问题二】　预约作业的类型有哪些？

预约是通过双方的提前约定来实现的。

（一）预约的类型

根据预约方式的不同，我们可以把预约分为 3 类。

1. 主动预约服务

如果车主对汽车不太了解，或者没有时间关心自己的车应该何时做保养，就需要服务接待根据预留的客户档案，主动给客户打电话，提醒客户来店保养车辆。此类服务为汽车服务企业主动邀约客户，因此称为主动预约服务。主动预约服务的对象主要包括：

（1）根据企业所掌握的信息资料，近期内需要保养的车主。

（2）来店维修缺件待料的车主。

（3）存在疑难故障，需要进一步观察再行维修的车主。

2. 被动预约服务

客户在开车过程中觉得车子有故障问题，或者车主有较高的服务意识，能够按照维修手册的要求主动向汽车服务企业进行预约，此类服务为客户主动联系企业要求预约，因此称为被动预约服务。被动预约服务的对象包括：

（1）对企业有良好服务回忆的老客户。

（2）有预约意识的高服务素质客户。

（3）需要进行紧急救援的客户。

3. 网上在线预约服务

车主通过登陆企业网上会员系统，进行在线预约维修服务。

（二）客户预约的一般规律

预约服务为期望个性化服务的客户提供了更多的选择。虽然预约有很多好处，但事实上并非所有的车主都希望得到预约的服务。不同的客户群体有不同的价值观，我们很难做到让所有的车主都进行有预约的作业。在实际工作中，预约客户的群体范围总是大致遵循这样几条规律：

（1）收入越高、车型档次越高级的车主（例如车型价值20万元以上），更在意时间成本，因此预约活动较好开展；而收入大众化、车型档次较低（如车型价值8万元以下）的车主，相对而言更在意货币成本，是否预约则在其次。

（2）文化素质越高的车主，越重视工作效率，预约意识也比较强；文化素质较低的车主，则随意性很强，预约意识也比较淡薄。

（3）一般来说，在服务业比较发达的城市，车主预约意识比较强，如北京、上海等；在服务业较为落后的内地城市，车主预约意识比较差，如县级城市等。

【问题三】 预约作业的工作流程是怎样的？

预约作业能否得到有效的实施，涉及多个层面的问题，有赖于企业预约系统的建立和完善。这需要企业在计划—预约—预计—预告四个环节下工夫。从服务接待的角度而言，需要根据预约作业的流程实施。预约作业的流程图如图3-1所示。

（一）预约作业计划的制定

预约作业本身就是企业计划生产、充分发掘企业潜能的一种作业安排形式，因此预约计划的制定和实施也成为预约作业能否有效运行的关键组成部分。服务接待要做好这一环节的工作，主要有两项任务：

1. 收集客户信息资料

预约活动的开展有赖于健全的车主资料。首先，服务接待在日常的工作活动中要注意车主资料的收集和完善，确保车主信息的准确性，仅仅有简单联系方式和维修记录的车主资料并不能很好地反应车主的情况。有效的车主信息资料应该包括车主的消费特征、人际风格、个人偏好、车况信息等。只有记录了上述的信息，才能使服务接待有效地进行车主预约；其次，服务接待一定要在预约之前再次确认客户资料，以确保与客户沟通的有效性。

2. 选择预约时段

```
                            ┌─────────────────┐
                            │  客户信息资料确认 │
        ┌──────────────┐    ├─────────────────┤
        │ 预约作业计划制定 │    │   预约时段确认   │
        └──────┬───────┘    └─────────────────┘
               │
               ▼                ┌─────────────────┐
        ┌──────────────┐        │   进行任务分解   │
   ┌───►│ 预约作业的前期准备 │    ├─────────────────┤
   │    └──────┬───────┘        │  客户信息资料确认 │
   │           │                └─────────────────┘
   │           ▼
┌──────┐  否  ╱──────╲         ┌─────────────────┐
│预约变更│◄────┤ 是否预约？├        │   预约时机的选择   │
└──────┘      ╲──────╱         ├─────────────────┤
               │是              │ 服务接待接/打电话 │
               ▼                └─────────────────┘
        ┌──────────────┐
        │   填写预约单   │        ┌─────────────────┐
        └──────┬───────┘        │    预约单的填写   │
               │                └─────────────────┘
               ▼
        ┌──────────────┐        ┌─────────────────┐
   ┌───►│  预约作业安排  │        │  维修作业预约确认 │
   │    └──────┬───────┘        ├─────────────────┤
   │           │                │   预约看板登记   │
   │           ▼                └─────────────────┘
┌──────┐  否  ╱──────╲
│预约变更│◄────┤ 是否预约 ├
└──────┘      ╲──────╱
               │是              ┌─────────────────┐
               ▼                │   安排预约作业   │
        ┌──────────────┐        ├─────────────────┤
        │  预约作业的确认 │        │   完善客户资料   │
        └──────┬───────┘        └─────────────────┘
               │
               ▼
        ┌──────────────┐
        │ 进入维修作业流程 │
        └──────────────┘
```

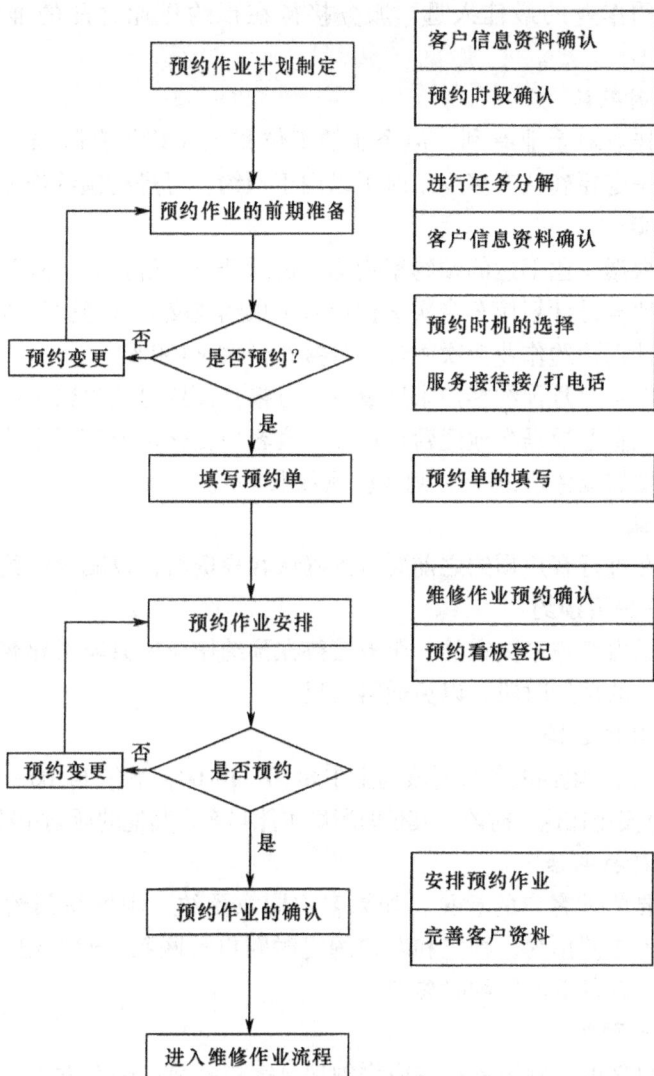

图 3-1 预约作业流程

对维修企业而言，合理预约客户并不是一件容易的事。如果企业在管理过程中，仅是在某一时段进行预约，就会发生很多出乎意料之外的事情。如预约客户突然爽约、设备出现故障、预约当日来店台次超过预期、维修技师请假等，都会给预约作业带来很大变数，影响其顺利执行。服务接待要注意灵活掌握工作计划，切实地考量整个维修车间的工作能力和场地容量，才能开展有效的预约活动。

（二）预约作业的前期准备

在服务企业，服务接待首先与客户接触，相对而言也最了解客户，因此服务接待是进行预约作业的最佳人选。服务接待在预约作业之前的准备工作主要包括：

1. 预约工时确认

虽然预约作业对企业有利，但企业的工位和工人数是有限的。在进行预约前，服务接待一定要确认有多少工时可以用于预约，可进行预约作业。

2. 任务分解

服务接待根据企业下达的预约率指标，进行任务分解。其公式为：

预约电话数 = 月计划接车台次 × 预约率 × 预约成交率 × 经验系数

预约率 = 计划预约作业台次 ÷ 计划月接车台次 × 100%

预约成交率 = 上月预约客户来店量 ÷ 上月接打预约电话次数 × 100%

经验系数是企业根据当地经营环境和月度客户变化情况等因素确定的系数加成，如企业月增加业务额 10%，则经验系数取 1.1。

3. 再次确认

服务接待在进行客户预约之前要再次确认客户资料，以减少失约的可能性。

（三）客户是否预约

是否预约是由客户来决定的，服务接待在预约作业中只能引导客户，不能一厢情愿确定客户的预约时段，以免适得其反。

1. 预约的时机选择

服务接待打预约电话的黄金时段为上午 8:30—10:00，下午 14:00—17:00。预约电话的时间最好安排在这一时段，其他时段则可能与客户其他的活动相冲突。

2. 服务接待打电话

服务接待要尊重客户的意见，如果客户同意预约，则填写预约单，安排预约；如果客户不方便预约，则应和客户约定时间再行联系，然后记录预约时间，填入客户资料，以备下次预约时参考。

3. 客户来电预约

如果是客户来电，则服务接待应详细记录客户姓名、联系方式、预约事项及预计来店时间，填写预约单，进行作业安排。

4. 现场预约。

客户现场预约维修项目如为不常用的高价值备件，服务接待应根据规定，预收客户押金。

（四）填写预约单

服务接待打过预约电话后，要进行内部预约确认，然后填写预约单，见表 3-1，预约单一式三联，车间、库房及前台各一联。

（五）预约作业安排

服务接待在预约日期的前一天，要进行预约确认，并安排预约作业，登记预

表 3-1　专营店维修预约单

时间：　　　　　　　　　　　　　　　　　　　　　　　　　　　　　编号：

客户姓名		联系电话			客户档案编号	
车号		车身颜色				
预约时间			客户服务信用权限			
是否变更预约时间						
预约服务项目						
服务接待		库管员		车间主管		

备注：客户服务信用权限为客户预约历史信用评估。从未失约为 S 级，享受 9 折优惠；失约比例 20% 以下为 A 级，享受 9.5 优惠；失约比例 20%~40% 之间为 B 级，享受 9.7 折优惠；失约比例 40% 以下为 C 级。每个服务等级预约优惠额度不同，C 级及其以下无折扣优惠。

约看板。

1. 维修预约作业确认

在客户预约日期的前一天下午，服务接待要与客户通电话，确认客户次日是否来店。如果客户来店，服务接待将预约单移交给库管员、车间主管各一份，并做好接待准备；如果客户不能预约，则与客户约定再次预约的时间，并登记到待预约客户名单。

2. 预约看板登记

企业应该在三个位置设置预约看板，依次为服务前台、库房与车间。三个看板作用不同：前台看板是向客户传递服务意识，使预约客户产生被重视的感觉；库房看板是提醒库管员注意库存，防止出现预约客户缺件的意外情况；车间预约看板为生产调度看板，提醒车间主管进行调度时要考虑预约车主的情况。其中前台看板、车间看板由服务接待负责，库房看板由库管员负责。

（六）预约作业接待

服务接待应在客户预约时间之前做好接车准备，并进一步完善客户资料。

（1）如果客户在约定时间准时来店，服务接待要在第一时间与客户打招呼，按照接车流程进行接车，并安排至预留工位，将维修状态改为在修；在客户资料中增加客户服务信用权限积分，享受预约优惠。

（2）如果客户在约定时段内来店，但预留工位已做安排，则需按照接车流程进行客户接待，并优先安排客户在修，将维修状态改为在修；客户资料仍按照成功预约登记，享受预约优惠。

（3）如果客户未在约定时段内来店，但预留工位已做安排，则按照接车流程进行客户接待，并优先安排客户在修，将维修状态改为在修，客户资料仍按成功预约登记，但不享受预约优惠。

（4）如果客户主动来电话变更预约时间，服务接待则需重新填写预约单，变更预约看板，并通知库房、车间，客户资料不变更。

（5）如果客户预约当日没有来店，也没有主动联系，则服务接待按爽约处理，需在预约看板中删除任务，并在当日下午与客户沟通了解客户爽约的原因，进行二次预定；在客户资料中进行爽约登记，降低客户服务信用权限积分。

【问题四】　电话预约的方法有哪些？

在预约作业过程中，服务接待使用正确的电话语言和技巧很关键，它直接影响着预约作业的服务质量；在日常生活中，我们通过电话也能粗略判断对方的人品、性格。因而，掌握正确的、礼貌待人的打电话方法是非常必要的。打电话时虽然相互看不见，但说话声音的大小、对待对方的态度、使用语言的简洁程度等看不见的风度表现，都通过电话传给了对方，与此同时，也凭借声音了解了对方的态度、心情、修养等。所以树立良好的电话形象，不仅能体现自身优良的素质和道德风范，而且也有利于维护和提升公司的形象。

（一）固定电话的礼仪

使用电话，总有一方是发起者。在通话双方中，发起者被称为发话人，他的通话过程叫做拨打电话；被动接听电话一方，则被称为受话人，他的通话过程则叫做接听电话。

在整个通话过程中，发话人通常始终居于主动、支配的地位。在商务交往中，销售人员先打电话给别人的情况较多，要想正确无误地传递信息、联络感情，又能为自己塑造完美的形象，必须讲究一定的拨打电话的礼仪。

1. 拨电话的礼仪

（1）拨打电话的时机。当准备拨打电话时，首先考虑的问题有三个：这个电话该不该打？何时拨打为最佳？通话的时间该有多久？只有考虑好了这三个问题，通话的效果才会事半功倍。

① 是否拨打电话？通常来讲，需要通报信息、祝贺问候、联系约会、表示感谢等时候，都有必要利用一下电话，而毫无意义的"没话找话"式电话，则最好不要打。

② 何时拨打电话？按照惯例，通话的最佳时间有两个：一是双方预先约定的时间，二是对方方便的时间。一般来说，尽量在受话人上班 10 分钟以后或下班 10 分钟以前拨打，这时对方可以比较从容地应答，不会有匆忙之感。尽量避开对方的通话高峰时间、业务繁忙时间、生理厌倦时间拨打电话。如：每日上午 7 点之前、晚上 10 点之后，以及午休时间、用餐之时、双休日等时间。

③ 通话时间长短。在一般情况下，基本原则是：以短为佳，宁短勿长。在

打电话时，发话人应当自觉地、有意识地将每次通话时间限定在3分钟之内。

（2）拨打电话时，应该做到内容简练，注意以下几点：

① 事先准备。在每次通话之前，发话人应做好充分准备。把受话人的姓名、电话号码、通话要点等内容列出一张清单，这样就不会出现现说现想、缺少条理、丢三落四的情况，也容易使通话对象感到自己办事情有板有眼、训练有素，从而对自己产生一定的好感。

② 简明扼要。在通话时，问候完对方，即应开宗明义、直言主题，不讲废话。

③ 适可而止。作为发话人，应自觉控制通话时间。要讲的话说完了，即应当立刻终止通话，不要反复铺陈，再三絮叨。

（3）发话人的表现如何，直接决定电话礼仪的档次。所以，作为发话人，在通话的过程中，自始至终，都要待人以礼，表现得文明大度，尊重与自己通话的对象。拨打电话时必须注意以下几点：

1）语言文明。在通话之初，恭恭敬敬地问一声"您好！"不能是"喂、喂"或"小李在不在"。问候之后，要报所在单位、本人的全名和本人的职务，如"你好！我是××汽车4S店的服务接待张某"。终止通话前，应说"再见"、"早安"或"晚安"等。

2）态度文明。发话人在通话时，除语言要符合规范外，在态度方面也不可粗枝大叶。具体要求是：

① 对受话人不厉声呵斥、粗暴无理。

② 对领导不低三下四、阿谀奉承。若电话是由总机转接，或别人代接，要使用"劳驾"、"请"之类的礼貌用语。

③ 若找的人不在，要客气地请代接者帮助叫一下或过后再打。

④ 在通话过程中，若电话因故中断，要主动再次拨通，稍作解释。一旦拨错电话，不要急忙挂断电话，要说"对不起"。

⑤ 挂断电话时，应双手轻放。

3）举止文明。在打电话时，要注意举止文明。不要在通话时把话筒夹在脖子下，抱着电话机随意走动；不要趴着或是高架双腿与人通话；按号时不要以笔代手；不能边打电话边吃东西。

2. 接听电话的礼仪

在整个通话过程中，作为受话人在接电话时，虽处于被动的位置，但也不可因此在礼仪规范方面得过且过，不加重视。

（1）本人受话，是说由本人亲自接听他人打给自己的电话。需要正确把握以下几个要求：

1）及时接听。接听电话是否及时，实质上反映着一个人待人接物的真实态度，服务接待听到电话铃声，应准确迅速地拿起听筒，最好在三声之内接听。若因特殊原因许久才接电话的话，须在通话后马上向发话人表示歉意，如"对不起，刚才比较忙，让您久等了。"

2）应对谦和。接听电话时，受话人应努力使自己的所作所为合乎礼仪，注意以下几点：

① 拿起话筒后，首先向发话人问好，然后自报有门，如"您好！××专营店服务部。您请讲。"

② 仔细接听，态度热情、亲切、谦恭友好，保持良好的心情，这样即使对方看不见你，但是从欢快的语调中也会被你感染，给对方留下极佳的印象。

③ 在通话时，接电话一方不宜率先提出中止通话的要求，若有特殊原因不得不终止时，可向其说明原因，表示歉意，并再约一个具体时间，届时由自己主动打电话过去。

④ 若对方是长途电话，尤其注意，别让对方再打过来。约好下次通话时间后，即应遵守约定给对方打过去。在下次通话开始时，勿忘再次向对方致歉。

3）主次分明。在接听电话时，恰逢另一个电话打了进来，切忌置之不理。可先对通话对象说明原因，请对方勿挂电话，然后立即去接另一个电话。待接通之后，先请对方稍候，或过一会再打进来，随后再继续方才打的电话。中间间隔的时间越短越好，否则两方都会心生不悦。

4）待遇同等。在接电话时，一定要注意给予对方以同等的待遇，不卑不亢。这种公正的态度，容易为自己赢得朋友。

（2）在日常生活中，营销人员为其他人代接、代转电话的事情时有发生。代接电话时应注意的问题有：

① 尊重隐私。在代接电话时，千万不要热心过度，要明白自己是个媒介，不该问的话一句也不要多问，如向发话人询问对方与其所找之人的关系等。当发话人有求于己，要求转达某事给某人时，要严守口风。切勿随意扩散，广而告之。

② 记忆准确。倘若被找的人不在，应在接电话之初立即相告，并可以适当地表示自己可以"代为转告"的意思。例如："需要我为您转告的话，请讲"。不过应当先讲"某人不在"，然后再问"您有什么事情"，切勿本末倒置。

对发话人要求转达的具体内容，最好认真做好笔录。在对方读完之后，还应略微把要点重复一下，以验证自己的记录是否足够准确，免得误事。记录他人电话，应包括通话者单位、姓名、联系方式、通话时间、通话要点、是否要求回电话、回电话时间等几项基本内容。

③ 传达及时。若发话人所找的人就在附近，应立即去找，不要拖延。一般不到万不得已时，不要把自己代人转达的内容，再托他人转告。

（二）手机礼仪

手机是广大营销人员随身必备且使用最为频繁的电子通讯工具之一。使用手机应当在方便交际联络的同时，应严格地遵守其约定俗成的使用规则，否则就可能在无形之中损害营销人员的形象。具体而言，在使用手机时，需要遵守的礼仪规则主要有以下几条：

1. 保证畅通

首先，服务接待不要因为手机欠费或没电让他人无法联络；其次告诉客户自己的手机号码时，务必准确无误。如系口头相告，应重复一两次，以便对方进行验证；若自己的手机号码变化，应及时告诉重要的客户，免得双方的联系一时中断。

2. 遵守公德

营销人员在使用手机时，一定要讲究社会公德，切勿使自己的行为骚扰到其他人。在公共场所活动时，尽量不要使用手机。当其处于待机状态时，应调为静音或振动。需要与他人通话时，应寻找无人之处，切勿当众大声打手机。在办公时，尽量不要让手机干扰别人，尤其在开会、会客、谈判、签约以及出席重要仪式、活动时，必须要自觉地提前采取措施，令自己的手机静音，必要时关机。

3. 注意隐私

一般而言，自己手机号码不宜随便告之于人，也不要随便打探他人的手机号码，更不应当不负责任地将别人的手机号码转告他人，或是对外界广而告之。

4. 注意安全

按照常规，在驾驶车辆时，不宜用手机通话，以免导致交通事故；乘坐客机时，必须自觉地关闭本人携带的手机，以免干扰飞机的导航系统；在加油站或医院里停留期间，不准开启手机，以免酿成火灾，或影响医疗仪器设备的正常使用；此外，在标有文字或图示禁用手机的地方，均须遵守规定。

（三）对电话记录的管理和应用

电话礼貌是维持良好人际关系的重要方式。在接听电话时，你所代表的是公司而不是个人，所以不仅要言语文明、音调适中，更要让对方能感受到你的微笑。同时，也不要忘记每一个重要的电话都要做详细的电话记录，包括来电话的时间，来电话的公司及联系人、通话内容等，这样才能为将来开展业务奠定良好的基础。

（1）最好养成用左手拿话筒的习惯，这在快节奏、高效率的企业公司尤为重要，因为接电话时需要记录的时候非常多，需要用右手记录（多数情况下）。

（2）接打电话时，告知的重要内容一定要准确地记录在案，这样可以提高谈话效率，避免误事。

（3）随时牢记5W2H技巧，电话记录既要简洁又要完备，有赖于5W2H技巧。5W 的含义是指 When(何时)、Who(何人)、Where(何地)、What(何事)、Why(为什么)。2H 的含义是指 How(如何进行)、How much(多少次)。

▽ 任务实施

在我国,由于人们普遍预约服务意识不强,所以经常会爽约。在我国,多数汽车服务企业的预约率仅达到 20%~30%。实现 40% 的预约率对小王来说并不是一件轻松的事情。小王合计了一下,然后利用计算机管理系统查阅了一下客户档案资料及相关信息,了解到上月的客户预约成功率为 60%。如果按照每天接待 10 台车来计算,大概需要每天接待 4 位预约客户(预约率是 40%),按照公司的预约成交率,自己大概每天需要给 7 名左右(4÷60%≈7)车主通电话,为了能够顺利地完成预约率指标,小王开始制定自己的工作计划,准备进行车主服务预约。

上午 8 点 10 分,小王开完晨会后,在权限范围内到公司客户管理系统查阅了自己分管服务区内的客户资料档案,根据客户资料显示,即将到保养期的客户有 45 位。因为是第一次预约,因此小王有意先挑选了一些客户服务信用权限 A 级、好沟通的 7 位客户,仔细熟悉了一下客户资料,准备好笔和预约单,开始给客户打电话。下面是小王和张×的电话录音。

服务接待小王:"您好,请问是张×先生吗?"

张先生:"是,您是哪位?"

服务接待小王:"我是××专营店服务接待小王,可以借用您几分钟时间吗?"

张先生:"可以,有什么事吗?"

服务接待小王:"您的座驾京K××××最近车况如何?"

张先生:"还可以。"

服务接待小王:"我查阅了一下您的维修档案,距离上次保养的时间已经有三个月,按保修手册的要求,您的车该保养啦!"

张先生:"是吗?我也是觉得最近车好像有点跑偏,正好一起看看。"

服务接待小王:"车有点跑偏?好,我会提前为您通知技师的。那您大概什么时间来保养?"

张先生:"这几天忙,过两天吧!"

服务接待小王:"很高兴能为您服务,今天是星期一,您大概哪天来,我们好准备一下,以免耽误您的时间。"

张先生:"这样啊,那就星期三吧。"

服务接待小王:"星期三,您大概什么时间到?上午 9 点以前、下午 15 点以前车比较少,如果这个时段来的话,效率更高一些。"

张先生："那我争取上午 8 点去，大概要多长时间？"

服务接待小王："您这次是 1 万公里保养，还需要进行一下四轮定位，维护的项目比较多，如果您 8 点到，10 点半左右应该就好啦。"

张先生："正好我中午去办事，好，那就辛苦你啦，小王。"

服务接待小王："我知道您忙，星期二下午我打电话提醒您。"

张先生："那太好啦。"

服务接待小王："谢谢您对我的信任。祝您工作顺利，再见！"

小王大概打了 8 个电话，有 4 位客户接受了预约，小王很高兴，接着按照公司的预约作业流程填写好预约单，然后填写到企业预约作业登记簿上，见表 3-2。

表 3-2 预约单

客户姓名	张 ×	联系电话		客户档案编号		0888
车号	京 K × × × ×	车身颜色		墨绿		
预约时间	2009 年 10 月 11 日		客户服务信用权限		A	
是否变更预约时间						
预约 服务项目	1. 1.5 万公里保养 2. 车跑偏					
服务接待	小王	库管员	小李	车间主管		孙主管

下午 5 点，忙了一天的小王又坐在电话旁，拿出了预约作业登记薄，开始对次日的预约客户进行确认，然后将预约单报送库房、车间，并在预约看板上进行了登记。

……

刚开始的时候客户如期预约的并不多，小王不断总结，不断学习，预约作业的成交率显著提高。转眼之间到了月底，小王终于完成了企业的预约任务，同事们都很吃惊——很少有服务接待能够在上班第一个月就完成预约率的指标，要知道即便是他们也只是勉强完成。在某日的交流会上，小王谈了他能够完成预约的几点体会：

① 客户爽约是正常的，因为我们预约的目的就是为客户服务。

② 预约是一天或半天，而不是特定的时间段，除非我们能确定在预定的时间内交车。

③ 预约时段要考虑企业客户来店的集中程度，合理安排，以免忙中出错。

④ 要遵守先进先出的原则。

⑤ 要牢记企业日常作业的标准工时与标准工序，以确保预约客户时间效率

的切实提高。

⑥ 要对即将进行的预约作业进行预测。当客户车到时，订购好的配件要放在规定的位置。

⑦ 对预约作业的工作难度进行预测。当客户车到时，要有能够解决问题的技师来进行作业。

⑧ 要注意观察，根据技师效率和工位效率来调整工作计划，要认识到两者按时完成工作对作业时间的影响。

⑨ 服务接待要注意在修车辆的工作进度，及时与客户联系，掌握客户对在修车辆的期望和要求。

⑩ 如果工作情况发生变化，要让涉及这一工作的所有人都知道。

小王的发言得到了大家的一片掌声，不觉之间，一种成就感涌上心头。

项目四

车辆维修业务接待

项目导入

接车环节是服务接待与客户的首次接触。接车时服务态度的好坏，直接关系到客户对企业服务的满意程度。从这天开始，小王正式成为一名服务接待，接车也成为小王最重要的日常任务之一。虽然小王在实习阶段也和师傅一起接过车，但是毕竟是和师傅一起，而现在小王需要独立完成，还有接车台次、业务额、客户满意度等任务指标的考核，小王能做好这项工作吗？我们拭目以待。

项目分析

接车是服务接待的核心任务之一，客户对企业服务好坏的评价很大程度上取决于服务接待的服务水平。服务接待要做好车辆接待工作，涉及服务接待应该如何有理有节地接待客户、如何进行车辆预检、如何按照业务流程完成接车等任务。因此，从事这一行业主要的工作要求是：

◎ 能够按照服务礼仪的要求做好客户接待工作。

◎ 能够对来修车辆进行预检。

◎ 能够根据内部服务流程安排紧急救援。

◎ 能够对来修车辆进行估价和估时。

任务一

来店客户接待

任务目标

目标一：能够按照企业的服务标准对来店车辆进行接待

> 目标二：能够根据客户的需求情况为客户提供服务
>
> ✈ **任务下达**
>
> 　　服务接待的接车工作看似简单，其实十分繁琐，服务接待每天都要和形形色色的客户打交道，要面对各种各样的车辆故障，而来维修的客户又似乎没有几个会有好脸色……。对服务接待而言，要保证对每一位客户服务的均一，并不是一件简单的事。小王摇了摇头，甩掉了这个念头，来到正衣镜前整整衣装，迅速走到工作岗位，开始了忙碌的一天。
>
> 🔬 **任务分析**
>
> 　　在车旁接待环节，服务接待的服务质量直接关系到企业后续的服务，服务接待要做好这项服务，需要掌握的知识点包括：
>
> 　　1. 在接车环节服务接待的主要职责是什么？
> 　　2. 在接车环节客户的期望是什么？
> 　　3. 汽车维修服务的常用术语有哪些？
> 　　4. 进行车旁接待的作业步骤是怎样的？
> 　　5. 如何填写问诊表？
> 　　6. 服务接待如何才能取得客户信任？

　　能够友好、均一、快速地接待好客户是服务接待的职责所在，那么要做好这项工作，需要掌握的技能点有哪些呢？

【问题一】　在接车环节服务接待的职责是什么？

　　接车是服务接待的核心任务。接车作业完成的优劣最直接地反映企业的服务水平。服务接待在接车环节的工作流程如图 4-1 所示。由工作流程图可知在这一阶段服务接待的主要职责是：

　　1. 友好地接待来店的每一位客户

　　服务接待要在预约客户到来前准备好资料。但是对其他的客户也要友好地进行接待，不能让客户产生我们不友好的感觉。

　　2. 询问客户需求

　　客户来店后，服务接待要认真了解客户的需求及来店的目的。如果需要我们进行服务，要明确服务的类型。如果是其他目的，则要尽可能提供相应的帮助。

　　3. 对车辆进行问诊

　　服务接待要对来店客户的车辆进行预检，并询问客户故障原因。

4. 对维修进行估价和估时

　　服务接待要协调车间维修工位和库房备件的关系，根据客户需要维修的项目进行估价和估时，并与客户沟通确认。

5. 填写好问诊表

　　问诊表是服务接待与客户之间达成协议的重要文件，服务接待要将需要进行的工作写到问诊表上，双方签字认可。

6. 安排好客户以及报修车辆

　　签好问诊表后，服务接待应征求客户意见是离店还是到休息室等候。将客户安排好后，将车辆送到待修区，并按照企业内部要求，妥善保管好车辆钥匙。

【问题二】 在接车环节客户的期望是什么？

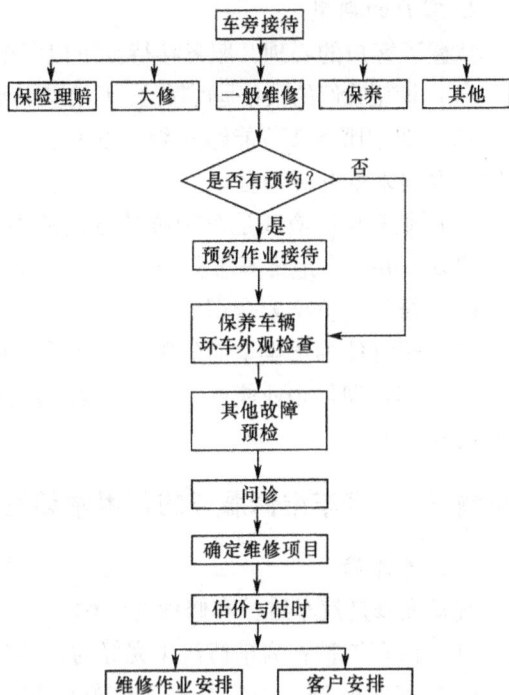

图 4-1　接车作业流程示意图

　　了解客户的期望是做好服务的前提。那么当客户来店时他们的心理状态是怎样的呢？

1. 客户的心理状态

　　（1）不少客户很不高兴，因为他们的车辆无法正常运转，而且可能就是在上班的路上或外出公务的时候出了问题，客户会十分恼火。

　　（2）有很多车辆故障是出乎客户意料之外的，可能他们有很多紧急的事情要做，而由于车辆的原因，他们不得不来服务站，所以他们心里很着急。

　　（3）由于汽车的技术含量较高，当车辆发生故障时，绝大多数车主不清楚问题的所在。这会让很多自认为对车辆很精通的车主十分烦躁，因为他们找不到故障的原因。

　　（4）有些客户来店后会显得很不安，因为他们对服务站并不了解，不知道服务水平如何，会不会把车修坏？会不会发生"宰"客现象等，这些都是让他们感到很疑虑的问题。

　　（5）很多的客户没有多少耐心等待车辆修好，因此，他们十分在意能否按照约定的时间把车修好。

2. 客户的期望

掌握了客户的心理，服务接待就可以了解到客户在接车环节的期望。

（1）期望我们的服务是可靠的，服务接待要能够兑现在服务各个环节的承诺。

（2）期望服务接待能够礼貌、友好、平等地对待每一位客户，而不会因为客户初次到来就有所轻慢。

（3）服务接待应该是车辆维护方面的内行，能够对故障车辆提出专业性的维修建议，并中肯地推荐服务项目。

（4）维修的价格要合理。

（5）最好能够提供全面的服务和优质的修理。

（6）客户期望企业能够有一个友好的氛围，服务氛围从一个侧面反映了企业的服务水平。

【问题三】 汽车维修服务的常用术语有哪些?

1. 汽车维修

汽车维修是汽车维护和修理的泛称。

（1）汽车维护：为维持汽车完好的技术状况或工作能力而进行的作业。

（2）汽车修理：为恢复汽车完好的技术状况、工作能力和寿命而进行的作业。

（3）汽车维修制度：为实施汽车维修作业所采取的技术组织及管理措施的相关规定。

（4）汽车维修性：汽车对按技术文件规定所进行的维修的适应能力。

2. 汽车技术状况

（1）汽车技术状况变化：汽车技术状况定量地表征某一时刻汽车外观和性能参数值的总合。

（2）汽车完好技术状况：汽车完全符合技术文件规定要求的状况。

（3）汽车不良技术状况：汽车不符合技术文件规定的任一要求的状况。

（4）汽车工作能力：汽车按技术文件规定的使用性能指标，执行规定功能的能力。

（5）汽车技术状况参数：评价汽车使用性能的物理量和化学量。

（6）汽车极限技术状况：汽车技术状况参数达到了技术文件规定的极限值的状况。

（7）汽车技术状况变化规律：汽车技术状况与行驶里程或时间的关系。

3. 汽车耗损

汽车耗损是汽车各种损坏和磨损现象的总称。

（1）汽车零件磨损：汽车零件工作表面的物质不断损耗的过程。

（2）正常磨损：汽车零件磨损率在设计允许或技术文件规定的范围内。

（3）极限磨损：导致配合量进入极限状况，又不能保持技术文件规定的工作能力的汽车零件磨损量。

（4）允许磨损：小于极限磨损，尚能保持技术文件规定的工作能力，并受经济因素制约的汽车零件磨损量。

（5）磨损率：磨损量与产生磨损的行程或时间之比。

（6）擦伤：摩擦表面沿滑动方向形成细小擦痕的现象。

（7）刮伤：摩擦表面沿滑动方向形成宽而深的刮痕的现象。

（8）点蚀：摩擦表面材料由于疲劳脱落在摩擦表面形成凹坑的现象。

（9）粘附：两摩擦表面材料由于分子作用导致局部吸附的现象。

（10）老化：汽车零件材料随使用时间的增长而逐渐衰退的现象。

（11）疲劳：汽车零件由于在较长时间内受交变载荷的作用导致性能变坏，甚至产生断裂现象。

（12）变形：在使用过程中，汽车零件要素的形状和位置发生变化不能自行恢复的现象。

（13）缺陷：汽车零件任一参数不符合技术文件要求的状况。

（14）损伤：在超过技术文件规定的外因作用下，使汽车或其零件的完好技术状况遭到破坏的现象。

4. 汽车故障

汽车故障是指汽车部分或完全丧失工作能力，不能行驶的故障。

（1）局部故障：汽车部分丧失工作能力，即降低了使用性能的故障。

（2）一般故障：汽车运行中能及时排除的故障，或不能排除的局部故障。

（3）严重故障：汽车运行中无法排除的完全故障。

（4）重大故障：导致汽车、总成重大损坏的故障。

5. 汽车故障现象

（1）异响：汽车总成或机构在工作中产生的超过技术文件规定的不正常响声。

（2）泄漏：汽车上有密封要求的部位漏气（液）量超过技术文件规定的现象。

（3）过热：汽车总成或机构的工作温度超过技术文件规定的现象。

（4）失控：汽车、总成或机构工作时，出现操纵失灵、无法控制的现象。

（5）乏力：汽车在运行过程中，出现动力明显不足的现象。

（6）污染超限：汽车运行过程中产生的有害排放物和噪声超过技术文件规定的现象。

（7）费油：汽车燃料、润滑油消耗超过技术文件规定的现象。

（8）振抖：汽车出现技术文件所不允许的自身抖动的现象。

（9）故障树：表示故障因果关系的分析图。

6. 维修手段

（1）检查：可由维修技师采用一些仪器寻找故障原因。如找出故障原因并进行修理，则按该修理项目的工时定额结算，检查工时不再计费。如找出故障原因，托修方不要求修理，则检查工时可按定额单独收费。

（2）解体：将汽车总成分解。

（3）更换：总成或零部件的更新、调换。

（4）拆装：因修理工艺需要，原车总成的拆卸和安装。

（5）检修：检查和修理同时进行的作业。

（6）检测：在不解体的条件下，用专用仪器（设备）采集有关数据（图象）来确定汽车技术状况的作业。

（7）调整：在不卸或仅卸下个别小零件的条件下，用改变汽车零部件配合间隙、相对位置或电子信号参数的方法恢复汽车工作能力的作业。

【问题四】 进行车旁接待有哪些作业步骤？

服务接待进行车旁接待的目的是让客户在第一时间体验到企业的服务，好的第一印象是优质服务的开端。

（1）客户到来前服务接待要做好接车准备。

服务接待应站在接车台前等候客户到来，仪容、仪表、仪态要符合服务礼仪的规范要求，装饰自然，举止得体。服务接待干净整洁的外表能体现专业形象，有助于增加客户对服务接待的信任程度。

服务接待在接车前要准备好记录用笔、问诊表、三件套，其中三件套包括脚套、座套和把套。

（2）客户到来时，服务接待要马上迎候。

当客户的车辆进入接车区，服务接待要在 10 秒内与客户进行视线接触，并采用小步快走的方式上前问候，察觉到客户有下车意图，要主动为客户打开车门。如果有事没有办法马上接待的话，要向客户点头示意稍等。

（3）服务接待要向客户行 15°鞠躬礼，并使用适当的问候语。

问候必须是礼貌的、友好的，要体现出为客户服务的真诚，语气里要有提供帮助的愿望，要让客户感受到这一点；如客户按照预约时间准时来店，还应表示感谢。如果客户是老客户，问候客户要以其姓氏相称。如果客户有职务的话，还可以用职务来称呼，如王经理、李处长等。如果客户为初次接触，服务接待还应做简单的自我介绍，同时称呼先生或女士，也可采用当地对他人的敬称，如老板等。例如："我是某某服务站服务接待小王，张老板，我可以帮您做些什么？"

（4）每位来店的客户并不都是保养车，服务接待要根据客户的需求情况提供相应的服务。如果客户是保养车，则首先要求客户提供保修手册；如果是维修排除故障，则要认真进行预检；如果需要售前服务，则要指引道路等。

（5）服务接待要学会倾听，客户说明问题时，不能随意打断客户说话。

（6）服务接待对待同事和其他客户的方式会影响客户对服务接待的看法。

（7）服务接待要注意保持接待区的卫生整洁。对客户而言，卫生整洁意味着效率和专业化，好的接待环境会增强客户对企业服务能力的信心。

【问题五】　如何填写问诊表?

问诊表（表4-1）是客户与企业之间的重要文件。确立了企业与客户之间的契约关系，服务接待必须认真填写问诊表，完成后必须由服务接待与客户签字认可方为有效文件。

1. 问诊表的重要性

问诊表的重要性主要表现在：

（1）它记录了服务接待与客户之间的沟通情况，可以防止可能出现的误解。

（2）它把客户的要求进行了详细而清楚地说明，可以有效地帮助维修技师提高修复率。

（3）它记录了企业和客户在维修时间和预期费用方面达成的协议，有助于后期双方发生争议的解决。

（4）有助于维修技师的工资确定。

（5）可作为企业保修费用和零部件存货的审计依据。

2. 问诊表的主要内容与信息填写（表4-1）

问诊表的内容及注意事项如下所述：

（1）车辆牌照号。

（2）客户姓名及联系方式。

（3）年款、车型。

（4）车辆识别号。

（5）行驶里程数：服务接待要认真记录客户行驶里程数，以免在交车时双方发生争议。

（6）准确记录油表刻度位置。

（7）受理日期及接受时间。

（8）修理种类：要注明是保修还是维修，收费还是内部收费，以免混淆。

（9）故障描述：要记录客户的原话，以便维修技师进行故障确诊。

（10）环车检查时要把车辆所有严重明显的损伤记录到问诊表。

表4-1 接车问诊表

用户名：_____ 电话：_____ 车型：_____

车　牌：_____ 里程(km)：_____ 来店时间：___年__月__日__时__分

用户陈述及故障发生时的状况：

故障发生状况提示：行驶速度、发动机工况状态、发生频率、发生时间、部位、天气、路面状况、声音描述等

初步检测结果及维修建议：

服务顾问：　　　　　技术员：

维修保养项目及更换零部件：

确认人：

预计交车时间：　／　／　　：　　预计：　材料费用：　　工费：　　合计：

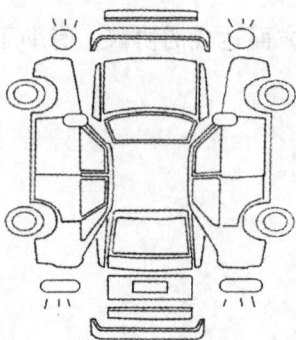

外观确认：	备注	功能确认：　　（工作正常√　不正常×）
		□音响系统　□点烟器　□中央门锁　□防盗器
		□后视镜　□天窗　□四门玻璃升降（　　）
		物品确认：　　（有√　无×）
		□贵重物品提示　□灭火器
		□工具　□千斤顶　□备胎　□眼镜
		□其他（　　　）
		旧件交还用户　□是　□否
（请在有缺陷部位作标识"○"）		洗车　　　　□是　□否

- 检查费用说明：本次检查出的故障如用户在本店维修，检查费用包含在修理费用内；如您不在本店维修，请您支付检查费，本次检查费：¥　　元。预计费含检查费、工费、材料费。结账时按实际发生额计算。
- 贵重物品：在将车辆交给我店检查修理前，已提示将车内贵重物品自行收起来保存好，如有遗失本店不负责。

服务顾问：_____　维修工组：_____　用户确认：_____

【问题六】　服务接待如何才能取得客户的信任?

客户的信任是优质服务的前提之一，在客户接待过程中，服务接待应该如何

来取得客户信任呢?

（1）要向客户说明服务站的运作方式。

要在与客户沟通的过程中说明服务站的运作方式，说明的内容包括：

① 说明营业时间，服务接待要通过合适的方法告诉客户企业什么时候开始营业，什么时候结束营业。

② 要说明企业能够给客户提供的方便服务，如代用车、取送车等。

③ 要告诉客户在紧急情况下可以拨打的电话，以方便客户在车辆抛锚或其他需要帮助的情况下向企业求助。

④ 说明企业可以接受的付费方式，以免需要付款时，给客户造成不便。

（2）要向客户说明维修服务的流程。

① 预约可以提高双方的工作效率，要鼓励客户再来店前进行电话预约。

② 对已经商定的维修，要告诉客户可以确定的报价，并让顾客明白费用不会随意增加。

③ 要告诉客户，在车辆维修之前服务站会对车辆进行免费的全面预检，如果发现故障，会给客户指出哪一些故障需要马上修，哪一些故障可以推后再修。

④ 企业拟定进行的工作会事先征得客户的同意，任何维修工作在客户没有同意之前都不能进行，只有在获得客户同意并授权之后，才能安排进行车辆维修。

⑤ 要遵守双方商定的交车时间，如果不能按时交车，一定要提前告知客户，并致歉。

⑥ 交车前服务接待要进行质检，要保证维修作业的圆满完成。

（3）在服务过程中，服务接待要表现出足够的真诚，无论客户需要什么，都要认真倾听，并注意换位思考，急客户所急。

（4）在整个交易过程中，要时刻让客户感受到主动权在他。推荐维修项目时，要说明维修原因或不处理可能出现的危害性，但最终的决定权在客户。

（5）要注意礼节，尊重客户。

任务实施

虽然都是服务，但售后服务与售前服务有很大的不同。售前的大多数客户是抱着希望而来的，越接近成交的环节，客户越兴奋，成就感也越强，因为他将成为有车一族；而售后的客户则不同，很多客户是抱着一肚子的怨气而来的，客户越想越生气，本来他们有更要紧的事情要做，而现在车却坏啦，还需要花钱来修……这样的客户总是不太容易沟通。很多时候接车工作虽然看上去很简单，但是 60% 以上的服务投诉是在接车环节出现的。毕竟服务接待也是正常的人，要求他们服务好每一个有怨气的客户，并不是一件轻松的事情。让我们看看小王工作了一段时间后的感想吧。

"问我有什么感想？"小王自嘲地笑了笑。不管什么样的客户都需要笑脸相迎——无论这个客户是否通情达理。说心里话，有很多时候服务接待认为自己在受窝囊气。服务接待可以冷漠地对待客户，客户的车是自己搞坏的，即便是厂家的原因，和服务接待又有什么关系，又不是我们让车坏掉的，发什么火呀？有本事自己修，不要来服务站呀。但这只能是腹诽一下而已。什么是服务接待？在很多时候我们不仅要接车，帮助客户解决问题，更多的是我们需要抚慰客户脆弱的心灵。换位思考一下，如果我们自己的车坏了，我们是否能够比客户表现得更理智？而且服务客户本身就是我们工作的一部分。一句简单的问话不仅让小王想起了这段时间的辛酸苦辣，一次次客户的抱怨，一次次领导的训斥，猛然间涌上心头，服务接待的工作并不忙，但是心路的历程却十分坎坷。小王沉思了一下，说道，"如果说感想的话，也有那么几点：一是业务接待工作虽然简单，但不可掉以轻心，因为故障可能是类似的，但客户却是不同的；二是要学会控制自己的情绪，不能因为客户激动我们就生气，毕竟客户生气的对象不是我们，而安抚客户的情绪本身就是我们工作的一部分；三是认真的态度十分重要，不能随意省略车辆接待的每一个环节，前期的忽略可能导致后期更大的麻烦；四是要尊重我们的客户，我们有提醒的义务，但决定权在于客户。"

小王的一番话让同事们点头不已，暗暗称赞。这时一个来单位实习的学妹怯生生地问道："那么有什么诀窍呢，我也想接待好客户，但是我一看到客户就紧张，总是出错，能指点我一下吗？"

小王看着学妹充满求知欲的双眼，仿佛看到昨天的自己，说道："服务是需要用心来做的，不仅要用心，同时也要对自己有信心。如果说有诀窍的话，在做接待时，要注意：车旁接待要遵循三三三定律，那就是在客户来店后，服务接待要在 3 秒内与客户目光交流，表示欢迎；30 秒内上前为客户打开车门并问候；3 分钟内套好三件套，做好问诊表、委托书和基本信息登记，并开始进行环车外观检查。第二，必须作环车外观检查，而且要控制在 8 分钟内，这一环节不仅是服务接待专业性体现的重要环节，同时也是减少后期可能发生争执的有效手段。第三，要认真填写问诊表和委托书，好的问诊表和委托书不仅会为后期维修技师排故提供第一手的信息，还是保障企业与客户双方权益的重要文件。第四，必须尊重客户，每一项维修决定都由客户自己决定。接车十分钟，背后半年功，小师妹，只要你肯努力，能熟练地做好这几点，我相信你再接待客户，一定会有信心的。"

听君一席话，胜读十年书，小学妹听完小王的一席话，感激地连声说谢。

任务二

车 辆 问 诊

任务目标

目标一：车辆预检

目标二：车辆问诊

任务下达

如果用一个比喻来形容服务接待的话，那么服务接待就像是医院的门诊大夫。服务接待不仅要接待好客户，同时也要初步确定车辆故障，以便开具派工单。车辆问诊的能力直接反映了一名服务接待的工作能力。虽然小王已经实习了近半年，但是实习阶段的接待只能算是个"护士"，像保养车辆这些能够直接确定项目的还可以，如果需要进一步检查，小王缺乏维修经验的毛病就比较突出了。但是，前一段的实习小王也没闲着，经常参加企业组织的维修技术培训，并把近期来店维修车辆的故障处理方法认真作了笔记。小王暗想，如果让我当主治大夫可能有点赶鸭子上架，但是如果只是处理"头痛脑热"一类的小故障，只开药方应该没啥问题吧。这一天，小王迎来了一位满腹牢骚的客户，他的车总跑偏。小王热情地走上前去进行了接待，接着一边进行环车外观检查，一边开始对车辆问诊。

任务分析

在汽车服务接待的过程中，车辆问诊的结果往往直接体现服务接待的专业水平，服务接待要做好这项服务，需要学习的知识包括：

1. 汽车为什么要进行维护保养？
2. 常见的汽车修理服务有哪些？
3. 车辆问诊、预检工作流程是怎样的？
4. 如何进行环车外观检查？
5. 有哪些车辆问诊的技巧？

【问题一】　汽车为什么要进行维护保养？

在汽车使用过程中，由于零部件的磨损、损伤和变形等原因，会使车辆的技术状况变坏，导致汽车的动力性能下降，经济性能变差，安全可靠性降低。为了延缓机件的磨损和损伤，延长汽车大修的间隔里程，降低运输成本，保证行车安全，就需要根据零部件的客观磨损规律，制定和实施汽车维护制度，对各部件定时、定程进行清洁、润滑、检查、调整和维修作业。实践证明，对汽车进行预防性的各种维护作业，是延长机件使用寿命，防止早期损坏的有效方法。

1. 汽车维护保养的主要工作

汽车维护保养的主要工作包括下列内容：

（1）清洁。工作内容主要包括对燃料、机油和空气三者的滤清器滤芯进行的清洁，汽车外表的养护和对有关总成、零部件内外部的清洁。

（2）检查。工作内容是检查汽车各总成和机件的外表、工作情况和连接螺栓的紧度等。

（3）紧固。紧固工作是为了使各部件连接可靠，防止机件松动。重点应放在负荷重且经常变化的各部件连接件上，以及对各连接螺栓进行紧固和配换。

（4）调整。工作内容是按技术要求，恢复总成机件的正常配合间隙及工作性能。

（5）润滑。工作内容包括对发动机润滑系部件更换或添加润滑油，对传动系及行驶系各润滑点加注润滑油或润滑脂。

（6）补给。对汽车的燃油、润滑油及特殊工作液进行加注补充，对蓄电池进行补充充电，对轮胎进行补气等。

2. 汽车养护级别的划分

根据汽车不同时期的使用特点，汽车维护也有不同的要求。在现代汽车服务企业，多以汽车生产厂家的规定间隔里程为准（表4-2）。一般的如每间隔2000～2500公里里程进行一级维护：主要以清洁、润滑、紧固为主，并检查有关制动、操纵等安全部件，并按规定力矩紧固汽车外露部分螺栓、螺母，加注润滑油（脂），检查各总成的润滑油面，清洗各滤清器，以维持汽车完好技术状况和工作能力，改善运行条件，确保运行安全。一般每间隔1万～1.5万公里里程为二级维护，其作业内容除完成一级维护作业外，主要以检查、调整为主，并拆检轮胎，进行轮胎换位。在检查中，应以维护作业前的不解体检测来确定该车的附加修理项目，结合小修或大修，对有故障的主要总成进行解体、清洁、润滑、检查和调整等作业，以达到改善润滑条件、减少机件磨损、保证车辆技术状况良好、防止事故发生的目的。

表 4-2 上海大众桑塔纳系列轿车保养项目

保 养 里 程	保 养 项 目
首次 7500 公里常规保养	1）车身内外照明电器，用电设备检查功能：组合仪表指示灯、驻车灯、近光灯、远光灯、前雾灯、后雾灯、转向灯、警示灯、制动灯、倒车灯、车牌灯、阅读灯、化妆镜灯、时钟、手套箱照明灯、行李箱照明灯、点烟器、喇叭、电动摇窗机、电动外后视镜、暖风空调系统 2）安全气囊：目测外表是否受损，并检查安全带功能 3）自诊断系统：用专用检测设备读取各系统故障存储器内的故障信息 4）雨刮器及清洗装置：加注清洗液，检查功能，必要时调整喷嘴 5）前风窗玻璃落水槽排水孔：清洁 6）（发动机舱）目测各零件是否有损坏或泄漏 7）空气滤清器：清洁罩壳和滤芯 8）蓄电池：用专用工具 MCR341V 检查蓄电池状况，正负极连接是否牢固，观察电压 9）冷却系统：检查系统是否有泄漏，必要时补充冷却液 10）助力转向系统：检查是否有泄漏，检查转向液液面，必要时补充 11）制动系统：检查制动液管路是否有泄漏，检查制动液液面，必要时补充 12）手制动器：检查，必要时调整 13）发动机机油及机油滤清器：更换 14）转向横拉杆：检查间隙及连接是否牢固 15）车身底部：检查燃油管、制动液管及底部保护层是否损坏，排气管是否泄漏，固定是否牢靠 16）底盘螺栓：按规定力矩检查并紧固 17）车轮固定螺栓：按规定力矩检查并紧固 18）前照灯：检查灯光，必要时调整 19）轮胎及轮毂（包括备胎）：检查轮胎磨损情况，必要时进行轮胎换位，同时校正轮胎气压 20）试车：检查性能
每 1.5 万公里常规保养（除 7500 公里常规保养项目外）	21）保养周期显示器：复位 22）车门限位器、固定销、门锁、发动机盖、行李箱铰链和锁扣：检查功能并润滑 23）活动天窗：检查功能，清洁导轨，涂敷专用油脂 24）离合器（非液压离合器）：检查踏板行程位置，必要时调整 25）空气滤清器：清洁罩壳，更换滤芯 26）点火提前角（非电喷发动机）：检查，必要时调整 27）V 带（桑塔纳）：检查，必要时更换 28）凸轮轴齿型带（桑塔纳）：检查（首次 3 万公里检查，必要时更换；每 9 万公里更换） 29）变速器、传动轴护套：目测无渗漏或损坏 30）制动盘、制动鼓及制动摩擦片：检查厚度及磨损情况（必要时更换），清洁后轮 ABS 传感器

(续)

保 养 里 程	保 养 项 目
每 3 万公里保养项目(除 1.5 万公里常规保养项目外)	31) 楔形带(桑塔纳 2000 和 3000 型):检查(必要时更换),每 12 万公里更换 32) 火花塞:更换 33) 发动机燃烧室和进气道:用内窥镜检查积炭情况 34) 凸轮轴齿形带(桑塔纳 2000 和 3000 型):检查,首次 6 万公里检查(必要时更换),12 万公里更换 35) 活动天窗排水功能:检查 36) 尾气排放:检查
每 6 万公里保养项目(除每 3 万公里保养项目外)	37) 手动变速器:检查变速器齿轮油液位(必要时补充或更换) 38) 自动变速器:检查变速器 ATF 油液位(必要时补充或更换) 39) V 带(桑塔纳):更换 40) 燃油滤清器:更换 41) 制动液:更换(每 24 个月或每 5 万公里,先到为准)

【问题二】 常见汽车修理服务有哪些?

汽车修理的目的是及时排除故障,恢复车辆技术性能,节约运行消耗,延长其使用寿命以及修复交通事故损坏。

1. 维修服务分类

汽车修理的目的是为了排除故障,汽车修理的分类可按修理对象及作业深度形式分为汽车大修、总成大修、汽车小修和零件修理四类。各类修理的作业范围如下:

(1) 汽车大修:是新车或经过大修后的车辆在行驶一定里程(或时间)后,经过检测诊断和技术鉴定,用维修或更换车辆任何零部件的方法,使车辆恢复完好的技术状况,完全或接近完全恢复车辆寿命的恢复性维修。

(2) 总成大修:是车辆的总成经过一定使用里程(或时间)后,用维修或更换总成任何零部件(包括基础件)的方法,恢复其完好技术状况和寿命的恢复性维修。

(3) 汽车小修:是用维修或更换个别零件的方法,保证或恢复车辆工作能力的运行性维修,主要是消除车辆在运行过程或维护作业过程中,发生或发现的故障或隐患。

(4) 零件修理:是对因磨损、变形、损伤等不能继续使用的零件进行维修或更换。

2. 汽车故障诊断原理

根据汽车的构造、工作原理、材料的物理化学性能、技术要求和机械原理，用理论联系实际的方法，进行有次序、有步骤地检查判断，从而对汽车故障确诊的过程。

3. 引起汽车故障的因素

（1）车主对车辆的管理使用方法不当。

（2）车主对车辆日常维护不当。

（3）车辆本身由于设计制造的原因导致的质量缺陷。

（4）车辆运行材料选用不当。

（5）车辆使用环境、气候条件恶劣。

4. 故障的诊断方法

（1）人工经验诊断法。人工经验诊断法是诊断人员凭丰富的实践经验和一定的理论知识，在汽车不解体或局部解体情况下，借助简单工具，用眼看、耳听、鼻嗅、手摸等手段，边检查、边分析，进而对汽车技术状况作出判断的一种方法。

人工经验诊断法具有不需要专用仪器或设备、投资少等优点。缺点是诊断速度慢、准确性差，不能进行定量分析，且需要较高的技术水平。这种方法主要用于服务接待在车辆问诊环节进行的前期故障诊断，虽然缺点较多，但非常实用。

（2）仪器设备检测诊断法。仪器设备检测诊断法是在人工经验诊断法的基础上发展起来的现代诊断方法，可在汽车不解体的情况下，用专用设备检测汽车整车、总成和部件的性能、参数、曲线或波形，为分析、判断汽车技术状况提供定量依据。

仪器设备检测诊断法的优点是检查速度快、准确性高，能进行定量分析和易掌握等。缺点是需要的仪器和设备多、占用厂房大，因而投资也大。该法多适用于维修技师车辆故障的确诊。常用的检测设备包括发动机检测设备，如综合性能检测仪等；底盘检测设备，如汽车策划检测台等；零部件检测设备，如汽车电器万能试验台等。

5. 常见故障及产生原因

有经验的服务接待可以根据客户描述的故障现象，通过车辆问诊分析故障的原因，从而确定维修项目，下达派工单。表4-3所示为部分汽车常见故障原因分析表。

表 4-3　汽车常见故障原因分析表

序号	故障名称	故障现象	故障原因分析
1	发动机不能起动	发动机不能起动	(1) 发动机控制系统(ECU)故障 (2) 曲轴位置传感器故障 (3) 油箱中无燃油或燃油压力调节过低 (4) 电动燃油泵工作不正常 (5) 喷油器及喷油器控制系统有故障 (6) 冷却液温度传感器有故障 (7) 点火控制系统有故障 (8) 发动机气缸压力过低 (9) 空气流量计或进气压力传感器故障 (10) 防盗系统有故障 (11) 其他故障
2	发动机起动困难	发动机热车和冷车起动困难，常常需要打起动机超过3秒	(1) 混合气偏浓或偏稀是造成起动困难的主要原因 (2) 冷却液温度信号不正常 (3) 点火正时不正确 (4) 单缸或多缸喷油器堵塞或滴漏 (5) 单缸或多缸点火火花弱 (6) 空气流量计或进气压力传感器故障 (7) 真空泄漏 (8) 废气再循环、活性炭罐等泄漏或堵塞 (9) 氧传感器故障 (10) 其他故障
3	发动机油耗高	发动机油耗超标，有时伴随怠速不稳、排气管冒黑烟等现象	(1) 冷却液温度传感器工作失常 (2) 空气流量计或进气压力传感器工作失常 (3) 节气门位置传感器工作失常 (4) 燃油压力偏高 (5) 喷油器漏油 (6) 氧传感器故障 (7) 其他故障
4	发动机怠速抖动	发动机怠速不稳，发动机故障指示灯偶尔会闪亮	(1) 点火系统工作不良 (2) 燃油系统工作不良 (3) 空气流量计或进气压力传感器信号不良 (4) 废气再循环系统故障 (5) 怠速控制阀工作不良 (6) 节气门位置传感器信号不良 (7) 其他故障

（续）

序号	故障名称	故障现象	故障原因分析
5	发动机加速不良	发动机在中高速时有发闯和车速上不去现象，在低速行驶时则没有。出现故障时，发动机故障指示灯不亮	（1）点火系统工作不良 （2）燃油系统工作不良 （3）空气流量计或进气压力传感器信号不良 （4）废气再循环系统故障 （5）急速控制阀工作不良 （6）节气门位置传感器信号不良 （7）曲轴位置传感器工作不良 （8）其他故障
6	发动机自动熄火	汽车在行驶途中经常间歇性熄火，熄火后起动发动机，有时能起动，有时不能起动	（1）点火系统工作不良 （2）燃油系统工作不良 （3）空气流量计或进气压力传感器信号不良 （4）废气再循环系统故障 （5）急速控制阀工作不良 （6）节气门位置传感器信号不良 （7）曲轴位置传感器信号不稳 （8）其他故障
7	制动跑偏	在中高速紧急制动时，汽车整车向左或向右偏转，驾驶人感觉转向盘向左或向右偏转	（1）汽车行驶中忽左或忽右无规律跑偏的原因：轮胎磨损严重不均匀；制动时车轮的制动力严重失调；后轮内外轮胎直径差别越大，无规律制动跑偏越严重 （2）制动时突然跑偏的原因：制动系统或悬架部分突然发生故障 （3）汽车有规律单向制动跑偏的主要原因是左右车轮制动力不相等
8	制动失效	汽车制动失灵	（1）主缸内无油或缺油 （2）主缸内碗踏翻或损坏 （3）某机械连接部位脱开 （4）制动油管破裂或接头漏油 （5）气压制动故障产生原因 （6）贮气筒内无压缩空气 （7）制动控制阀的进气阀不能打开或排气阀不能关闭 （8）气管堵塞，制动控制阀膜片或制动气室膜片破裂漏气
9	ABS 制动拖滞	制动时有拖滞现象	（1）左右轮轮速传感器故障 （2）相关线路故障 （3）ABS 控制器故障

（续）

序号	故障名称	故障现象	故障原因分析
10	自动变速器无高挡	汽车行驶过程中无高速挡	(1) ATF 油的数量与质量异常 (2) 主油路压力与温度异常 (3) 自动变速器电控部分故障 (4) 节气门位置传感器信号失准 (5) 车速传感器失准 (6) 发动机转速传感器失准 (7) 挡位开关信号失准 (8) 自动变速器油温传感器信号失准 (9) 自动变速器机械部分有故障
11	变速器乱挡	行驶时挡位不准	(1) 变速杆球头定位销松旷、损坏或变速杆球头磨损过大 (2) 变速叉轴互锁销钉磨损过大，失去互锁作用
12	轮胎异常磨损	轮胎磨损快，驾驶人反映方向不稳	(1) 轮胎气压不正常 (2) 前轮定位不准 (3) 驾驶人驾驶方式影响
13	汽车起步时有撞击声，行驶中始终有异响的故障	汽车起步时传动轴有撞击声响。行驶中当车速变换或高速挡低速行驶时也有撞击声出现。整个行驶过程响声不断	(1) 传动轴各凸缘转接处有松动 (2) 万向节轴承磨损松旷 (3) 中间轴承支架固定螺栓松动 (4) 中间轴承内座圈松旷 (5) 后钢板弹簧骑马螺栓松动

【问题三】 车辆问诊、预检工作的流程是怎样的?

车辆问诊、预检工作流程(图 4-2)是服务接待最重要的工作之一，服务接待车旁接待后进入车辆问诊、预检工作环节。

(1) 服务接待在车旁接待后，进入车辆问诊、预检环节。

(2) 服务接待首先要进行环车外观检查，目的是发现车辆可能存在的故障及对当前的车况进行确认，以免交车时双方发生争议。服务接待在环车检查的同时，开始车辆问诊。如果客户是保养车辆，则要以快速为主，但如果客户反映有故障存在，则要进行详细询问。

(3) 服务接待在进行问诊时应把握从简的原则，如果故障十分明显，则可以在问诊表上确认维修项目；如果服务接待不能直接判断故障，则要详细记录问诊时客户关于故障描述的原话，以备维修技师预检时参考，同时告知客户该故障需要进一步检查，部分维修项目需要预检完方可与其确认。

（4）服务接待要将在问诊环节发现的故障记录到问诊表。首先，服务接待要告知客户故障可能产生的危害；其次，服务接待要明确告知客户，只有在客户认可的故障才会被维修；最后，如果故障涉及安全性或金额较大，而顾客又由于某种原因不愿意维修，一定要请客户签字确认不维修，以免产生纠纷时对企业不利。

（5）对于需要进一步预检的车辆，服务接待可按照增项服务流程进行处理。

（6）在维修环节出现增项时，要一次性与客户进行交流，而不宜反复多次与客户协商增项。

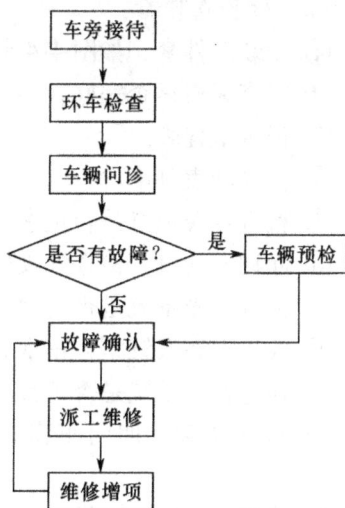

图4-2 问诊、预检作业流程示意图

【问题四】 如何进行环车外观检查？

简单地说，环车检查是从车左侧驾驶席位置开始，绕车顺时针检查一周。如果在检查的过程中发现问题，服务接待要立即为客户指出，并在问诊表、委托书中做好记录。如需要处理的话，服务接待要进行估价，以便让客户决定是否处置。环车检查的作业时间原则上控制在8分钟以内。

1. 环车检查的目的

服务接待要对来店维修或保养的车辆进行环车外观检查，其主要目的是：

（1）明确顾客的主要维修项目。

（2）记录车辆以前的损伤情况。

（3）记录所有已经遗失或损坏的部件。

（4）发现额外需要完成的工作（顾客没有发现的问题）。

（5）提醒顾客存放或带走遗留在车内的贵重物品。

（6）有效减少后期交车时可能出现的争议，避免对企业不利的索赔。

2. 环车检查的作业步骤

（1）请客户提供保修手册。

① 服务接待征求同意后，拉开车门（高档车可考虑戴手套）。

② 请顾客提供保修手册（图4-3）。服务接待根据保修手册，核实发动机号、底盘号和以前的维修记录。

注意：手套箱是顾客的私密空间，在打开之前一定要先征求顾客的同意。

（2）检查驾驶舱。

① 安装三件套，如图 4-4 所示。

② 检查天窗是否完好。

③ 记录里程表。

④ 记录油表刻度。

⑤ 检查各警示灯是否正常。

⑥ 起动发动机，检查驾驶舱（图 4-5）。

⑦ 检查灯光系统是否正常。

⑧ 检查空调系统是否正常。

⑨ 检查音响系统是否正常。

⑩ 检查天窗、四门车窗升降门锁是否正常。

图 4-3　客户提供保修手册

⑪ 检查前排座椅、仪表台上等处是否有顾客遗留的贵重物品。如果有，要请客户妥善保存。

⑫ 检查雨刷器。

⑬ 将发动机舱、行李箱、四门锁全部打开。

⑭ 熄火。

⑮ 关闭车门（高档车戴手套）。

图 4-4　安装三件套示意图

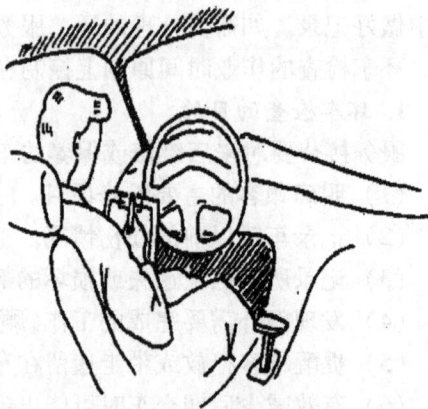

图 4-5　检查驾驶舱示意图

（3）检查车左前侧。

① 服务接待走到车左侧，记录左前车门、翼子板、发动机盖、后视镜等处的划痕、凹痕或漆伤。

② 检查风窗玻璃上的划痕。

③ 检查左侧雨刷片是否硬化或有裂纹。

④ 检查左前轮胎是否有不均匀磨损、裂纹等问题。

⑤ 确认轮饰盖是否完好。

（4）检查发动机舱(图4-6)。

① 检查发动机舱里的部件(检查风扇的传动带的张紧度、所有油液的存量和质量和电瓶液高度等,并检查是否有机油或水泄漏)。

② 如果是首次光临的顾客,再次检查发动机号、底盘号和车型编号。

③ 如果有必要进行故障诊断或路试,请技术员或车间主任来完成。

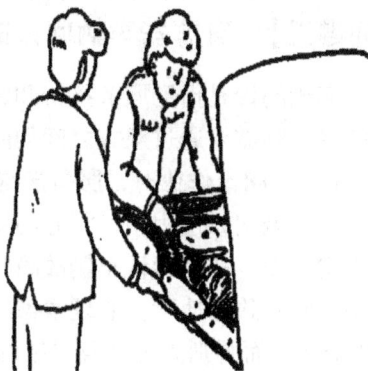

图4-6　检查发动机舱示意图

（5）检查车右前侧。

① 检查右侧翼子板、右前门、右侧后视镜等处的车身和油漆损伤情况。

② 检查右侧雨刷片是否硬化或有裂纹。

③ 检查右前轮胎是否有不均匀磨损和裂纹等问题。

④ 确认轮饰盖是否完好。

（6）检查车身右侧。

① 检查右侧车身和油漆的损伤情况。

② 检查是否有贵重物品遗忘在车后座上。

③ 检查右后轮胎是否有不均匀磨损或裂纹等问题。

（7）检查车后侧。

① 检查后门是否有车身和油漆损伤。

② 掀起后背门,检查后备箱内是否有遗留的贵重物品。

③ 检查后风窗玻璃上的雨刷片是否有硬化或裂纹。

④ 确认所有随车工具是否齐全,确认千斤顶是否妥善固定在原位(如果时间允许的话)。

（8）检查车身左侧。

① 检查左侧的车身和油漆是否有损伤。

② 检查是否有贵重物品遗留在车后座上。

③ 检查左后轮胎是否有不均匀磨损或裂纹。

（9）举升车辆,检查车辆底盘。

如果车辆行驶里程达到3万公里以上或客户反映有漏油、异响等现象,服务接待有必要利用预检台把车举起来,检查车辆底盘:如轮胎磨损状况、车辆减振器状况、弹簧状况、制动片状况及排气管状况,这些都是外观上可能发现的问题，如果有损伤则建议客户维修。如果客户不同意维修，服务接待要注意把情况记录下来，以免后期与客户发生纠纷。

【问题五】 有哪些车辆问诊的技巧？

车辆问诊是借助服务接待和客户之间的信息交流来完成的。而这种信息传递与接受，则需要通过双方之间的问答来完成。

（一）问诊作业时，服务接待要注意听

在车辆问诊过程中，潜心的倾听尤为重要。学会倾听才能发现客户想要表达的真实意图，从而确认车辆故障状态。问诊中要想获得良好的听的效果，要精力集中、专心致志地听。心理学家的统计证明，一般人说话的速度为每分钟180～200个字，而听别人说话及思维的速度，大约要比说话快4倍多。所以对方的话还没说完，听话者大都理解了。这样一来，听者就会由于精力富余而开"小差"。如果此时客户描述重要的车辆故障现象，服务接待就可能由于心不在焉，没有及时反应，而不能很好地完成问诊作业。

（二）要准确记录客户对车辆故障的症状描述

当车辆在外观或者运行方面出现异常变化，如发动机不正常熄火、出现异常噪声、冒烟、过热、起动慢、车灯不亮等，就表明车辆需要进行修理或者保养。在客户反映车辆故障时，服务接待一定要向客户问清楚细节，并且要在问诊表上写清楚，以便维修技师进行准确的故障判断。

大多数情况下，客户只是站在自己的角度来说明车辆存在的问题，如果完全按照客户的描述进行记录，写出来的故障往往是不准确的，所以要有效地运用持续追问的技巧，向客户确认关于故障的细节，这样才能够把故障情况准确地记录到问诊表上，才不会误导维修技师的判断。比如客户说"开起来汽车跑偏"，这个问题要注意进一步追问：首先是要确认是不制动跑偏？还是只有制动的时候跑偏，维修技师对这两种情况故障原因的判断是不同的；其次，要进一步问是偏左还是偏右。只有这样记录下来，才有利于维修技师进行故障判断，从而提高维修的效率。

（三）问客户故障症状的技巧

在整个问诊过程中，服务接待要想更多、更准确地了解客户信息，要通过巧妙的提问使顾客多表达自己的意见。通常提问的方式有两种。

1. 开放式询问

问诊前期获取信息阶段要尽量用开放式的询问方法。这种方法的特点是没有限制的答案，给予客户很大的空间，有利于服务接待获取广泛的信息，常用的词语有：如何、为什么、哪里、哪些、何时等。

（1）当客户叙述故障症状的时候，往往会从下列角度来进行：

① 听到什么噪声？服务接待就可以问，这个噪声像什么？如果客户说像老鼠的唧唧声，服务顾问就可以把车发动起来，听一听，这样很快就可以判断出来。

② 闻到什么气味？当客户说闻起来有点甜甜的味道，那么就可能是发动机冷却液泄漏；如果闻起来像蜡烛烧焦的气味，就可能是漏机油。

③ 看到了什么？如果客户说他发现漏油，服务接待就要接着问，看见油是什么颜色？如果是黑色，则可能是漏机油；如果是红色，则可能是变速器油；如果是绿色，则可能是冷却液；如果是无色，则可能是空调水。

④ 开车时候的感觉如何？如客户说每当车速70公里（每小时）左右的时候，一踩制动踏板，整个踏板就抖动，即可以初步判断是前制动碟翘起或者后制动毂失严。这时还可以问客户有没有感觉转向盘也在抖动？如果抖就可能是轮胎平衡不好。如果客户说在跑到一定车速后车身抖动，甚至门窗也抖动，则可能万向节发生故障（针对后驱车）。

⑤ 发动机性能运行时状况如何？比如车跑起来提速快不快？怠速稳不稳？功率够不够等，这些都是发动机的性能问题，我们可以记录下来，让维修技师去判断。

（2）服务接待可以使用开放式描述问题的方式向客户问诊车辆故障，目的是为了让客户多说话，以便判断客户想要表达的真实意图。在问诊作业中可能使用到的描述性问题有：

① 当客户说车有异常感觉的时候：要问"您当时在什么样的路面上行驶？"

② 如果客户的车到一定时速就会振动：要问"前轮胎的行驶里程数是多少？"或"您上次的轮胎换位是什么时候？"

③ 如果客户说轮胎的花纹坏了：要问"您多长时间检查一次轮胎的气压？"

④ 如果客户说有噪声：要问"这噪声听起来是车的哪个部位？"以及"噪声有多响，是很大还是很小的声音？"

⑤ 如果客户说发动机有噪声：要问"您什么时候开始听到这种声音？"

2. 闭锁式询问

闭锁式询问一般用来确认故障，特点是给予客户回答的空间较小，要求客户在选定的范围内回答。常用词语有：是不是、对不对等。这种询问方式的优点是不宜偏离主题，缺点是不利于获得更多的信息。

（1）要确认一下客户平时所走的路段是什么样的，对他的车辆有什么样的影响，可以问客户："您是否经常在十分坎坷的路面上行驶？"

（2）客户投诉或者抱怨他的车跑偏时，服务接待可以问："您近期是否做过四轮定位？"

（3）如果客户说他的车抖动，就要了解以前这个车是不是曾经在坑洼的路段走过，是否导致底盘的部件受到损伤。这时候要使用的依然是闭锁式的问题。

服务接待可以问："转向盘抖动的同时，车身是否也抖动？前照灯是否有时显得昏暗？"

（4）如果客户说发动机的性能有问题，服务接待可以问："在加速的时候，发动机是否熄火？"

（5）如果客户反映制动系统有问题，服务接待可以问："制动的时候车辆是不是跑偏，是向左还是向右跑偏？"

▼ 任务实施

表4-4所示是小王进行车辆问诊时的分解动作。

表4-4   小王进行车辆问诊时的分解动作

步　骤	相关动作	与客户对话	备　注
第一步，请客户下车	服务接待走上前，主动帮客户打开车门	小王："张总，您请下车。" 张总下车后，小王接着问道："张总，方便我检查一下您的车吗？" 张总："当然可以。"	
第二步，检查驾驶室，同时填写委托书和问诊表的基本信息	套好三件套，征得客户同意后进车检查并填表，打开行李箱、发动机舱，提醒客户取走贵重物品	小王："张总，让我先帮您套好三件套，您这次来是保养还是维修？" 张总："维修，不知道怎么回事，最近车子总跑偏。" 小王："是吗，您稍等，我先登记一下。" 小王套好三件套后，进车，坐到驾驶席，观察了一下车内，检查座椅状况，发现客户的手提包在车内，就提醒道："张总，您的包在里面，等下您取一下，以免丢失。" 张总："好的，小王，你帮我拿一下。" 小王把包递给客户，接着问道："您车上还有其他贵重物品吗？" 张总："没什么了。" 小王取出小封条，将车前侧的物品盒以及中央的储物箱贴好封条。接着发动汽车，听了听发动机的声音，听起来很正常。 小王看看油表，边记录边说："您的车还有不到半箱油，该加点了。" 张总："是啊，我刚跑了个长途。" 小王看看里程表，里程数为28800公里，边记录便问道："张总，您的里程数为28800，马上该3万公里保养了，您上次保养是在我们这里吗？" 张总："是吗，我前两个月在这里刚做了25000公里保养，最近事太多。" 小王："估计您再有半个月就该保养了，到时候我提醒您。"说着小王打开发动机舱和行李箱，顺便将车窗玻璃升起，熄火，取下钥匙，下车，关好车门。 张总："那好，小王，谢谢你。" 小王："您太客气了，这是我们应该的。"	注意：油表、里程数的填写 注意：提醒客户保存贵重物品，有条件的话可以将驾驶舱内物品盒封存 注意：车舱内作业应在3分钟内结束

（续）

步　骤	相关动作	与客户对话	备　注
第三步，与客户一同检查外观	离车1米以内，按照顺时针方向检查车辆外观，有缺陷时，建议维修	小王陪同客户边看边走，看看轮胎磨损较严重，蹲下来看了看，花纹磨损已经快到极限了，就问道："您的轮胎磨损得比较厉害，平常跑起来有振动的感觉吗？" 张总："对呀，跑得稍微快一点就感觉到振动，很不舒服。" 小王："您最近跑得路况不太好吧，估计得换胎。" 张总："是，最近老跑山路。可是轮胎上次我刚换了呀？" 小王："您上次是不是换了后胎，前胎只是换位？" 张总："对，想起来了，不换可以吗？" 小王："根据轮胎的磨损情况，花纹快到极限了，不换会影响行车安全的。" 张总："是吗，不行就换吧。"	注意：外表过脏，则要告知客户，简单清洗后再检查；大的外观缺陷要按规定做好记录
第四步，问诊	检查的同时进行问诊，对客户重要故障描述确认后做好记录	到了车前方，小王问道："您刚才说车跑偏？" 张总："对呀，还挺严重。" 小王："是平常行驶跑偏，还是只有在制动才跑偏？" 张总："平常的时候也跑偏。" 小王："平常也跑偏对吧，往左还是往右？" 张总："是往右。" 小王和张总边走边聊便观察，到了后侧，小王一边打开行李箱一边问："您行李箱有什么贵重物品吗？" 张总："没有。" 小王看了看行李箱没什么东西，又问道："随车工具全吗？" 张总："全，没怎么用过。" 小王关好行李箱，然后贴上小封条。	保养车辆可以简单一点，但故障车要细一点
第五步，确认	请客户在委托书及问诊表上签字，将车门关闭，取下钥匙，请客户到服务前台	环车一周后，小王将委托书和问诊表递给张总，说道："张总，车已经检查完毕，您看看，没什么问题的话，需要您签个字。" 张总对小王的细心工作十分满意，把委托书和问诊表接过来看了一下，很痛快地签了字。	必须请客户签字，并再次提醒客户拿走贵重物品

　　曾经有人问过小王，为什么要这么麻烦，客户有耐心等吗？小王苦笑地说："你要是能耐心听我讲个故事，你就知道为什么我要这么做。"

　　"就在前一段时间，我在接待一辆09款斯巴鲁森林人5000公里首保时，没有验车身外观，因为是刚跑了5000公里仅三个月的车，而且来时车身很脏，我下意识地认为不会有大划痕，便没有洗车验车。首保完后，维修人员看见车脏便直接把车开到洗车房洗车，看到车洗好后我便告诉客户已保养好可以提车。当客户到车前却看到车的后杠有蹭碰过的痕迹，便问我是怎么回事，说他的车只有他自己开，从来没有碰过，而且碰蹭过的后杠上是白色的痕迹。我们维修车间没有白色的设施和物品，但是再多解释客户都不谅解，最终答应给客户免费烤漆后杠，客户才罢休。这件事就是由于环车检查的疏忽，导致责任不清，从而给公司造成了损失。这件事发生之后经理严厉地批评了我，他对我说：'接车虽然简单，但不可轻视，投诉的70%是由于接车环节服务不到位导致的。如果掉以轻心，必然要导致后期服务的难度提高，小王，虽然你很用心，但是疏忽不是你可以犯错误的理由，我希望你引以为戒。'经理的这番话我一直铭记在心。"

任务三

紧 急 救 援

任务目标

目标一：能够描述紧急救援作业流程

目标二：能够进行事故车辆的定损核赔

任务下达

车辆故障往往都是出乎客户意料之外，譬如半路抛锚、交通事故等。这时很多客户第一个想起来的就是向服务站求助。这天，小王刚刚接完一个车，就听到一阵急促的电话声。在电话响的三声内，小王接听了电话，电话里传来了客户慌乱的声音："喂，这里是服务站吗，我出车祸了，该怎么办？"

任务分析

汽车服务接待经常会接到客户的求助电话。这个时候是客户最需要帮助的时候，好的紧急救援流程可以大大增强客户对企业的忠诚度。要做好紧急救援工作，需要学习的知识包括：

1. 什么是紧急救援？
2. 汽车有哪些险种？
3. 如何对车辆定损？

紧急救援是汽车服务业高度发展的产物之一。随着汽车在生活中的普及，人们对汽车越来越依赖，很多人无论郊游、购物还是上班都以车代步。由于汽车产品的特性，不可避免地会出现这样或者那样的意外故障或事故。这时候，汽车服务企业的救援电话，就成为很多客户的求助首选。

【问题一】　什么是紧急救援服务?

　　紧急救援服务是服务企业的一项服务责任。服务企业提供24小时援助服务,可以在客户车辆发生故障或事故时,为客户提供便捷的、迅速的全天候救援服务以及帮助。汽车服务企业紧急救援工作流程如图4-7所示。

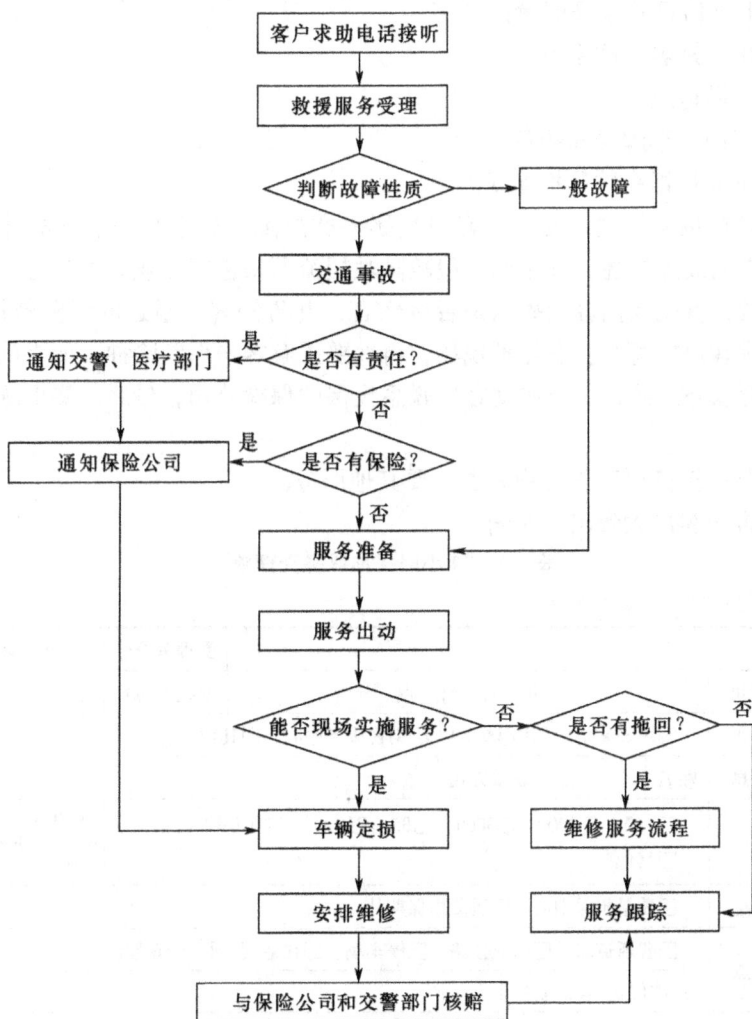

图4-7　紧急救援作业流程示意图

1. 客户求助电话接听

　　(1) 服务前台应随时有人接听电话。如果企业开通24小时紧急救援,要确保救援电话24小时有人接听。

　　(2) 服务接待要在铃响三声以内接听电话。

（3）服务接待接听电话要注意语言规范，接听电话要注意做好记录。

（4）服务接待接听求助电话时，要提醒客户注意安全。如果在路中间抛锚，要设法移到路边；如果夜间抛锚，要打开车灯等。

2. 援助电话受理

服务接待受理救援电话时，填写24小时援助服务受理单，见表4-5，填写时注意确认下列信息并做好记录：

（1）用户姓名、联系方式。

（2）援助地点。

（3）车型、车牌号和颜色。

（4）车辆是否在质量担保期内。

（5）故障内容简述。要了解客户是哪一类故障，如果是一般性故障，要简单记录客户的故障描述，并按照一般故障救援流程来进行作业。如果客户车辆发生交通事故，首先要向客户确认是否有伤者，并告知客户最近的医院救援电话；其次要提醒客户报警并注意保护现场；再次要了解客户保险险种，如果确认客户投保交强险以外的险种，要协助客户联系投保的保险公司；最后，要提醒客户注意安全。

（6）服务接待要问讯客户是否需要其他服务。

（7）告知客户大致出车时间。

表4-5　24小时援助服务受理单

维修站代号：×××××××

电话受理				受理单编号	×××××××
1	受理时间	年　月　日　点　分		委托书编号	
2	任务来源	□用户来电　□10106789　□销售服务中心　□其他（　　　　）			
3	用户信息	姓名　　　　　　联系方式			
	车型	□SAN　□2000　□3000　□B5　□GAL　□TOURAN □其他（　　　　）		车牌号	
				颜色	
4	质量状况	□质量担保期内　□质量担保期外			
5	援助地点	□普通道路　□高速公路　□停车场　□住宅/公司　□其他（　　　　）			
		具体位置（参照物）			
6	故障描述	□更换轮胎　□缺少燃油　□蓄电池没电　□使用拖车　□××× □其他（　　　　）			
7	预计到达	点　分　出车费用　□市内　××元，□市外　××元，□无			
8	其他服务	□无　□代用车　□取送车　□出租车　□宾馆休息　受理人签名			

（续）

援助准备			负责人签名	
9	服务车	□×x-×××× □××-××××× □××-×××××		
10	配件准备	□轮胎 □蓄电池 □燃油 □××× □××× □其他（　　　　　）		
11	用户再确认 （必要时）	姓名　　　　　联系电话		
		援助地点		
12	出车时间	点　分　预计到达时间	点　分　出车里程	公里

服务确认			作业人签名	
13	到达时间	点　分　返回公司时间	点　分　返回里程	公里
14	车辆信息	车型号　　　出厂日期　　　里程数		
		车架号　　　　　　发动机号		
14	服务项目	□更换轮胎 □添加燃油 □更换蓄电池 □拖回公司修理 □×××× □其他（　　　　　）		
15	24小时服务负责人签名			
16	回访记录及签名			

用户确认				
1	服务项目			
2	服务费用	配件　　　元	出车费　　　元	
		外出工时费　　　元	其他费用　　　元	
		实际发生总费用：		
用户确认签名			驾驶证号 （需要时）	
用户联系方式 （需要时）	联系地址			
	电话		邮编	

汽车××销售服务有限公司；服务电话：×××××××××，24小时服务热线电话：×××××××

3. 服务准备

（1）服务接待告知服务经理或车间主管，安排出车援助人员。

（2）援助服务人员根据"24小时援助服务受理单"的内容准备工具（某品牌紧急救援工具单见表4-6和表4-7），并携带相应配件。

（3）服务接待要告知客户出车和预计到达时间。

（4）救援车辆出发前，服务接待要与用户再次确认（必要时）地点、车辆故障内容等。

表 4-6　24 小时援助服务车辆专用基本装备(由厂家售后服务部提供部分)

HSO 要求的基本装备	我们提供的基本装备名称	型 号 规 格	数　量
车内物品存放部件 (存放工具)	工具箱(国产)		1
维修挡布	"Tech care"专用维修挡布		1
卡环钳	燃油管夹钳	798-2	1
	水管钳	798-5	1
装配工具(开口度 6-42)	双头呆扳手	450N/10-1	1
	双头梅花扳手	630-8 × 10，13 × 15， 17 × 19，22 × 24	1
套筒扳手配件	六角套筒(带扳手)	932N	1
	6mm 内六角扳手	2584，2584-1	1
螺钉旋具	TORX 工具	T20，T25	1
	张紧轮扳手	2587	1
	十字槽螺钉旋具	835/PH1，2，3；835PH-02	1
	一字槽螺钉旋具	815-1，2；834-3	1
扭力扳手	扭力扳手	HAZET5121ST(20-120NM)	1
绝缘钳	绝缘钳	1850VDE-33	1
火花塞套筒扳手	火花塞套筒(桑车)	2502-2	1
	火花塞套筒(2000，B5)	4766-1	1
	火花塞高压钳	1849-2	1
	火花塞高压钳(POLO1.6)	1849	1
	机滤器扳手	2172	1
	3/8 棘轮扳手	8816P	1
	万向接头	8820	1
	接长杆	8822-3	1
组合钳	斜口钳	1802-2	1
	万用钳	760N-2	1
	撬棒	650-20	1
金属丝刷子	钢丝刷	2130	1
锤子	锤子 500g	2140-5	1
万用表	万用表	F112	1
故障灯	警示灯		1
磁性灯	工作灯		1

（续）

HSO 要求的基本装备	我们提供的基本装备名称	型 号 规 格	数 量
拖杆	牵引杆		1
拖绳	牵引绳		1
警告背心	反光背心		2
起动辅助电缆	搭电线		1
	维修车辆 3M 即时帖		1
	安装手册		若干
	包装		

表 4-7 24 小时援助服务车辆专用基本装备（特许销售商或特约维修站需自备部分）

名称和型号	数 量	名称和型号	数 量
VAG1552	1	雨衣	1
拆卸燃油泵和门内饰工具	各 1	手电筒或手提探照灯	1
电动泵或脚踏泵	1	写字垫	1
三角警告标志	1	移动电话	1
蓄电池 72AH／动力组件	1	扫帚、铲子、垃圾桶	1
附加液体箱	若干	机油结合剂	1
保护罩	1	其他辅助设备（如饮料、糖果、保温杯、小广告礼品等）	1
移动式千斤顶	1		

4. 服务出动

（1）救援人员要填写车辆外出服务单（按照公司内部车辆使用管理规定的要求）。

（2）准确填写服务车外出公里数和外出时间。

（3）救援人员如不能按时到达援助现场，应及时与用户联系告知缘由。

5. 现场服务实施

抢修车辆到达汽车抛锚地点时：

（1）首先对用户表示问候，并自我介绍和出示相应证件。

（2）救援人员到现场后要采取安全措施，检查三角警告标志的距离，让车辆离开"危险区域"。

（3）如果客户为故障车，救援人员需与用户沟通并再次确认车辆故障内容，确认现场车辆初始状态，查明汽车抛锚的原因，现场排查故障，并填写服务项目及用户联系方式，由用户签字确认。现场不能完成修理的，与用户协商将车辆拖运至维修站或采用其他方法处理。如果为事故车，则要迅速与客户投保的保险公司和交警联系，并协助客户维护现场，设置安全设施，等候交警处理。

（4）有条件的服务企业可以根据用户的愿望主动提供机动性保障服务工作，并按照用户的愿望实施，如提供代用车或租用车、介绍出租车带用户回家、提供取送车服务、介绍宾馆让用户休息等。

6. 车辆拖回

（1）如果客户的车辆需要拖回，则到场后由服务接待按照接车程序填写问诊表、委托书，按照正常的维修流程进行作业。

（2）如果客户的车辆为事故车，则由服务接待协同保险公司理赔员对车辆进行定损，并按照与保险公司签订的合同进行车辆维修。

7. 与保险公司交警部门核赔

如果客户的车辆维修项目及维修费用在投保范围内，则保险公司确认后客户即可提车；如果客户的车辆维修项目及维修费用不在投保范围内，则根据交警部门的责任裁定结算后，由交警部门确认后方可提车。

8. 服务跟踪

对紧急救援车辆，应进行100%回访，并填写24小时援助服务月度统计表，见表4-8。根据服务站紧急救援的流程，及时上报厂家要求的材料。在援助完成后7~10天内，要按照厂家要求进行电话回访，然后根据网络成员在"24小时援助服务"中的经历以及电话回访记录，分别致信所有接受紧急救援的用户。

表4-8　24小时援助服务月度统计（××月份）

××销售服务有限公司　　　　　　　　　　　　　　　　　年　月　日

24小时援助服务月度统计（××月份）

1	接受任务数量	用户来电	10106789		销售服务中心		其他情况	
2	援助服务次数	SAN	2000	3000	GOL	POLO	B5	其他
3	质量担保期内车辆			质量担保期内车辆				
4	每月发生总费用	配件（元）		工时（元）		出车（元）		其他（元）

（续）

主要服务项目统计（根据需要）

序号	修 理 项 目	发生频率
1		
2		
3		
4		
5		

小结

24 小时援助服务负责人

经销商总经理/服务经理	

汽车××销售服务有限公司　　　　　　　　　　　　　　年 月 日

【问题二】 汽车有哪些险种？

汽车保险是指轿车在行驶中发生各类交通事故造成的人身伤亡和财产损失，依法由保险人（即保险公司）按照保险合同承担保险责任，对被保险人（或车主）进行赔偿的行为。保险合同为不定值保险合同，分为基本险和附加险，附加险不能独立保险。

1. 汽车基本险

汽车基本险可分为第三者责任险与车辆损失险两种。

（1）第三者责任险。被保险人允许的合格驾驶人在使用保险车辆过程中发生意外事故，致使第三者遭受人身伤亡或财产的直接损毁，依法应当由被保险人支付的赔偿金额，保险人依照保险合同的规定给予赔偿。但因事故产生的善后工作，由被保险人负责处理。第三者责任险属于国家规定的强制保险，凡购车者必须进行第三者责任险。每次事故最高赔偿限额，分 5 万、10 万、20 万、50 万、100 万 5 个赔偿档次，被保险人可以自愿选择投保。在保险合同有效期内，被保险人要求调整保险金额或赔偿限额，应向保险人书面申请办理批改。

（2）车辆损失险。由下列原因造成保险车辆的损失，保险人负责赔偿：碰撞、倾覆；火灾、爆炸；外界物体倒塌、空中运行物体坠落、行驶中平行坠落；自然灾害导致的车辆损失等发生保险事故时，被保险人对保险车辆采取施救、保护措施所支出的合理费用，保险人负责赔偿，但此项费用最高赔偿金额以保险金额为限。

2. 汽车附加险

在投保基本险的基础上，消费者可以选择投保附加险，附加险可分为 11 类。

(1) 全车盗抢险：是指保险车辆全车被盗窃、被抢夺，经公安刑侦部门立案证实，满三个月未查明下落，或保险车辆在被盗窃、被抢劫、被抢夺期间受到损坏，或车上零部件及附属设备丢失需要修复的合理费用，保险公司负责赔偿。

(2) 火灾、爆炸、自燃损失险：指投保了本项保险的机动车辆在使用过程中，因火灾、爆炸、自燃造成保险车辆的损失，保险公司负责赔偿。

(3) 自燃损失险：指投保了本项保险的机动车辆在使用过程中，因本车电路、线路、供油系统发生故障及运载货物自身起火燃烧，造成保险车辆的损失，保险公司负责赔偿。

(4) 玻璃单独破碎险：指投保了本项保险的机动车辆在停放或使用过程中，发生玻璃单独破碎，保险公司按实际损失进行赔偿。

(5) 车身划痕损失险：指投保了本项保险的家庭自用或非营业用车辆有没有明显碰撞痕迹的车身划痕损失，保险公司负责赔偿。

(6) 车辆停驶损失险：指投保了本项保险的机动车辆在使用过程中，因遭受自然灾害或意外事故，造成车身损毁，致使车辆停驶造成的损失。保险公司按照与被保险人约定的赔偿天数和日赔偿额进行赔付。

(7) 车上人员责任险：指投保了本项保险的机动车辆在使用过程中，发生意外事故，致使保险车辆上人员的人身伤亡，依法应由被保险人承担的经济赔偿责任，保险公司在保险单所限定的保险赔偿额内计算赔偿。

(8) 无过失责任险：被保险人或其允许的合格驾驶人在使用保险车辆过程中，因与非机动车辆、行人发生交通事故，造成对方人员伤亡，保险车辆一方无过失时，除根据《中华人民共和国道路交通事故处理办法》第四十四条的规定，应由被保险人承担的 10% 的经济赔偿外，对于 10% 以上的经济赔偿部分，在事故责任认定前已由被保险人垫付的医药费用、抢救费用及丧葬费用，经公安交通管理部门或人民法院裁定由被保险人承担时，保险人按《中华人民共和国道路交通事故处理办法》规定的标准按本保险合同的有关规定在保险赔偿限额内负责赔偿。

(9) 车上货物责任险：指投保了本保险的机动车辆在使用过程中，所载货物遭受直接损毁，依法应由被保险人承担的经济赔偿责任，保险公司负责赔偿。

(10) 不计免赔特约保险：指办理了本项特约保险的机动车辆发生事故，在损失险及第三者责任险范围内所造成的损失，在符合赔偿规定的金额内按责任应承担的免赔金额，保险公司负责赔偿。

(11) 救助特约条款：办理了本项特约保险的机动车辆发生事故或故障，保险公司负责实施救助或承担因寻求救助所发生的费用。

3. 除外责任

对于投保基本险的汽车，不是在任何情况下的损失都会得到保险公司的赔偿。所以，保险公司会预先声明一些除外保险责任。

（1）保险车辆的下列损失，保险公司不负责赔偿：

① 自然磨损、朽蚀、故障、轮胎单独损坏。

② 无明显碰撞痕迹的车身划痕。

③ 人工直接供油、高温烘烤造成的损失。

④ 遭受保险责任范围内的损失后，未经必要修理继续使用，致使损失扩大的部分。

⑤ 因污染（含放射性污染）造成的损失。

⑥ 因市场价格变动造成的贬值、修理后因价值降低引起的损失。

⑦ 车辆标准配置以外，未投保的新增设备的损失。

⑧ 在淹及排气筒或进气管的水中启动，或被水淹后未经必要处理而启动车辆，致使发动机损坏。

⑨ 保险车辆所载货物坠落、倒塌、撞击、泄漏造成的损失。

⑩ 被盗窃、抢劫、抢夺，以及因被盗窃、抢劫、抢夺受到损坏或车上零部件、附属设备丢失。

⑪ 被保险人或驾驶人的故意行为造成的损失。

（2）保险车辆造成下列人身伤亡和财产损毁，不论在法律上是否应当由车主承担赔偿责任，保险公司也不负责赔偿：车主所有或代管的财产；私车、个人承包车车主及家庭成员，以及他们所有或代管的财产；本车上的一切人员或财产；车辆所载货物掉落、泄漏造成的人身伤亡和财产损毁。

（3）下列情况下，不论任何原因造成保险车辆损失，保险人均不负责赔偿：

① 地震、战争、军事冲突、恐怖活动、暴乱、扣押、罚没、政府征用。

② 竞赛、测试，在营业性维修场所修理、养护期间。

③ 利用保险车辆从事违法活动。

④ 驾驶人饮酒、吸食或注射毒品、被药物麻醉后使用保险车辆。

⑤ 保险车辆肇事逃逸。

⑥ 驾驶人有下列情形之一者：无驾驶证或驾驶车辆与驾驶证准驾车型不相符。公安交通管理部门规定的其他属于无有效驾驶证的情况下驾车。

⑦ 保险车辆不具备有效行驶证件。

（4）下列损失和费用，保险公司不负责赔偿：保险车发生意外事故，致使车主或第三者停业、停驶、停电、停水、停气、停产、中断通信及其他各种间接损失；车主及驾驶人的故意行为；其他不属于保险责任范围内的损失和费用。

【问题三】　如何对车辆进行定损?

在事故车的定损作业中，受损零件的修与换是困扰服务接待的一个难题，在保证汽车修理质量的前提下，用最小的成本完成受损部位的修复是服务接待定损的原则。碰撞中常损零件有承载式车身结构钣金件、车身覆盖钣金件、塑料件、机械件及电器件等。

（一）承载式车身结构钣金件修与换的掌握

碰撞受损的承载式车身结构件是更换还是修复? 这是服务接待对事故车定损时必须面对的问题。实际上，做出这种决定的过程就是一个寻找判断理由的过程。损伤结构件的修复与更换的原则是弯曲变形就修，折曲变形就换，而不是必须更换，从而避免可能产生更大的车身损伤。需要特别说明的是：

（1）高强度钢在任何条件下，都不能用加热来矫正。

（2）如果损伤部位与非损伤部位的过渡平滑、连续，通过拉拔矫正可使它恢复到事故前的形状，而不会留下永久的塑性变形，则可以判断为弯曲变形。

（3）如果弯曲变形剧烈，曲率半径小于 3 毫米，通常在很短的长度上弯曲90°以上，矫正后，零件上仍有明显的裂纹或开裂，或者出现永久变形带，不经过调温加热处理不能恢复到事故前的形状，则可以判定为折曲变形。

（二）非结构钣金件修与换的掌握

非结构件又称覆盖钣金件，承载式车身的覆盖钣金件通常包括可拆卸的前翼子板、车门、发动机室盖、行李箱盖和不可拆卸的后翼子板、车顶等。

1. 可拆卸件修与换的掌握

损伤程度没有达到必须将其从车上拆下来才能修复，如整体形状还在，只是局部凹陷，一般不考虑更换。损伤程度达到必须将其从车上拆下来才能修复，并且价格低廉，供应流畅，材料价格达到或接近修复工费，应考虑更换，如对前翼子板来说，当每米折曲、破裂变形超过 3 个时，整形和热处理后很难恢复其尺寸；如果每米长度不足 3 个折曲、破裂变形，且基准形状还在，应考虑整形修复；如果修复工费明显小于更换费用，应考虑以修理为主。

（1）车门修与换的掌握。如果车门门框产生塑性变形，一般来说是无法修复的，应考虑以更换为主。许多汽车的车门面板是可以作为单独零件供应的（如奥迪 100 型），则可以单独更换，不必更换门枢总成。

（2）发动机室盖和行李箱修与换的掌握。绝大多数汽车的发动机室盖和行李箱盖是由两个冲压成形的冷轧钢板经翻边胶粘制成的。判断碰撞损伤变形的发动机室盖或行李箱盖是否要将两层分开进行修理，如果不需将两层分开，则不应考虑更换。若需要将两层分开整形修理，应首先考虑工费加辅料的费用。如果该费用接近或超过其价值，则不应考虑修理；反之，应考虑整形修复。

（3）其他修理原则同处理车门的原则。

2. 不可拆卸件修与换的掌握

碰撞损伤中最常见的不可拆卸件就是三厢车的后翼子板。更换时需将其从车身上切割下来，而国内绝大多数汽车服务企业在切割和焊接上满足不了制造厂提出的工艺要求，从而可能造成车身结构新的修理损伤。所以，在国内现有的修理设备和工艺水平下，后翼子板只要有修理的可能性都应采取修理的方法修复，而不应像前翼子板一样存在值不值得修理的问题。

（三）塑料件修与换的掌握

随着汽车工业的发展，汽车车身各种零部件越来越多地使用塑料，特别是车身前端，包括保险杠、格栅、挡泥板、仪表工作台、仪表板等均为塑料件。塑料件修与换的掌握应从以下几个方面来考虑：

（1）对于燃油箱及要求严格的安全结构件，必须更换。

（2）整体破碎应以更换为主。

（3）价值较低、更换方便的零件以更换为主。

（4）应力集中部位，如车后门铰链处，应以更换为主。

（5）基础零件，且尺寸较大，受损为划痕、撕裂、擦伤或穿孔，应以修理为主。

（6）表面已无漆面的、不能使用氰基丙烯酯粘接表面美观要求较高的塑料件，以更换为主。

（四）机械类零件修与换的掌握

1. 悬架系统、转向系统零件修与换的掌握

在阐述悬架系统中零件修与换的掌握之前，我们必须说明悬架系统与车轮定位的关系。非承载式车身，正确进行车轮定位的前提是正确的车架形状和尺寸。承载式车身，正确进行车轮定位的前提是正确的车身定位尺寸，这一点容易被人们忽视。车身定位尺寸的允许偏差一般为1~3毫米，要求比较高。

汽车悬架系统中的任何零件都不允许用校正的方法进行修理。当车轮定位仪器(前轮定位或四轮定位仪器)检测出车轮定位不合格，且用肉眼和一般量具又无法判断出具体的损伤和变形的零部件时，不要轻易做出更换悬架系统中某个零件的决定。

车轮外倾、主销内倾和主销后倾都与车身定位尺寸密切相关。车轮外倾、主销内倾和主销后倾有偏差时，首先分析是否是碰撞造成的。由于碰撞事故不可能造成轮胎的不均匀磨损，所以可通过检查轮胎的磨损是否均匀，初步判断事故前的车轮定位情况。

例如，桑塔纳轿车下摆臂橡胶套的磨损、锁板固定螺栓的松动，都会造成车轮外倾角增大，在消除了诸如摆臂橡胶套磨损等原因，校正好车身使得相关定位尺寸正确后，做车轮定位检测。如果此时车轮定位检测不合格，则根据其结构、维修手册判断具体的损伤部件，逐一更换、检测，直到损伤部件确认为止。上述过程通常非常复杂而又繁琐，且技术含量较高。由于悬架系统中的零件都是涉及安全性的部件，且价格较高，定损工作切不可轻率马虎。

2. 铸造基础件修与换的掌握

汽车的发动机缸体、变速器、主减速器和差速器的壳体常由球墨铸铁或铝合金铸造而成。在遭受冲击载荷时，往往会造成固定支脚的断裂。

在一般情况下，对发动机缸体、变速器、主减速器壳体的断裂是可以进行焊接修理的。如桑塔纳普通型轿车在遭受正面或左侧面碰撞时，气缸盖-发电机固定处常见碰撞断裂。这种断裂通过焊接修理，其强度、刚度和使用性能都可以得到满足。桑塔纳普通型轿车气缸空调压缩机固定处，同样会遭受类似的碰撞损伤，也可以用类似方法修复。

不论是球墨铸铁还是铝合金铸件，焊接都会造成其变形。这种变形通常用肉眼看不出来，但由于焊接周围的部位对形状尺寸要求较高（如发动机气缸壁、变速器、主减速器和差速器的轴承座），用焊接的方法修复是不行的，一般来说，应考虑更换。

（五）电器件修与换的掌握

有些电器件在遭受碰撞后，它的外观没有损伤，但其"症状"是"坏了"。然而它是真的"坏了"，还是系统中的电路保护装置起作用了呢？一定要认真检查。

如果电路过载或短路就会出现大电流，导线发热，绝缘损伤，还会酿成火灾。因此，电路中必须设置保护装置。熔断器、熔丝链、大限流熔丝和断路器都是过电流保护装置，它们可以配合使用。碰撞会造成系统负载，相应的熔断器、熔丝链、大限流熔丝和断路器会因过载而工作，出现断路，"症状"就是"坏了"。在这个前提下，电器件等更换与否，要考虑电流保护装置作用与否。如果电流保护装置损坏，则要单独检测电器件是否也损坏，再考虑是否更换。

（六）关于修与换的量化分析

随着我国人们生活质量的不断提高，时间的价值概念变得越来越突出。车主对汽车修复过程所需的时间看得越来越重。一辆受损汽车的修复不但要考虑修理的质量、费用，还要考虑修理所需的时间，如何将修理费用与时间综合考虑？可采用下列公式来进行预算：

设单一部件修理所需费用与更换该部件所需费用之比为变形价格系数 e，更换维修所需费用为 r，从轻度变形至严重变形修复费用为 p，则变形价格系数 e 为：

$$e = \frac{r}{p}$$

设单一部件修理工期与更换工期之比为变形时间系数 h，变形时间为 t，t 的范围为从轻度变形时间 t_1 至严重变形时间 t_2，则变形时间系数为：

$$h = \frac{t}{t_1}$$

设变形价格系数与变形时间系数之积为变形系数 A，则

$$A = e \times h$$

通过测算变形系数 A，可以综合分析单一部件是否该换。由于我国各地的经济水平差距很大，我们可以将变形系数定在一个合适的范围，如 $1.0 \sim 2.0$。在使用过程中，可根据当地的经济状况来考虑该系数的值。大致上，在我国经济发达地区取下限，在经济落后地区取上限，譬如，某地区变形系数 A 定在 1.4，则 A 大于 1.4 换，小于 1.4 修。需要说明的是上述公式为经验公式，仅供大家工作中参考。

任务实施

下面是小王和车主的一段对话：

"我是××专营店服务接待小王，您别着急，有人受伤吗？"

"倒是没有，我开车不小心撞到水泥墩上，幸亏速度不是很快，安全气囊也打开了，也算是不幸中的万幸吧。"

"那就好，请问，该如何称呼您？"

"我姓李，小王，你看我该怎么办？"

"您不要着急，您的车停的位置安全吗？"

"在路中间，不太安全，可是车动不了呀。"

"要注意安全，车漏油了吗？如果有的话，您不要在车附近抽烟；现在是下午三点，光线还算不错，可能的话在前后方各5米，设置明显的路障，以免发生意外。"

"好的。"

"您上保险了吗？有没有和保险公司联系。"

"上了，还是全险呢。但是还没来得及联系，我记得是平安保险，保险单我没有随车带，也不知道保险公司的电话是多少，不过保险好像是在你们服务站代办的。"

"是吗，您的车号是多少？我马上查一下。"

"我的车牌号是京×××××。"

"好的，您大概在什么位置？"

"我在×××国道××处，离服务站大概有50公里。"

"您的联系电话是多少？"

"××××××××××××。"

"好的，您注意保护一下现场，不要急，我们马上代您向保险公司报案，大概1个小时后，我们会派救援车过去。"

"太谢谢你了，小王，我等你们过来。"

小王一边接电话，一边填写救援单，放下电话，按照内部的救援流程向服务主管小李递交了救援单。然后他在客户档案里查询到客户的保单信息，向保险公司报了案，不一会救援车就整装待发。出发前负责救援的人员给客户打了个确认电话，随后赶赴现场。

下午5点，事故车被保险公司拖回了服务站，小王看看车的前部撞得惨不忍睹，安全气囊也打开了。在这种情况下，客户居然没受伤，这家伙真是够幸运的。小李一看小王在那里发呆，就推了一下说："不要发愣啦，徒弟，跟我过去，再让你学一手。"

说着小李走上前去，和保险公司理赔员一起一边定损，一边回答小王的疑问，下面请听小李之定损三十二问：

第一问："前保险杠及附件损伤怎么确定？"

答："前保险杠及附件由前保险杠、前保险杠饰条、前保险杠内衬、前保险杠骨架、前保险杠支架、前保险杠灯等组成。

现代轿车的保险杠绝大多数用塑料制成。对于用热塑性塑料制成、价格非常昂贵并且其表面涂漆的保险杠，若破损处不多，可用塑料焊机焊接。

保险杠饰条破损后基本以换为主。

使用保险杠内衬的多为中高档轿车，内衬常由泡沫制成，一般可重复使用。

现代轿车的保险杠骨架多数用金属制成，使用较多的是冷轧钢板冲压成形，少数高档轿车采用铝合金制成。对于钢质保险杠骨架，轻度碰撞常采用钣金修理的方法修复，中度以上的碰撞常采用更换的方法修复。如果是铝合金的保险杠骨架，修复难度较大，中度以上的碰撞多以更换修复为主。

保险杠支架多为铁质，一般价格较低，轻度碰撞常采用钣金修复，中度以上的碰撞多为更换修复。

保险杠灯多为转向信号灯和雾灯，表面破损后多采用更换修复。对于价格较高的雾灯，且损坏为少数支撑部位的，常用焊接和粘接修理方法修复。"

第二问："前护栅及附件如何定损？"

答："前护栅及附件由前护栅饰条、前护栅铭牌等组成。前护栅及附件的破损多以更换修复为主。"

第三问："前照灯及角灯如何定损？"

答："现代汽车灯具表面多由聚碳酸酯或玻璃制成，反光部位常用丙烯腈-丁二烯-苯乙烯共聚物（ABS）制成。最常见的损坏为调节螺钉损坏，只需更换调节螺钉，重新校光即可。ABS 塑料属于热塑性塑料，可用焊接修复。表面用玻璃制成，如果破损，且有玻璃灯片供应，可考虑更换玻璃灯片。对于价格较昂贵的前照灯，并且只是支撑部位局部破损，可采取塑料焊接的方法修复。"

第四问："散热器框架如何定损？"

答："散热器框架又称前裙。现代轿车的散热器框架在承载式车身中属于结构件，多为高强度钢板。结构件的整形与更换，遵守弯曲变形就整修、折曲变形就换的原则。

由于散热器框架结构形状复杂，轻度的变形通常可通过钣金修复，而中度以上的变形往往不宜采用钣金修复，高强度低合金钢更是不宜钣金修复。"

第五问："空调系统如何定损？"

答："空调系统由压缩机、冷凝器、干燥瓶、膨胀阀、蒸发箱、管道及电控元件等组成。

现代汽车空调冷凝器均采用铝合金制成，中低档车的冷凝器一般价格较低，中度以上的损伤一般采用更换的方法处理；高档轿车的冷凝器一般价格较贵，中度以下的损伤常可采用氩弧焊进行修复。注意冷凝器因碰撞变形后虽然未漏制冷剂，但拆下后重新安装时不一定就不漏制冷剂。

储液罐（干燥器）如果碰撞变形，一般以更换为主。如果系统在碰撞中以开口状态暴露于潮湿的空气中时间较长（具体时间由空气温度决定），则应更换干燥器，否则会造成空调系统工作时"冰堵"。压缩机因碰撞常见的损伤有壳体破裂、带轮和离合器变形等。壳体破裂一般采用更换的方法修复；带轮、离合器变形一般采用更换的方法修复。

汽车有多根空调管，一定要注明损伤的空调管是哪一根，常用×××～×××加以说明。

汽车空调管有铝管和胶管两种。铝管因碰撞常见的损伤有变形、折弯、断裂等。变形一般采取校正的方法修复；价格较低的空调管折弯、断裂一般采取更换的方法修复；价格较高的空调管折弯、断裂一般采取截去折弯、断裂处，再接一节，用氩弧焊的方法修复。胶管的破损一般用更换的方法修复。

汽车空调蒸发箱壳体、蒸发器和膨胀阀等，损伤多为蒸发箱壳体的破损。蒸发箱壳体大多由热塑性塑料制成，局部的破损可用焊接方法修复，严重的破损一般需更换，决定更换时一定要考虑有无壳体单独更换。蒸发器换与修的原则基本同冷凝器。膨胀阀因碰撞损坏的可能性极小。

空调系统中的压缩机是由发动机通过电动离合器驱动的。在离合器接通和断开的过程中，由于磁场的产生和消失，产生了脉冲电压。这个脉冲电压会损坏车上精密的电脑模块。为了防止出现这种情况，在空调电路中接入一个分流二极管，这个二极管阻止电流沿某个方向通过。当空调系统发生故障时，分流二极管有可能被击穿。如果不将被击穿的二极管换掉，可能会造成空调离合器不触发，甚至损坏电脑模块。"

第六问："散热器及附件如何定损？"

答："散热器及附件包括散热器、进水管、出水管、副散热器等。散热器的换与修的原则基本与冷凝器相似，所不同的是散热器常有两个塑料水室，水室破损后，一般需更换，而水室在遭受撞击后最易破损。

水管破损一般以更换方式修复。

水泵带轮是水泵中最易损坏的零件，通常变形后以更换为主。较严重的碰撞会造成水泵前段（俗称水泵头子）中水泵轴承处损坏。一般更换水泵前段即可，而不必更换水泵总成。

轻度风扇护罩变形一般以整形校正为主，严重的变形常常采取更换的方法修复。

主动风扇与从动风扇叶片破碎后都要更换。

风扇传动带在碰撞后一般不会损坏，但正常使用磨损会造成损坏，拆下后如果需更换，应确定是否是碰撞原因。"

第七问："发动机室盖及附件如何定损？"

答："轿车发动机室盖绝大多数采用冷轧钢板冲压而成，少数高档轿车用铝板冲压而成。冷轧钢板在遭受撞击后常见的损伤有变形、破损，钢质发动机室盖是否需要更换主要依据变形的冷作硬化程度、基本几何形状程度。冷作硬化程度较少、几何形状程度较好的发动机室盖常采用钣金修理法修复，否则更换。铝质发动机室盖产生较大的塑性变形就需更换。

发动机室盖遭受碰撞变形、破损多以更换为主。

发动机室盖铰链遭受碰撞后多以变形为主，由于铰链的精度要求较高，变形后多以更换为主。

发动机室盖撑杆常有机械撑杆和液压撑杆两种，机械撑杆基本上都可以通过校正修复，液压撑杆撞击变形后多以更换修复为主。

发动机室盖拉线在轻度碰撞后一般不会损坏，碰撞严重会造成折断，折断后应更换。"

第八问："前翼子板及附件如何定损？"

答："前翼子板遭受撞击后其修理原则与发动机的基本相同。

前翼子板的附件常有饰条、砾石板等，饰条损伤后多以更换为主，即使饰条未遭受撞击，但因钣金整形翼子板需拆卸饰条，许多汽车的饰条拆下后就必须更换。砾石板因价格较低，撞击破损后一般做更换处理。"

第九问："前纵梁及悬架座如何定损。"

"承载式车身汽车的前纵梁及悬架座属于结构件，按结构件的方法处理。"

第十问："车轮如何定损？"

小王连珠炮般的询问，小李不由地多了几分紧张，心想，这家伙问题真多，不好对付呀，没办法，只好硬着头皮往前冲了，接着回答道："车轮由轮辋、轮胎、轮罩等组成。

轮辋遭撞击后以变形损伤为主，多以更换的方式修复；轮胎遭撞击后出现爆胎现象，以更换方式修复；轮罩遭撞击后常会产生破损现象，以更换方式修复。"

第十一问："前悬架系统及相关部件如何定损？"

答："前悬架系统及相关部件主要包括悬架臂、转向节、减振器、稳定杆、发动机托架制动盘等。

前悬架系统及相关部件中的制动盘、悬架臂、转向节、稳定杆、发动机托架为安全部件，发现有撞出变形均应更换。

减振器主要鉴定是否在碰撞前已损坏。减振器是易损件，正常使用到一定程度后会漏油，如果减振器外表已有油泥，说明在碰撞前已损坏。如果外表无油迹，碰撞造成弯曲变形，应更换。"

第十二问："传动轴及附件如何定损？"

答："中低档轿车多为前轮驱动，碰撞常会造成外侧等角速万向节（俗称外球笼）破损，需更换；有时还会造成半轴弯曲变形，也以更换方式修复为主。"

第十三问："转向操纵系统如何定损？"

答："转向操纵系统包括转向盘、转向传动杆、转向器、横拉杆、转向助力泵等。

转向操纵系统与制动系统遭撞击损伤后，从安全角度出发多采取更换修复。

安装有安全气囊系统的汽车，驾驶人气囊都安装在转向盘上，当气囊因碰撞引爆后，不仅要更换气囊，通常还要更换气囊传感器与控制模块等。

转向操纵系统遭撞击变形后，轻度的以整修修复为主，中度以上的以更换修复为主。"

第十四问："发动机附件如何定损？"

答："主要包括凸轮轴传动机构及附件、油底壳及垫、发动机支架及胶垫、进气系统、排气系统等。

凸轮轴传动机构及附件因撞击破损和变形后，以更换修复为主。

油底壳轻度变形一般不需要修理，放油螺塞处碰伤及中度以上的变形以更换为主。

发动机支架及胶垫因撞击变形、破损时，以更换修复为主。

进气系统因撞击破损和变形以更换修复为主。

排气系统中最常见的撞击损伤为发动机移位造成的排气管变形，由于排气管长期在高温下工作，氧化现象较严重，通常无法整修。消声器吊耳因变形超过弹性极限破损也是常见的破坏现象，以更换修复为主。"

第十五问："发电机及蓄电池如何定损？"

答："发电机最常见的撞击损伤为带轮、散热叶轮变形，壳体破损，转子轴弯曲变形等。带轮变形以更换方法修复；散热叶轮变形以校正修复为主；壳体破损、转子轴弯曲变形以更换发电机总成修复为主。汽车用蓄电池的损坏多以壳体四个侧面破裂为主。汽车蓄电池多为铅酸蓄电池，由 6 格（汽油车）或 12 格（柴油车）组成。碰撞会造成 1 格或多格破裂，电解液外流。若一时查看不到破裂处，可通过打开加液盖观察电解液量来判断。如果只是 1 格或几格严重缺液，多为蓄电池破裂；如果每格缺液，多为充电电流过大所致，而不是破裂。"

第十六问："前风窗玻璃及附件如何定损？"

答："主要包括前风窗玻璃、前风窗玻璃密封条及饰条、内视镜等。

前风窗玻璃及附件撞击损坏基本上以更换修复为主。

前风窗玻璃胶条分为密封式和粘贴式，更换风窗玻璃时密封式胶条不用更换，粘贴式胶条需要更换。

因为许多车将内视镜粘贴在前风窗玻璃上，所以可以将其与风窗玻璃归在一起。内视镜多为二次碰撞致损，破损后一般以更换为主。

第十七问："刮水器系统如何定损？"

答："刮水器系统中的刮水器片、刮水器臂、刮水器电动机因撞击损坏主要以更换修复为主。

刮水器固定支架、连动杆中度以下的变形损伤以整形修复为主，严重变形的一般需更换。

一般刮水器、喷水壶只在较严重的碰撞中才会损坏，损坏后以更换为主。

刮水器喷水电动机、喷水管和喷水嘴撞坏的情况较少出现，若撞坏以更换为主。"

第十八问："A 柱及饰件、前围、暖风系统、集雨栅等如何定损？"

答："承载式车身汽车 A 柱因碰撞产生的损伤多以整形修复为主。由于 A 柱为结构钢，当产生折弯变形时，应以更换外片为主要修复方式。

前围多为结构件，整修与更换按结构件的整修与更换原则执行。A 柱上下内饰板因撞击破损以更换修复为主。

前围板上安装有暖风系统，较严重的碰撞常会造成暖风机壳、进气罩的破碎，以更换为主。暖风散热器、鼓风机一般在碰撞中不会损坏。

集雨栅为塑料件，通常价格较低，因撞击常造成破损，以更换修复为主。"

第十九问："仪表台中央操纵饰件如何定损？"

答："仪表台因正面的严重撞击，或侧面撞击常造成整体变形、皱折和固定爪破损。若整体变形在弹性限度内，则将骨架校正好后重新装回即可。皱折影响美观,对美观要求较高的新车或高档车车主主张更换。因仪表台价格一般较贵,老旧车更换意义不大。少数固定爪破损常以焊接修复为主,多数固定爪破损以更换修复为主。

左右出风口常在侧面撞击时破碎,右出风口也常因二次碰撞破损,严重的下部碰撞也会造成支爪断裂,均以更换为主。

杂物箱常因二次碰撞被副驾驶人膝盖碰撞破裂,一般以更换为主。

副驾驶人位置安全气囊如打开,则当气囊因碰撞引爆后,不仅要更换气囊,通常还要更换气囊传感器与控制模块等。

严重的碰撞会造成车身底板变形,进而造成过道罩破裂,以更换为主。"

此时的小王进入了一种玄妙的状态,上学时候所学的相关知识和眼前小李师傅对这台车的定损方式重合到了一起,脑海里理论和实际的隔离墙轰然倒塌,也没有想到连番的提问对师傅而言是不是一种煎熬,就开始了第二十问:"车门及饰件如何定损?"

这一番提问使小李也大有收获,原来凭直觉的定损方式,现在却要找出原因进行解释,这既是一种考验,更是对自己所学知识的一次大检验。兵来将挡,水来土掩,徒弟你就放马过来吧,让你见识一下资深服务接待的专业水准!想到这里,小李回答道:"门防擦饰条碰撞变形应更换。由于门变形需将门防擦饰条拆下来整形,多数防擦饰条为不干胶式,拆下后重新粘贴不牢固,用其他胶粘贴影响美观,应考虑更换。

门框产生塑性变形后,一般不好整修,应考虑更换。门下部的修理同发动机室盖修理原则一致。

如果侧安全气囊打开,则当气囊因碰撞引爆后,不仅要更换气囊,通常还要更换气囊传感器与控制模块等。

门锁及锁芯在严重撞击后会产生损坏,一般以更换为主。

后视镜镜体破损以更换为主。对于镜片破损,有些高档镜片可单独供应,可以通过更换镜片修复。

玻璃升降机是遇碰撞易损坏的部件,玻璃导轨、玻璃托架也是易损坏的部件,碰撞变形后一般都要更换,但玻璃导轨、玻璃托架常在定损中被遗漏。

内饰修理同 A 柱内饰修理原则一致。

后门与前门结构和修理方法基本相同。"

第二十一问:"前座椅及附件、安全带如何定损?"

答:"座椅及附件因撞击造成的损伤常为骨架、导轨变形和棘轮、齿轮根切。骨架、导轨变形常可以校正,棘轮、齿轮根切通常必须更换棘轮、齿轮机构。许多车型因购买不到棘轮、齿轮机构,只能更换座椅总成。

座椅绝大多数部分的损坏都可以通过更换座椅骨架来修复,而不用更换座椅总成。

　　目前我国没有强制使用被动安全带。绝大多数中低档车为主动安全带，大多数安全带在中度以下碰撞后还能使用，但必须严格检验。前部严重碰撞，安全带收紧器处会变形，从安全角度考虑，建议更换。中高档轿车上安装有安全带自动收紧装置，收紧器上拉力传感器感应到严重的正面撞击后，电控自动收紧装置会点火，引爆收紧装置，从而达到快速收紧安全带的作用。但安全带自动收紧装置工作后必须更换。"

　　第二十二问："侧车身、B柱及饰件、门槛及饰件等如何定损？"

　　答："B柱的维修与更换同A柱修理原则。

　　车身侧面内饰的破损以更换为主。

　　如果头部安全气囊因碰撞引爆后，不仅要更换气囊，通常还要更换气囊传感器与控制模块等。

　　一般的碰撞导致的边梁变形以整形修复为主。边梁保护膜是评估中经常遗漏的项目，只要边梁需要整形，边梁保护膜就要更换。门槛饰条破损后一般以更换为主。"

　　第二十三问："车身底板如何定损？"

　　答："车身底板因撞击常造成变形，通常以整修方式修复。对于整修无法修复的车身底板，可以考虑更换车身总成。"

　　第二十四问："车顶内、外饰件如何定损？"

　　答："严重的碰撞和倾覆会造成车顶损伤。

　　车顶的修复同发动机室盖，只要能修复，原则上不予更换。内饰修复同车门饰。落水槽饰条为铝合金外表做漆，损伤后一般应予更换。"

　　第二十五问："后风窗玻璃及附件（后风窗玻璃、后风窗玻璃饰条等）如何定损？"

　　答："后风窗玻璃及附件的结构同前风窗玻璃，区别在于，前风窗玻璃为夹胶玻璃，后风窗玻璃为带加热除霜的钢化玻璃。修理方法同前风窗玻璃。"

　　第二十六问："后翼子板及饰件如何定损？"

　　答："后翼子板与前翼子板不同，后翼子板为结构件，按结构件方法处理。

　　行李箱落水槽板、三角窗内板、挡泥板外板及挡泥板内板一般不予更换。后三角窗按风窗玻璃方法处理。后悬架座按结构件方法处理。"

　　第二十七问："后搁板及饰件如何定损？"

　　答："后搁板因碰撞产生的损坏基本上都能整形修复。如果不能整形修复，此时车身一般也已达到更换的程度。

　　后搁板面板用毛毡制成，一般不用更换。后墙盖板也很少破损，如果损坏以更换为主。

现代汽车都安装高位制动灯。高位制动灯按处理前照灯的方法处理。"

第二十八问:"后桥及后悬架如何定损?"

答:"后悬架按处理前悬架的方法处理。

后桥按处理结构体的方法处理。"

第二十九问:"后部底板、后纵梁及附件如何定损?"

"后纵梁按前纵梁的修复方法处理,其他同车身底板处理方法相似。备胎盖在严重的追尾碰撞中会破损,以更换为主。

第三十问:"行李箱盖及附件如何定损?"

答:"行李箱盖及附件按处理发动机室盖的方法处理。

行李箱工具盒在碰撞中时常破损,定损时注意不要遗漏。后轮罩内饰、左侧内饰板、右侧内饰板碰撞一般不会损坏。"

第三十一问:"后围及铭牌如何定损?"

答:"后围按发动机室盖方法处理。铭牌损伤后以更换为主。"

随着小李师傅深入浅出的解释,小王的思路也越来越清晰,似有所悟,想想问了师傅这么多问题,很不好意思,就说道:"师傅,还有最后一个问题!"

第三十二问:"尾灯、后保险杠及附件如何定损?"

听到小王这么讲,小李也长长地松了口气,答道:"尾灯按修理前照灯的方法处理,后保险杠及附件按修理前保险杠的方法处理。"

小王豁然开朗,有感而发:"师傅,我想我大概知道如何定损啦!"看着小王激动的神情,小李十分欣慰,就接着说:"那你说说看。"小王望着小李鼓励的眼神,兴奋地回答道:"涉及安全方面的部件受到损伤一定要换;涉及结构件的弯曲变形就修,折曲变形就换;涉及电器的轻微损伤则修,重度损伤则换;其他方面的维修要看客户的利益所在,如果客户希望时间短一点,则以换为主;如果客户希望便宜点,则以修为主;如果客户希望比较折中,则要从功能恢复程度来考虑。"

听到小王的总结,小李不由得一种自豪感涌上心头,看我的徒弟多棒!这悟性,总有一天会青出于蓝胜于蓝,好徒弟,我们一起努力吧!

任务四

估价与估时

任务目标

目标一:能够进行估价

目标二：能够进行估时

任务下达

"能不能快点修，我赶时间！""你怎么不去抢，这么贵！""能不能先凑合凑合，过两天再修可以不？"诸如此类的问题，小王几乎每天都会遇到。这天小王把问诊表的第二联夹到故障车上，以便维修技师进一步进行预检，然后邀请客户到服务前台，准备下达派工单。这时候，张先生说道："小王，大概要等多长时间呀？"

任务分析

服务接待在进行完车辆问诊环节后，便需要根据客户车辆的故障情况，进行估价、估时和派工，要完成上述任务，需要学习的知识包括：

1. 估价估时的作业流程是怎样的？

2. 维修项目如何确定？

3. 如何估时？

4. 如何估价？

5. 如何制作派工单？

对即将维修的车辆进行估价、估时是服务接待的重要工作任务之一，如何才能做好这项工作呢？

【问题一】 估价、估时的作业流程是怎样的？

估价、估时环节的作业流程图如图4-8所示。

1. 确定维修项目

这一环节服务接待的作业内容是根据问诊表、委托书所记录的车辆故障，确定大致的维修项目，并登记到派工单上。

2. 确认备件、工时价格

这一环节服务接待的作业内容是根据维修项目与库房沟通备件是否有库存，价格是否有变化，如果没有库存最短的补货期是多长时间？等等。

3. 确认工位安排

这一环节服务接待的作业内容是与车间主管进行沟通，确认工位，并预计维修时间。

4. 估价与估时

服务接待根据已了解到的信息，对维修项目进行估价与估时。

5. 制作派工单

这一环节服务接待的作业内容是根据所获得的信息，利用计算机售后服务管理系统制作派工单。

6. 解释维修项目

这一环节服务接待的作业内容是向客户解释维修项目的必要性，为下一步维修服务的开展奠定基础。

7. 安排客户

这一环节服务接待的作业内容是根据客户的意愿安排好客户，并告知客户大致的维修竣工时间。

8. 进行派工

这一环节服务接待的作业内容是将车辆与维修车间进行交接，并填写好维修看板。

【问题二】　维修项目如何确定？

1. 更换项目的确定

在维修过程中，需要更换的零部件可归纳为以下4种。

（1）无法修复的零部件，如灯具的严重损毁，玻璃的破碎等。

（2）工艺上不可修复使用的零部件：主要有胶贴的各种饰条，如胶贴的风窗玻璃饰条、门饰条、翼子板饰条等；各种密封条不可修复使用。

图 4-8　估价、估时作业流程示意图

（3）与安全性相关的零部件：指那些对汽车安全起重要作用的零部件。例如，行驶系统中的车桥、悬架；转向系统中的所有零部件，如方向横拉杆的变形等；制动系统中的所有零部件。这些零部件在受到明显的机械性损伤后，从安全的角度出发，基本都不允许再使用。

（4）无修复价值的零件：指从经济上讲无修复价值，即那些修复价值接近或超过零部件原价值的零部件。

2. 拆装项目的确定

拆装项目的确定要求服务接待对汽车的结构非常清楚，对汽车修理工艺了如指掌；服务接待在对汽车拆装项目的确定有疑问时，可查阅相关的维修手册和零部件目录。

3. 修理项目的确定

当工艺上、安全上允许，且具有修复价值的零部件就尽量修复。

4. 车辆定损过程中待查项目的确定

在车辆定损工作中，经常会遇到一些零件，用肉眼和经验一时无法判断其是否有损伤，是否达到需要更换的程度，甚至在车辆未修复前，就是单独使用仪器

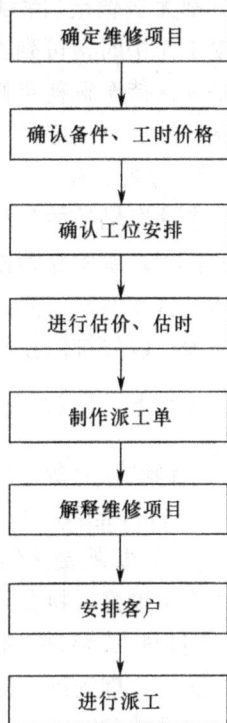

量具都无法确定(除制造厂外),例如,转向节、悬架臂、副梁等,这些零件在定损工作中时常可列为待查项目,在待查的零件上做上记号,告知被保险人并拍照备查;待车辆初步修理后,偕同保险公司理赔员对待查项目进行检验、调试和确认,然后再决定是否进行更换。

5. 待定项目

有些车辆的故障往往无法通过肉眼和经验直接来判定,需要维修技师通过专门的仪器,或者在维修过程中才会被发现或确定,这时服务接待就要同客户进行沟通,告知客户需要进一步检查的项目及可能产生的增项,并在问诊表上注明待查事项,以便维修技师进行进一步的检查。

【问题三】 如何估价?

车辆维修的费用通常有材料费用、工时费用及其他费用。其公式为

车辆维修费为 = 材料进价×(1 + 进销差率%) + 工时费 + 外加工费

(一) 材料费用估算

汽车维修材料费是指在汽车维修过程中更换、修理的零配件以及消耗的原材料(含材料、漆料、燃油料)费用。维修用的零配件和原材料的价格应按实际购入价格加上合理的进销差率制定。材料进销差率由维修企业自行制定。零配件价格和材料进销差率按规定告知客户。

1. 备件估算

汽车是由各种零件组成的,要使汽车达到规定的使用性能,不仅对零件的材料、尺寸精度、几何精度及表面质量有要求,而且对部件总成的配合特性、位置误差或技术特性也有要求。如果不能达到规定的要求,就可能使汽车的整体性能受到影响。因此,汽车备件费用的估算要建立在备件耗损规律的基础上。

(1) 备件耗损规律。

汽车在使用过程中,由于相对运动零件间的磨损,有害物对零件的腐蚀,零件长期承受交变荷载作用产生的疲劳,零件在外载荷、温度、残余应力作用下发生变形,橡胶等非金属零件和电器元件长期工作老化,使用中因偶然事故造成零件损坏等原因,使零件的原有尺寸、几何形状发生变化,破坏了零件之间的配合特性、位置及其他技术要求。零件从开始投入到损坏,整个寿命期大致可以分为早期故障期、偶发故障期和耗损故障期。

① 早期故障期的特点是故障率高,且随着时间的增加会迅速下降。早期故障多出现在 1 万公里左右的行驶里程内。早期的备件故障多数是由于设计、修理、质量不佳或操作不当的原因造成的。应首先确认此类备件是否在保修期内,由索赔员鉴定后再确定是否可以索赔。如果该故障在同系列车型中多次出现,则可能是设计或厂家的备件缺陷,服务接待要做好详细记录,向厂家反馈意见,由

厂家决定是否需要进行汽车召回。

② 偶发期故障的故障率较低而且备件性能相对稳定。偶发故障多是由于材料故障或偶然因素引起的。偶发故障期多出现在 6~8 万公里行驶里程内，一般已超出备件索赔保修期，是备件正常使用的时期。保持备件正常运行的时间长短标志着备件质量的优劣。在这一阶段发现故障，就需要服务接待进行测算，是修复还是更换。一般地，在征求客户同意的情况下，如果维修工时费不超过更换成本的 1/3，则可以考虑修复，如果超过则要考虑更换。

③ 耗损故障期是汽车备件使用的后期，某些零部件已经老化耗损，故障率随着时间的延长迅速上升。此类故障一般多出现在 6~8 万公里以上行驶里程。有些汽车部件由于多种原因，耗损严重，已失去修复价值，多以更换为主。

（2）服务接待进行备件估价时所需注意的事项如下所述。

① 服务接待要能够熟练查阅备件目录，在进行估价之前一定要在网上备件管理系统查询或与库方确认备件名称、备件编码与备件单价后，方可向客户报价。

② 服务接待在报价时要逐项告知客户备件更换或维修的原因和必要性。

③ 如果发生备件缺货的情况，首先要同库方确认能够到货的正常时间及最短时间，然后征求客户意见，是预约等待还是加急催货。如果加急，则客户要另外承担加急费用。

2. 辅助材料费用估算

汽车维修辅助材料是指在汽车维修过程中，被共同消耗掉的一些其他材料，或者难以在各维修作业之间划分的材料。计算时一般按照材料消耗定额进行计算，也可按照维修作业时的工时定额乘以每定额小时辅助材料费用加以确定。各工种在维修作业时领用的低值易耗品、通用紧固件或工具等应包含在工时内，不另收费，比如纱布、锯条、钻头、开口销、通用螺钉、螺母、电工胶布等。

（二）工时费的估算

汽车维修工时费是指维修工人在维修时需要的时间和费用。在实际工作中，汽车服务企业对外多以工时定额及单价向维修客户计费；对内则多以完成的定额工时，作为班组或技工个人计核其提成收入的依据。

工时费的计价公式是：工时费 = 工时定额 × 工时单价 × 该车型的技术复杂系数（其中，车型技术复杂系数有的地区未采用）。

国家没有规定具体的工时费标准，其标准都是各地依据当地的经济水平制定、经物价局审批后执行。我国各省、市、自治区均颁布了地方性的汽车维修工时定额及收费标准（以下简称《定额标准》），虽其工时单价与工时定额各有差异，但其计核方法是基本一致的。

1. 什么是工时和工时定额

工时不等于施工时间。它是一个综合概念，一般说来维修工时包括维修准备时间、车辆故障诊断时间、实际施工时间、试验时间、调试时间、场地清理时间等，简明来说，即包括生产工时、管理工时、仓储工时和整个行业社会劳动必要时间等。工时定额也可称"时间定额"，是完成一定工作量所规定的时间消耗量。工时单价由维修企业根据本企业的技术条件、服务质量和市场需求自主定价，并按规定明码标价。无论工时单价规定多少，工时费都应包含以下内容：上缴给国家和地方税务部门的税金，经营、生产与管理的固定成本，经营、生产、管理费用，以及应完成的利润等。

2. 工时费的估算方法

（1）对整车大修，使用的计核方法主要有3种。

① 定额制：即完全按企业所在地颁布的《定额标准》中该车型的整车大修定额计核，所涉及的配件、材料费用另行加计。

② 合同制：即采用各工种、工序的工时与配件、材料包干，限额计费，其具体内容由企业和客户协商确认后，在派工单上中写明。表4-9为某品牌常用的工时价格表，可以参考。

表4-9　常用工时价格表

序号	工位名称	工时/元	序号	工位名称	工时/元
1	保险杠拆装	150	26	更换半轴防尘套	120
2	翼子板拆装	130	27	更换前减振器总成	120
3	机盖拆装	100	28	更换转向机防尘套	180
4	车门更换拆装	150	29	更换内球笼/只	120
5	保险杠油漆	400	30	更换外球笼/只	140
6	车门油漆/扇	500	31	更换防冻液	50
7	机盖油漆	800	32	更换变速器油	100
8	行李箱油漆	650	33	更换制动油(含放气)	140
9	前翼子板油漆	400	34	更换火花塞/副	40
10	后翼子板油漆	550	35	更换三元催化总成	130
11	全车油漆抛光处理	600	36	更换组合开关总成	140
12	空调液充放	200	37	更换玻璃升降器总成/副	100
13	钥匙匹配(含材料)	400	38	更换蓄电池总成	30
14	遥控器匹配(含材料)	600	39	更换轮胎及动平衡/只	50
15	制动系统排气放气	100	40	更换前风窗玻璃	400
16	WDS电脑检测	200	41	更换张紧轮	100
17	四轮定位	280	42	更换节温器	50
18	拆装外球头及防尘罩	150	43	更换油底壳	260
19	拆装起动机	150	44	更换水泵总成	380
20	拆装发电机	120	45	更换横拉杆	200
21	CD机拆装清洗	300	46	更换ABS泵总成	320
22	节气门清洗	80	47	更换轮胎轴承	180
23	清洗燃油箱	250	48	更换后减振器总成	100
24	清洗喷油嘴	200	49	更换制动片/副	60
25	清洗油路系统	600	50	更换制动盘/只	100

③ 混合制：即一些工种（如发动机、底盘各总成与电器系统的维修）采用按地方颁布的工时定额计核，另一些工种和作业项目（如车身的钣金修复、车身涂装、内外装饰修复等）按合同制包干计核。混合制计核方法适应了不同修复难度和不同涂装用料、工艺要求的具体情况，故应用较为普遍。

（2）总成大修一般均按定额制计核工时费，但应注意以下两点：

① 目前汽车不解体检测及诊断技术尚不够完善，还无法在修前检测中精确判定总成内部零件的磨损或损坏程度。故向客户报修确定维修作业项目、下达派工单时，应留有余地，即应说明将总成解体，进行零件检验、分类后，方能最后确定零件（特别是曲轴、气缸体等重要部件）的更换方案。到时应请车主到企业现场予以确认后，共同认定零件更换方案，并在合同中予以确认。

② 对于正常大修中的一些加工（如发动机总成大修时的镗磨气缸、磨修曲轴等），如果企业缺乏加工设备需采用外协加工，由于该加工费已包含在总成大修工时费中，虽然企业需另支付加工费，但不再向客户加计收取。

（3）汽车维护一般均按定额计核工时费，但在维护过程中应注意划清维护与附加小修（含故障排除）作业项目的界限。在维护中发现了故障、隐患，须作小修处理的，应当及时通知客户，共同确认小修作业项目。

（4）汽车小修的工时计核，比前面的维修项目更为复杂，故应首先进行分类。按照专业特点，我们把小修工时计核方法分为以下3类。

① 直接计核法。此类方法直接、简单。由于客户所报的小修项目单纯、直接，所以可从《定额标准》栏目中直接查找到其定额工时，比如：换火花塞、换制动片、换某灯灯泡、换传动带等，进行计算。

② 综合作业法。用户报修更换某一总成、零部件或解决某一明显故障，但完成此项作业，必须涉及周边一个或多个零部件的拆装与调试。实施这类小修工时核计的基本方法是：将更换零件或排除故障所相关的周边其他零部件拆装、调校工序排出（其工艺程序依各企业自身工艺条件确定最佳方案），查出对应每道工序（或工步）所规定的工时数，然后累加，得出所需总工时数。当上述工时一一对应明确列出后，应及时与客户见面，征得其认同，使双方都能心中有数，避免维修后的计价疑虑，此统计资料亦可作为该小修项目内部核算的基本原始依据。

③ 故障诊断法。此类计费方法较前面两类难度更大。因为客户报修时，所报小修项目并非直接是《定额标准》上所列的项目，而绝大多数是以故障现象报修。比如：发动机有异响、发动机油耗高、发动机运行中易熄火、自动变速器换挡迟缓及方向跑偏等。因为产生故障的成因各异，十分复杂，随机因素很多，故各地在制定《定额标准》时，欲将故障现象的对应修理工时列出，这是目前难以做到的。为达到明确计核工时的目的，这里就存在一个转换问题，即如何把客户

所报的故障现象转换为修理、更换或调试引起故障的零部件的检修作业。而实现这个"转换"的唯一手段就是修前检测诊断。因此，对这类小修的工时计核，核心问题是故障检测和诊断的水平。

由于各企业故障检测诊断的设备、仪器、资料与具体检测人员的理论、实践水平不一，故同一故障诊断，各企业所投入的精力、时间和设备使用也不一样。但总体来看，对这类小修，企业在故障诊断上的技术、劳动投入是最多的(有的故障诊断过程可达数天)。而排除故障的施工，在多数情况下，与技术分析的投入比较要少得多，有的甚至仅占极少工时。因此，这类小修的工时计核应分为两个部分：第一部分为故障诊断工时，第二部分为故障排除工时。第二部分的工时计核有标准可查，而第一部分的随机因素甚多，难以确定。可参考的办法有两种：一是按单项检测、诊断计费；二是按实耗工时计费。因故障诊断在汽车维修中技术含量大，采用按实耗工时计费时需与客户协商，取得认同，即采取合同认定的形式解决。

3. 辅助工时确定

在汽车修理作业中除包括更换工时、拆装工时、修理工时外，还应包括辅助作业工时，通常包括：

（1）把汽车安放到修理设备上并进行故障诊断。

（2）用推拉、切割等方式拆卸破损的零部件。

（3）相关零部件的矫正与调整。

（4）去除内漆层、沥青、油脂及类似物质。

（5）修理生锈或腐蚀的零部件。

（6）检查悬架系统和转向系统的定位。

（7）拆去打碎的玻璃。

（8）更换防腐蚀材料。

（9）当温度超过60℃时，拆装主要电脑模块。

（10）拆卸及安装车轮和轮毂罩。

（三）外加工费

外加工是指受本企业有关技术条件限制，在维修过程中需委托其他企业进行加工或制造的零配件，如在维修中进行喷镀、电镀、热处理、安装生活电器(如音响、电视机、冰箱)以及实施特殊加工工艺等，费用按外加工单位发票金额为准。凡属于规定的维修项目以内的，一律不得以外加工形式重复收费。

（四）费用估算时应该注意的关联问题

1. 自带配件问题

有时客户会自己到市场上采购低价的修车配件，修车时声明自带配件。对这类送修方式，汽车服务企业应按交通部《汽车维修质量纠纷调解办法》的规定来处理。为维护托修方和维修企业双方的合法权益，在维修企业愿意承修时，企业需与客户签订合同，注意明确以下两点：

（1）由于客户使用的是自购配件，承修方对竣工车不承担质量担保责任。

（2）因换用该配件所引起的任何车辆故障、损坏和事故，由客户自行负责；属承修方施工工艺或操作不当引起的车辆故障、损坏，由承修方免工时费返修。

2. 旧件修复的问题

在汽车维修中，有些零件，特别是重要零件在损坏后，一是无法购到，二是配件价格高。在有条件修复的情况下，可进行修复。

备件修复费用是指修复基础件、总成件和零部件（不含就车修理加工的零部件）使其符合质量标准所产生的工时费用。在实际工作中，很多服务企业在总成出现部分损坏时，多采用更换的方法，这并不是一种应该提倡的服务方式，固然更换备件可以缩短维修时间，但实质上却造成了原材料的极大浪费。有时备件缺货或价格较高，也需采用修复的方式。在实际工作中可采用如下原则来权衡是否采用备件修复：

（1）修复件的计费，无论按新件价格的多大比例确定，都应与客户协商，取得认同，并签订合同。

（2）要在征求客户意见的前提下考虑备件是否修复使用。

（3）修复件必须达到相关质量标准要求，且应对该件实行质量担保。

（4）如果涉及安全性的配件或已达到耗损期的备件有损伤，需直接更换而不宜采用修复的方式。

（5）在修复备件的费用最多不超过换件所需费用1/3的前提下，可以考虑修复。

（6）如果推荐客户使用修好旧备件（非本车间）替代，在客户签字认可的前提下，费用不得超过更换新件成本的1/2。

（7）在征求客户同意的前提下（如有客户明确要求缩短维修时间）可采用更换的方式修复，而不再考虑是否可以修复使用。

【问题四】　如何估时？

汽车维修作业的时间，不仅与客户所感受到的服务质量有关，而且与企业的业务额也成比例，因此，能否准确地估算时间是服务接待的专业技能之一。

（一）维修时间的构成

维修作业时间与工时不同，维修作业时间是客户车辆维修的时间，而工时则是车辆维修劳动量的测定方式。维修作业时间由主体作业时间和准备时间组成，如图4-9所示。

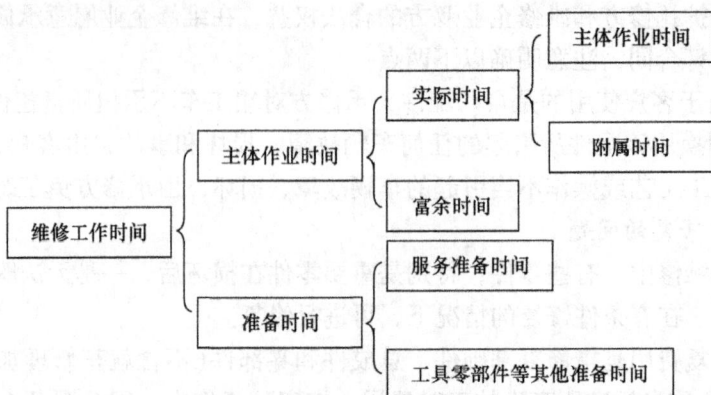

图 4-9　维修工作时间的组成

1. 主体作业时间

维修作业的主体时间是维修技师维修车辆的实际工作时间，由实际时间与富余时间组成。

（1）实际作业时间包括主作业时间与附属作业时间。主作业时间是维修技师直接接触车辆进行作业的时间，包括故障诊断时间与维修作业时间。主作业时间的长短取决于维修技师的技术水平、维修习惯与精神状态。附属作业是指伴随着主作业产生的作业时间，如取用零部件及工具的时间，检查时维修技师的位置移动、升降机的升降、维修质检所耗的时间，以及维修后的洗车时间等。

（2）富余时间是指在维修作业之前不可避免的延迟。各工序间交接时存在很多不可避免的延迟，如服务接待与维修技师之间、质检人员与维修技师之间、维修过程中不可避免的拖延等，都可能造成时间上的延长。

2. 准备时间

准备时间是指进行主体作业前、后所必需的时间。服务准备时间包括服务接待与客户的协商时间、车辆移动的时间、文件记录的时间、维修工具和备件的准备时间、维修完毕后的收拾时间等。

（二）时间的估算

在实际工作中，维修时间的估算与企业的作业流程控制水平、服务接待的接待能力、维修技师的技术、备件供应的及时性有关。由于上述因素的不确定性，需要的富余时间也不同；服务接待对业务的熟练程度及当时的心理状态不同，服务所需的时长也不同；维修技师的技术水平与工作态度不同，所需的工作时间也可能不均一；备件库的管理水平不同，备货、补货、调配的能力也不尽相同。上述种种原因，使得服务接待在进行维修时间的估算仅能凭经验而定，且随机性也很大，这就给服务接待对维修服务时间的估算带来极大的难度。因此在实际工作中，如果维修时间不能相对准确地约定，很容易导致客户不满，同时也可能会由于时间的问题引发对其他服务的不满意。因为时间问题而导致的投诉不胜枚举。

因此在估算时间时，服务接待首先要告知客户预计的时间并不是确定值，其次要从以下几个方面考虑来对时间进行预估。

1. 各企业确定维修作业的标准时间

标准时间是以在一定条件下进行作业时的所需时间为标准来制定的，各维修服务工序所需的必要时间，在企业的工序管理中有"尺度"的作用。标准时间的制定必须恰当，如果定的标准太高，则不能按时完成作业的维修技师将增多，标准就失去了意义，相反，则不能起到提高生产效率的作用。确定标准作业时间的方法是：计算熟练工作人员以规定的方法和正常的速度进行作业的必要时间。不同企业的标准时间是不同的，需要各企业立足本企业实际，制定标准作业时间，并适时予以调整。在企业制定作业标准时间时要注意以下三点：

（1）要选用熟练的作业人员。熟练的作业人员是指掌握了作业所必要的基础技术，且能够按照企业作业标准书进行作业的人员。这里所指的人员既不是新入职的人员，也不是老练员工，最好是进公司工作三年左右的作业人员。

（2）规定的工作流程与方法：在进行标准时间确定的作业时，企业一定要先行制定维修服务流程中各岗位的标准作业步骤指导书，并严格按照作业标准书的要求，以及正确的维修工具使用方法进行作业。

（3）正常的速度：是指作业人员在进行作业时要保持平稳的作业速度。作业时要确保安全性和正确性，而不可有意识地加快速度。

2. 确定备件供应时间

每天都会有车辆来店维修，而车辆出现故障的原因是多种多样的，可能涉及每一个备件。如果服务企业每一个备件都有库存，都能够满足供应，不仅会占用大量的资金，而且也没有必要——不同备件耗损的可能性是不同的。如果进行作业时，库存没有备件，就会影响客户的维修时间。虽然等待备件的时间并不等于维修作业时间，但对每一位客户而言，一旦服务接待进行完车辆问诊，之后的所有时间顾客均认为是服务等待的时间。因此，服务接待在进行估时之际，要确认备件是否有现货，如果无现货，要按下列方式处置：

（1）备件管理部门要制定易损件与日常备件的正常供货周期、调货周期以及在应急情况下的最短供货周期以确保服务接待能够应答客户可能提出的异议。

（2）服务接待在确认备件管理部门的供货时间后要及时告知客户，由客户决定是否继续承修，如果客户承修则按下列原则处置：

① 备件当日能够到货，则要求客户等待，并按照服务流程为客户提供相关的便利服务。

② 如果备件当日不能到货，则应预收客户备件定金，约定客户下次来店时间，将客户转为预约客户。

③ 如果车已经上工位开始维修才发现备件无货，则应在约定的交车时间之前提前告知客户备件供应状况。服务接待首先要向客户致歉；其次要告知客户时间变更情况；第三要为客户提供其他的交通便利条件，以免影响客户其他时间；最后要与客户约定变更后的交车时间，将客户转为预约客户进行相关管理。

④ 如果客户要求按照紧急供货的时间进行供应，则要告知客户需加收运费，当日不能完成的维修作业可以重新约定交车时间，并转入预约作业管理流程。

(3) 如果该备件供应周期长，而客户要求时间紧迫，在企业维修技师能够达到的技术条件下，向客户推荐选用备件修复的方式进行作业。在客户同意的情况下，更换件转为修复件先行使用，然后将客户转为预约客户。

3. 关于洗车所需的工作时间

随着汽车行业服务水平的提高，洗车也渐渐成为修完车后交车之前的必要程序之一。严格来讲，洗车并不是维修作业流程的必要步骤之一。洗车会给客户带来企业服务细心的好印象，但同样也导致了服务时间的延长。必须明确的是洗车与否决定权在客户。服务接待在洗车前一定要征求客户的意见，向客户解释可以免费清洗车辆及可能需要的时间，在客户同意后再行安排。

4. 估算维修作业排队等候时间

并不是一旦服务接待完成接车，该车就能够马上进行维修。因为服务企业的工位数是有限的，所以可能出现维修排队等候的情况。这时服务接待就需要与车间主管进行协调，按照先后顺序的原则，明确告知客户所需排队等候的预计时间，如果客户要求按照绿色通道的要求提前排车，则需按照企业的相关规定办理。

【问题五】　如何制作派工单？

服务接待进行完估价、估时环节的内部作业后，就需要打印派工单并向客户解释维修服务项目，并进行维修项目的确认，安排好客户后下达派工单。

(一) 派工单的内容

派工单通常为电脑出单，是汽车服务企业进行车辆维修与内部管理的重要文件之一。

1. 派工单的作用

(1) 派工单是客户与企业之间在维修和预期费用方面达成的协议，它明确了双方在维修服务过程中的权益，如果双方发生争议的话，派工单是最有法律效力的重要文件之一。

(2) 派工单记录了维修企业对客户车辆故障处理的详细说明，是维修技师对车辆进行维修的依据。

(3) 派工单是企业内部的重要管理文件，通过派工单可以对维修技师的工作进行考核计件,从而有助于确定维修技师的薪资。

(4) 派工单是汽车服务企业的维修费用和零部件存货的审计依据。

2. 派工单上的主要信息

(1) 车辆基本信息:牌照号、车款、车型、颜色、车辆识别码、发动机号。

(2) 客户基本信息:姓名、详细地址、联系方式。

(3) 车况基本信息:车辆行驶里程。

(4) 维修日期(要具体到年、月、日、时、分):车辆接受日期、预计完成的维修时间。

(5) 维修项目:要将针对车辆故障的处理方式均体现在派工单上,包括标明备件情况(明细、件数、价格),维修方式(保养、维修、更换),待定项目,以及预计工时单价与定额。

(6) 客户信用等级。

(二) 向客户解释维修项目,确认派工单

派工单打印完成后,服务接待要向客户逐项解释维修项目,并告知客户预计费用。

(1) 如果客户对维修项目及费用提出异议,服务接待要向客户解释维修的必要性,但是否维修的决定权在客户。如果客户不予维修,则服务接待应在派工单上注明不予维修。

(2) 如果备件不能准时供应,则服务接待要向客户解释,告知备件所需的供货周期,并将客户转为预约作业客户进行管理。如果备件价值较贵,则服务接待应向客户收取押金,再将客户转为预约客户。如果客户要求时间紧急,则可考虑从关系较好的企业调货或加急。

(3) 服务接待要告知客户预计维修时间,预计的维修时间包括排队等候时间、维修作业时间与洗车时间。在进行维修时间的解释时,三个时间段应逐一介绍。其中排队等候时间为可控时段,如果客户不愿等候这一时段,则服务接待可与客户协商转为预约客户。如果客户时间紧迫,则可在客户同意的情况下不进行洗车作业。维修作业时间为不可控时段,要告知客户如果维修项目出现变更,则时间也随之变化;洗车时间为可控时段,服务接待要征求客户意见确定其是否洗车。

(4) 服务接待要告知客户此时的费用和时间均为预计,在维修过程中如果有变化,会与客户及时进行协商。

(5) 服务接待要询问客户付款方式,客户可能选择的付款方式有现金、支票、汇票及信用卡。如果客户不是现金付账,则服务接待要告知客户公司有关付款方式的规定,以免作业完成后由于付款方式的问题产生争议。

(6) 派工单一式三联,客户与服务接待均须签字方可生效。客户一联,维修小组一联，服务前台一联。

（三）进行客户安排

派工单签字生效后，服务接待首先要进行客户安排，询问客户等修的方式。

1. 客户要求离店

如果客户要求离店，则服务接待要为客户离店提供便利并与客户约定维修作业完成后的联系方式。

客户离店时服务接待可以为客户提供便利的方式有：

（1）如果客户活动区域在市区内，则征求客户意见后为客户联系出租车。

（2）如果客户活动事项较多，则询问客户是否需要待用车。年维修营业额在 600 万元以上的企业可以自备 2~3 台待用车，而一般的企业则可通过租赁公司来为客户提供便利。

（3）如果客户为远途，则服务接待要询问客户是否需要代为预定旅店，从而为客户提供便利。

（4）如果客户提出离店后不方便再次来店，则服务接待可建议客户接受取送车业务，并填写取送车业务登记表。

（5）如果客户表示不需要其他帮助，则服务接待应恭送客户离店，并目送客户离去。

2. 客户在店等候

如果客户提出在店等候，则服务接待要根据客户需要等待的时间进行安排：

（1）若客户的维修等待时间在 2 小时内，则服务接待将客户引导至客户休息室，并请休息室服务生提供便利服务。

（2）若客户等待时间过午，则服务接待要根据企业情况，征求客户意见后代为安排午餐。

（3）若客户等待时间超过 2 小时，则服务接待要询问客户意见，是否有其他事项安排，并尽可能提供便利。

（4）若客户等待时间过长，当日不能完成，则服务接待应建议客户离店，并为客户离店提供便利。

任务实施

服务接待的接车工作简单而又繁琐，实际上像上述情况经常会发生，正是这简单的重复导致很多服务接待在这一环节折戟沉沙——客户对于服务质量的投诉，70% 产生于这一环节或者是这一环节工作不到位导致投诉隐患的出现。虽然客户着急，但小王知道，如果自己也急的话，只会忙中出错。"张老板，您先不要急，我马上下单，您稍等。"小王一边说一边登陆系统，开始制单，确认备件，确认工位，然后核算了一下预计费用及预计时间。过了 5 分钟左右小王就完成了制单。他拿着打印出的单据给客户解释道："张总，您看，根据我们刚才检查的结果看，您的轮胎磨损严重，需要更换，每条轮胎850元，更换工时费每只50元，四条轮胎合计3600元。"

张总一听就有点懵，心想怎么这么贵，随口问道："小王，暂时不换可以吗？"

实际上，客户讨价还价是正常现象，尤其是对不懂汽车的客户而言，总是希望能省则省，这也是人之常情。但是轮胎属于安全件，而张总的车日常行驶的路况又不太好，万一在路上出现意外后果十分严重。因此，小王劝张总说："张总，轮胎属于安全件，您看您的轮胎磨损得这么厉害，如果您不及时更换，万一您需要紧急制动时，由于轮胎抓地力不好而刹不住怎么办。这会给您的新车带来很大的安全隐患。而且，由于轮胎磨损严重，平常行驶时抓地力不好，也会导致油耗的增加，所以我建议您更换一下为好。"

张总听说会影响安全，一想也是，永远是安全第一。问小王道："那么把磨损厉害的先换了，其他的等下次保养的时候再换可以吗？"

小王心里明白，张总是有点心疼钱，想一想后胎好像磨损得还不太严重，从节约的角度而言，还应该能够用一段时间，而且看张总的情形，如果自己坚持让张总都换的话，搞不好张总会怀疑自己吓唬他，反而适得其反，就接着说："我建议您还是全换为好，如果您还不能下决心的话，前轮是主动轮，我建议您先换前边的两条；后边的两条轮胎下次保养的时候再换应该也可以。"

张总一听很高兴，小王这孩子不错，很实在，说道："是这样呀，那就先换前面的吧。"

小王确认了张总的答复，然后在派工单上客户意见一栏备注说明改为换前轮胎两条，合计费用1800元。

小王拿着派工单接着又给张总解释道："您的车有点往右偏，需要进行四轮定位，工时费280元，目前，两项预计费用2080元，如果在维修的时候发现其他问题，需要增加维修项目，我会和您沟通，并请您来确认的。"

张总听了，虽然有点心疼，但车坏了总要修，而且一看小王通情达理，十分可靠，就点了点头，算是确认。接着问道，"小王，要多长时间能修好？我有急事。"

小王知道，只要车交给服务站，大多数客户都会有急事，这也是客户正常反应的一种。小王看了一下表，说道："张总，您来的真是凑巧，马上就有工位，您的车维修作业时间预计需要两个小时，洗车需要30分钟，现在是上午九点十分，估计今天上午您的车就可以修好。"

张总听了小王的回答，十分满意，说道："那好吧。"

小王一边把派工单和笔递给客户，一边说："张总，如果没问题的话，那您签个字，对了，您等下是付现金还是刷卡？"

张总很痛快地接过派工单，一看没什么问题，边签字边说："刷卡吧。"

小王接过签了字的派工单，将客户一联交给客户，说道："张总，这是派工单，请您收好。您是在休息室等，还是去办别的事情？"

张总一想，反正没有车也办不成事，那就在店里等等吧。"我就在这儿等一下吧。客户休息室在哪里，小王？"

小王把派工单夹到工作板上，然后笑着对张总说，"就在前面不远，我带您过去。"说着，小王走到张总右侧，微笑着说："张总，您这边请。"

小王领着张总来到休息室，一进门服务生小刘就迎上来，向张总鞠了个躬，口里说："欢迎光临！我是服务生小刘，很高兴为您服务。"小王一看小刘迎了上来，知道张总有人接待了，就转身和张总说："张总，那您就在休息室等一下吧，我会给您监督维修的进度，有什么问题，我再来找您。"

小王和小刘的默契配合，让张总喜在心头，不由得产生一种宾至如归的感觉，由于车坏导致的坏心情也突然间好了许多。就说道，"小王，你去忙吧，我在这里等你，辛苦你了。"

得到张总的认可，小王很高兴，接着说："张总您太客气了，这些都是我应该做的。"一边说着，一边和小刘打了个招呼，随后向车间走去。

小王不到半年的时间就能游刃有余地完成接车，在就业难的今天，小王也成了同学们羡慕的对象。在一次同学聚会上，小王的一位同学小刘说话了："小王就不要吹你的英雄史啦，快给大家讲讲你是怎么练出来的，我因为客户投诉，被领导罚的连饭钱都快没啦。"其他的同学也都热切地望着小王，都是自己同学，小王不敢藏私，但是逗逗他们总是可以的，小王清清嗓子，说道："要说服务接待估价、估时的秘诀，就是十六个字：熟能生巧、明码实价、服务均一、留有余地。"

第一，熟能生巧。准确报价，熟练操作，是我们服务接待的基本功。制单作业流程虽然简单，但是每一步的疏忽都可能导致后期投诉事件的发生。

第二，明码实价。我们计算费用时要分段记核，制单完成后要逐项说明，这些看似简单的工作是减少争议的关键。如换曲轴后油封，此项任务看似简单，实则施工复杂(需吊、装发动机,拆装空调管路,装配后需重加制冷剂等)，且因车型档次、结构不一，虽工序相差不大，但计费差异却大，处理不好，极易引起客户与基层班组、技工个人的不满。如果不进行前期解释，客户只会认同报修时的工时所耗，而忽略周边零部件的拆装与调整所涉及的材料费，对制冷剂的材料费，用户则因难以理解而常执异议。而对作业班组或技工来说，他们却认为此项作业费工费时，而工时计核不足。

第三，服务均一。也就是说要平等地对待每一位客户。既不能因为客户是熟客或者比较好沟通就有所懈怠，也不能因为客户着急就简化作业流程；既不因为客户大方就任意报价，也不因为客户计较就放弃原则。

第四，留有余地。制单环节的价格和时间为预计价格，在后期的工作中可能会发生很大的变化，这一点我们要提前向客户说明，并告知客户，如有变更一定会及时与其沟通确认。"

小王的十六字方针如声声巨雷响彻在同学们的耳边，想想自己的工作经历，或由于工作疏忽而导致客户抱怨，或由于和客户争执导致领导批评，而同学小王看似很平常，却由于用心工作，总结出了这犹如武林秘籍般的十六字方针，在同学们的眼里，小王渐渐地和成功人士的形象重合了。

项目五

增 项 处 理

项目导入

增项处理考验小王对车间与客户之间的协调能力。能不能处理好增项，直接反映了小王的服务销售能力。虽然小王能很好地完成接车作业，但能不能处理好增项，才是考验小王整体服务能力的试金石，接下来，我们看看小王的表现如何？

项目分析

增项处理的水平直接反映服务接待的业务水平，服务接待要做好增项处理工作，涉及应该如何监督维修作业进度，如何与客户沟通可能产生的增项等任务。因此，从事这一环节主要的工作要求是：

◎ 能够准确了解工作进度，并及时与客户进行沟通。

◎ 能够处理可能产生的增项。

任务一

工作进度监督

任务目标

目标一：熟悉和了解维修作业各环节

任务下达

对服务接待而言，制单完成只是工作的开始，能不能有效地下达派工单，做好维修技师与客户之间的沟通工作，不是一件简单的事情。这不，小王拿着派工单来到车间，找到车间主管赵某，签字确认了维修小组，然后将维修信息填写到维修进度看板上，一项业务总算告一段落。在接下来的时间里，小王又先后接了三台车，忙完之后，一看时间，已经10点半了，预计赵总的车已经维修过半，连忙向车间走去。

任务分析

在工作进度监督环节，服务接待要随时掌握维修车间的工作进度，预计可能出现的变数，以在客户追问时能够准确地答复。要进行维修进度的监督，需要掌握的知识点包括：

1. 与服务接待有关的控制指标有哪些？
2. 影响车间工作分配的因素有哪些？
3. 如何进行维修作业进度监控？

能够有效地进行维修作业监控，及时地与维修小组进行沟通，是维修作业过程中服务接待的主要职责之一。

【问题一】 与服务接待有关的控制指标有哪些？

服务接待是维修服务企业最重要的工作岗位之一，很多关键性的指标与服务接待密切相关。

1. 平均日维修台次

日平均维修台次是指企业平均每个工作日到达车间维修的所有车辆数。既包括收费维修的车辆，也包括免费维修的车辆。计算公式为：

$$日平均维修台次 = 月维修台次总数 \div 每月天数$$

平均维修台次与时间安排、设备生产率、技师维修技术水平有关。在一定限度内，维修台次越多，说明经营状况越好。但超过和未达到一定限度，都能够反映出经营状况存在一些问题。如台次太少，说明维修能力不能充分应用；台次太多，则可能导致维修质量得不到保证。

2. 平均发票金额（平均工单金额）

平均发票金额是指在任何一个时间段内销售毛收入除以维修台次的结果：

$$平均发票金额（平均工单金额） = 销售毛收入 \div 维修台次$$

如某维修企业每月平均毛收入为44万元，月维修台次为800辆，则平均发票金额（平均工单金额）为550元。在多数情况下，平均发票金额高（平均工单金额）意味着高生产率和高利润，通常对车辆的检修也较全面；而低发票金额则可能存在较高的返修率，从而影响了生产率。

3. 人工搭配

人工搭配是指工时费在总销售额中所占的百分比与配件销售在总销售额中所占的百分比相比较时所产生的比率。人工费在总销售额中占的比例越高，也就意味着利润水平越高。

4. 每项工作上的工时量

每项工作上的工时量与人工搭配有很大的关系，知道每项工作的工时量有助于我们进行工作计划和安排，如表 5-1 所示。

表 5-1   每项工作的工时量分析表

平均发票金额	168.34 元	备 注
配件销售(%)	75.75 元	每项工作上的配件销售额
人工销售(%)	92.59 元	每项工作上的人工销售额
每项工作上的人工销售额	92.59 元	
平均发票金额÷工时费率	65 元	
每项工作上的工时量	1.4 小时	

5. 技师效率

技师效率是指已经销售或分配给技师完成一项具体维修服务的时间与技师完成该项工作的实际使用时间之间的关系。销售工时是用工时数乘以工时费率，以确定在实施维修、更换部件或整套保养上，客户应支付的人工费用。完善的管理水平和工作态度与技师效率有相当密切的内在关系。技师效率越高，企业的利润水平也就越高。

$$技师效率 = 销售工时 \div 实际工时$$

6. 维修车间生产率

维修车间生产率是指计价工时(或发票上的工时)与可销售工时(技师在现场并可以工作的时间)之比。生产率和技师的能力水平有关，直接影响公司的盈利水平。

$$生产率 = \frac{计价工时}{可用于工作的时间} \times 100\%$$

7. 返修率

返修率是指单位时间内竣工车辆返修台次与总维修台次之比。返修率与维修技师的技术服务水平直接相关，返修率越高说明企业的技术服务水平越低，反之，返修率越低则说明企业技术服务水平越高。

$$返修率 = 竣工车辆返修台次 \div 总维修台次 \times 100\%$$

8. 客户满意度

客户满意度是指单位时间内客户投诉次数与总维修台次之比。客户满意度与企业的总体服务水平有关，包括备件供应是否及时？维修质量是否能够保证？关联服务是否到位等，客户满意度越高，说明企业的服务能力越强，反之，则说明企业的服务能力较弱。

客户满意度 = 客户投诉次数（含不满意评价次数）÷ 总维修台次 × 100%

9. 投诉一次解决率

投诉一次解决率是指企业对客户投诉事件的一次性解决程度。投诉一次解决率是衡量企业对客户投诉应变能力的指标。投诉一次解决率越高，则反映企业解决客户投诉能力越强。

【问题二】　影响车间工作分配的因素有哪些？

服务接待通过车间主管或车间调度下达派工单。下达派工单时要考虑车间的维修负荷。在车间维修负荷方面，主要要考虑车间工作分派。影响车间工作分派有三个因素：

（一）时间

1. 可用工时

可用工时是指汽车服务企业售后维修岗位可以用来支配的工作时间。服务接待在接车前，要明确售后有多少可用工时。

可用工时 = 在岗维修小组数 × 在岗时数 - 前日未完成作业所需工时

2. 每项工作的维修作业时间

服务接待要明确各项维修工作所需的标准工时。在把工作接收进来的时候，特别是在预约的时候，对于能承受多少工作，目标是多少，都要心中有数。如果承接了太多的预约就会超过可用工时，就会引起各方面工作的混乱。

3. 有多少时间可以用来预约

虽然预约作业对企业与客户双方都有很大的益处，但是并不是所有的维修时间可以进行预约作业。毕竟客户故障是随机的，而维修作业也有很多不确定的因素，因此很难用准确的时间来安排预约作业。要确定可以用于预约的时间，就需要确定可用工时有多少？每日预计有多少突发作业来店维修？企业规定有多少时间可以用来安排预约作业？只有在这些问题明确后方可进行预约作业安排。

（二）人员

1. 服务接待要确认当天有几个维修小组在班

要知道车间里到底有多少人上班，就要和车间主任沟通好，每天在维修进度板上把上班的人员和没有上班的人员都表示出来，这样才可以一目了然地知道有多少人上班，有多少人耽误在前一天还没有完成的工作上。

2. 技师能力

服务接待要熟悉各个维修小组技师的维修能力以及工作效率，要对每一个维修技师的工作能力及技术状况心中有数。服务接待在下达派工单时，如果把一项工作交给一个不能胜任的维修技师，就会影响工作速度效率，而且还不能把工作干好。譬如，如果把擅长维修自动变速器的维修技师分配去大修发动机，就会使工作效率低下，工作质量也不会好。所以，必须把工作分配给能够胜任这项工作的维修技师去做，才能使这项工作完成的质量又好，速度又快。

3. 各维修小组当前作业的难易程度

服务接待在下达派工单时，还要考虑最近有谁被分派了容易做的工作，又有谁被分配了不容易做的工作。在派工时一定要做到相对公平——不公平的工作分配往往会引起内部的冲突。

（三）维修设备

1. 有什么设备需要用在今天的维修上

服务接待要确认维修要用到什么设备，该设备有没有被占用。例如，客户到来后，维修需要用四轮定位仪。但是就在这辆车的预约时间以前，四轮定位仪已经订下了，有别的车要使用，而且使用的时间还比较长。这样就会使客户等待很久。为避免这种情况，一定要确认设备能否被使用。

2. 设备的工作状态

服务接待要确认设备是否处于良好的待用状态，需要使用的专用工具是否能够正常使用。比如说维修自动变速器，结果发现有些专用工具被损坏了或者缺少了，是丢掉了、遗失了还是别的厂借去了？什么时候工具能到位？这些看似小的问题，如果不能提前确认，将严重影响客户的维修等待时间，从而可能导致出现投诉事件。

3. 有多少工作需要用专用工具或设备

对于有些比较专用的工具，如故障诊断仪、自动变速器的油压测试，还有测试底盘异响的工具等，在预约车辆的时候就要知道这些工具能不能即时使用。

【问题三】 如何进行维修作业进度的监控？

维修服务是以生产作业的派工单为依据，合理组织企业的日常生产活动。服务接待要准确掌握维修作业状态，对维修进度进行监控，如图 5-1 所示。要完成好维修进度监控，主要从三个方面来着手：

（一）要掌握和熟悉各类维修作业的工作流程

1. 日常保养维修作业的跟踪

日常保养维修作业流程如图 5-2 所示。跟踪作业时要注意三个时间段：一是开工半小时左右服务接待要注意检查进度，因为维修技师检查出新的问题，或者备件供应出现意外均在这一时段。二是预计时间过半时，要确认维修是否进入自检环节，观察并询问维修技师是否有意外情况发生。因为这一时段就能够大概判断出是否能够按时交车。三是接近预计时间要进行跟踪，因为此时多数车辆已即将进入竣工检验期，服务接待此时进行跟踪，有利于服务接待在接下来的交车环节占据主动地位。

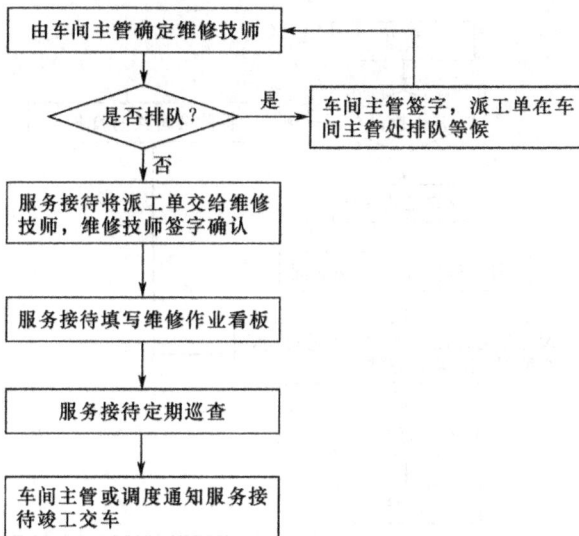

图 5-1　维修作业进度监控流程图

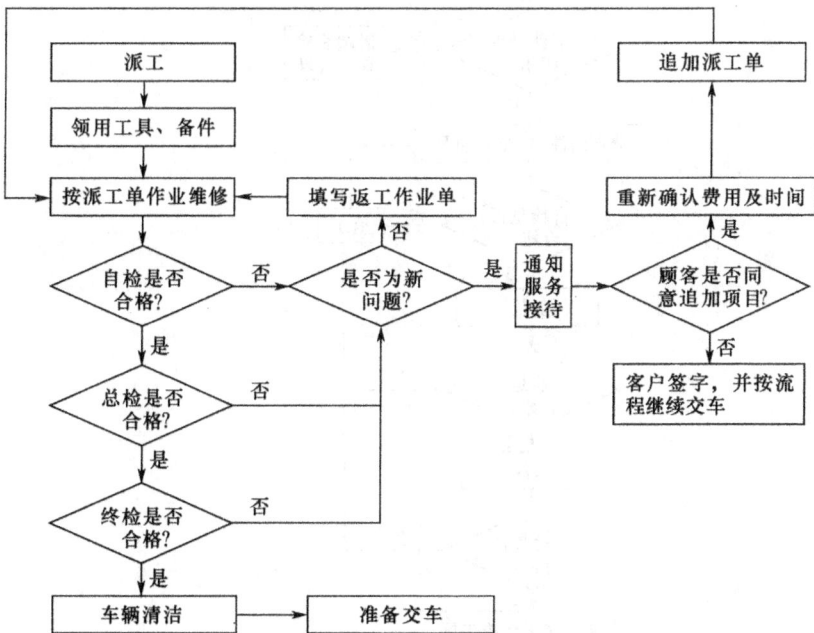

图 5-2　日常保养维修作业流程图

2. 事故车维修作业的跟踪

　　事故车维修作业流程（图5-3）的跟踪节点主要有：服务接待要与备件库沟通事故车的备件是否均已到位？关注维修过程进行到哪一阶段？钣金作业是否完成？是否开始进行复位？是否开始喷漆？每日不少于四次观察维修进度，并根据

接车

是否投保？ ——是—→ 保险公司共同验车

否

确定维修项目

预计费用，估计交车时间

通知相关责任人(车主、保险公司、交警部门)，确认签字

填写派工单

分解

旧件保存

旧件是否能用？ ——否—→ 请顾客验看、处理

是

修理旧件、钣金、整形

自检是否合格？ ——否—→ 返工

是

复位

总检是否合格？ ——否—→

是

喷漆

终检是否合格？ ——否—→

是

清洗、交车至竣工区

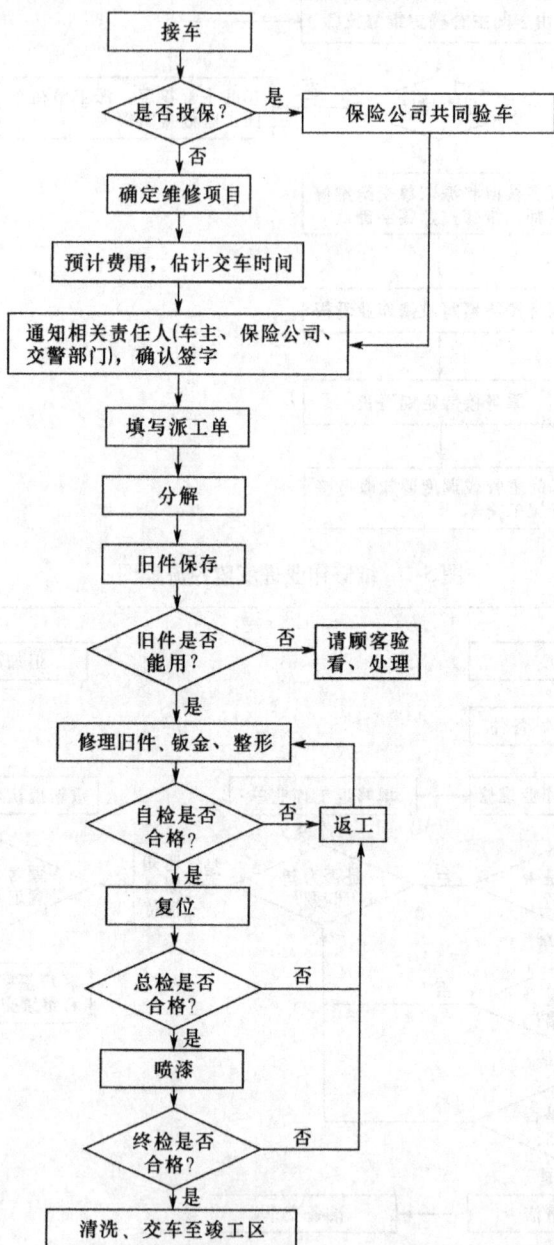

图 5-3　事故车工作流程图

进度情况与维修技师沟通，了解可能的交工时间；完工后首先与保险公司确认作业完成，其次与交警部门联系该事故是否已经结案，最后在保险公司及交警部门确认后，方可通知客户作业完成。

3. 品牌故障车的跟踪

品牌故障车维修作业（图5-4）的控制节点除去时间段外，需考虑备件保修期内索赔件的鉴定。服务接待对可能出现索赔的故障车要进行维修过程的监督，并要注意与索赔员沟通，了解索赔情况，并及时通知客户。

4. 紧急救援维修服务的跟踪

紧急救援维修服务（图5-5）的控制节点在抢修作业的前期安排上，能否按照与客户约定的时间到达是服务的关键所在。

（二）有效利用维修作业管理看板

维修作业管理看板是企业现场管理的重要手段之一。多数采取现代化管理方式的维修服务企业设有维修作业管理看板（表5-2）。车间主管、维修技师、服务接待通

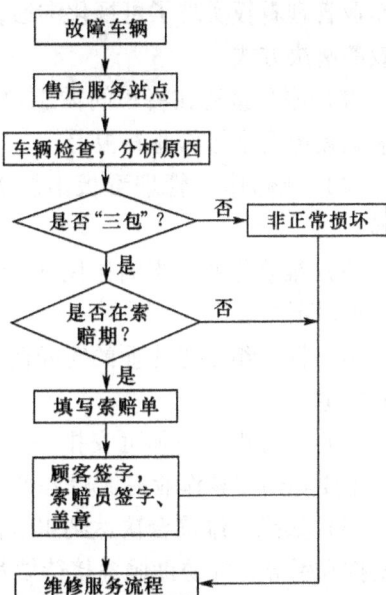

图 5-4　品牌故障车维修作业流程图

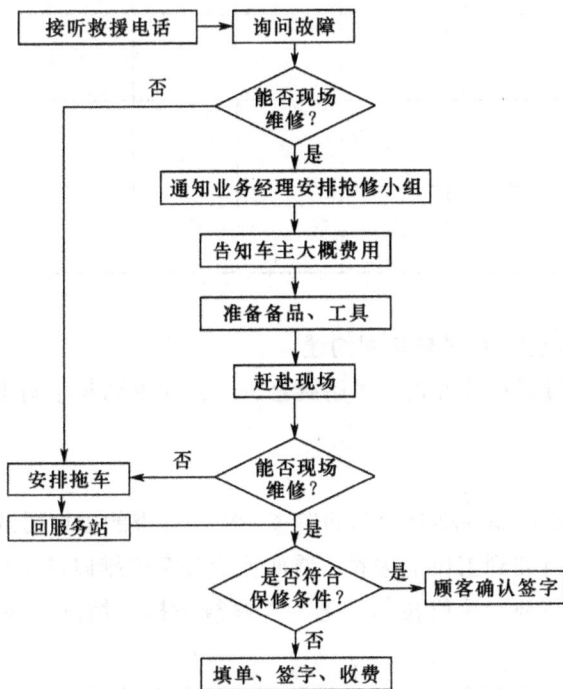

图 5-5　紧急救援维修服务流程示意图

过作业管理看板实现了可视化沟通，从而为减少可能出现的生产组织混乱提供了有效的解决方式。

（1）服务接待在将车间派工单交给车间主管指定的维修小组后，随即将相关信息登记到维修作业看板上。

（2）维修作业管理看板由服务接待填写，有条件的企业可以采用电子显示屏。

（3）维修作业看板的作用在于实时管理，因此，如果作业有变化，一定要及时予以更新。

（4）同一组跟进作业的时间衔接安排上要留有 15 分钟左右，以避免意外情况的发生。

（5）每位维修技师可安排一位排队待修的客户，如果有更多的客户需要排队，则要等到在修作业完成后方可填写到作业看板上。

（6）如果日维修台次达到 40 台左右，则企业需要设置专门的调度员进行作业安排和引导，并协助服务接待填写维修管理看板。

表 5-2　维修作业管理看板

序号	维修技师	派工单编号	接车时间	车牌号	维修状态	预计交车时间	服务接待	备注

（三）定时巡查，及时与车间沟通

服务接待通过巡查的方式，了解维修进度，并主动与车间主管、维修技师及索赔员进行沟通。

1. 定时巡查

通常维修接待每隔一小时到车间巡查一次，巡查的主要目的是：

（1）服务接待要到工位上去看一看所派业务车辆维修进度如何。

（2）服务接待要与维修技师沟通，了解故障排除情况以及有没有增加的服务项目？

（3）要与车间主管沟通，了解排队客户的派工情况，是不是还可以承受加进来的维修任务等。

（4）服务接待要及时将客户增加的服务项目告知维修技师，以免发生服务漏项。

（5）服务接待在巡查过程中发现维修技师有不符合要求的维修操作方式，要及时反馈给车间主管，以免发生意外。

（6）如果客户的故障车辆在保修期内，服务接待还需与索赔员进行沟通，了解客户车辆的索赔情况。

2. 服务接待必须巡查的两个阶段

如果服务接待工作较为繁忙，那么最少在下面的两个时段必须到车间巡查：

（1）服务接待在上午11点左右必须到车间巡查。上午11点的时候车辆维修情况比较明朗，早上进来维修的车辆，有些已经基本上修好了，有些可能是在等待零件，这时候零件到没到，情况也已经明朗了。所以11点进去的时候，基本上可以知道作业维修的情况。

在上午11点的时候进车间了解情况，还可使服务接待能够提前有所准备。比如，与客户约定下午4点取车，但是往往客户在中午12点吃饭的时间就会打电话来问车修得怎么样了。这时候如果没有事先准备的话，就只能对客户说请他等一下，这样就不能及时地给客户提供最新的信息。所以建议服务接待在11点的时候进车间看一看，这样12点或者下午1点客户打电话来问的时候，就可以马上回答他的问题，使客户觉得你非常关心他的车。

（2）下午两三点必须到车间巡查。到了这段时间必须进车间看的原因是，很多工作都应该完成了，这时候再跟车间沟通，就可以知道是不是能够正点交车。如果不能正点交车或者出现意外情况，也可以在这个时候及时通知客户。如果通知客户太迟，比如客户来取车时，才告诉他今天不能拿车，这时候客户就会很生气，从而严重影响服务的客户满意度。

任务实施

实际上，由于维修作业的不确定性，如缺件延误、不能如期开工、专用工具被占用、设备故障等意外情况的发生都会影响工单的如期派发。这不小王又遇到这样的情况，于是他急忙找到赵主管商量解决的办法。赵主管其实也知道这个情况，但是今天是星期天，来的客户比往常要多。虽然才9点多，除了小刘工位的排班都已经满了，等等，对了，小刘昨天有台车需要内返的，刚才派工忘了和小王说清楚。赵主管一看小王着急的样子，也有些过意不去，说道："小王，你不要急，小刘的车属于内返，应该快完了，而且这张单的故障主要是跑偏，需要四轮定位，这项工作小刘最熟悉，所以安排小刘来完成，刚才我

没和你讲清楚。小王一听，也挺不好意思，说道：赵主管，是我着急了，那这
张单……"。赵主管接着说道："你把单子先放到这里，等下小刘完工我会安
排的。小王，你先到维修进度看板上排一下班，状态就写排队待修。"听到这
里，小王就赶快来到维修作业管理看板前，将信息录入，然后将派工单交给了
赵主管，见表5-3。

表5-3　小王的派工单

序号	维修技师	派工单编号	接车时间	车牌号	维修状态	预计交车时间	服务接待	备注
1	刘某	120035	15:00	晋××××	在修	9:30	小李	内返
9		130009	9:15	晋××××	排队待修	12:00	小王	

　　有很多服务接待排完工后，不愿意去填写维修作业管理看板，也很少到车间
去监督维修进度。他们认为填写看板太麻烦，而且也管不着维修技师如何修，所
以监督进度也就没什么用。小王却认为：维修作业管理看板可以说是售后车间管
理的神经中枢，集中地反映了车间的维修进度信息。维修看板的存在将售后无序
的经验管理提升为有序的进度管理。这个提升在维修台次较少的时候作用可能不
是很大，可是当维修小组在8组以上，日维修台次超过50台的时候，维修看板
的作用就显得尤为重要。至于监督进度的必要性——有很多客户总是来车间，这
给维修车间的管理带来诸多隐患，很多人总是抱怨客户不守规矩，但是他们却忘
了，当客户问维修进度如何的时候又有几个人能够马上回答过来。好的服务接待
不是每天能接待更多的客户，而是能够服务好他接待的每一位客户。毕竟接车不
是目的，服务才是我们的宗旨！

　　当接车的工作到一段落后，小王没有像其他很多服务接待一样忙里偷闲，而
是趁着安排预约作业的便利，到车间去了解维修进度情况。他刚走到小刘的工
位，小刘就把他叫住了，说道："小王，我在定位换胎的时候，发现这台车的制
动片不行啦，你看已经磨到极限了，要不要换?"

　　"是吗? 我看看。"小王接过小刘手里的制动片，一看，制动片果然已经磨
得几乎和纸一样薄。小王接着问道："刘师傅，我马上去和客户说一下，看看他
的意见。另外还有其他问题吗? 在11点半之前能修好吗?"小刘接着说："其他
没什么，时间嘛，和预计的差不多，但是如果洗车的话就需要客户稍微等一
下。"小王接着在车间里转了一下，看了看其他车辆的进度基本正常，便急忙拿
着增项维修单和快磨穿的制动片向客户休息室走去。

任务二

增 项 处 理

任务目标

目标一：有效处理可能产生的维修服务增项

目标二：进行关联服务产品销售

任务下达

等候实际上是一种煎熬。无聊的时间一分分度过，而我们却无事可做。虽然这个服务站的服务很好，但是我们张总毕竟不是来享受的，公司里还有很多事情要做。张总无聊地看着电视，顺手拿起了桌上放的公司服务指南，翻看着上面有关汽车养护方面的关联服务简介，不由得看入了神，没想到汽车有这么多关联服务！张总看完服务指南，一看表，已经 10 点半了，也不知道车修得如何？想到这里张总就想到车间里去看看，刚准备起身，就发现服务接待小王来到客修区，微笑着向他走来。真是想什么来什么，张总站起身来和正快步走来的小王打了个招呼，连忙问："小王，我正准备找你呢，我的车怎么样啦？"小王连忙欠了欠身，说："张总，您的车已经在修了，我也正有事情要找您商量。"

任务分析

在增项处理环节，能不能有效地处理好增项，销售好关联服务，服务接待的业务熟悉程度和语言销售技巧十分关键。要进行服务增项的处理，需要掌握的知识点包括：

1. 增项服务的作业流程是怎样的？
2. 有哪些服务可供销售？
3. 关联服务的销售有哪些技巧？
4. 服务接待应该掌握的洽谈技巧有哪些？
5. 服务接待应该掌握的语言技巧有哪些？

对于正常的维修作业来说，由于维修预检的不确定性，产生增项是很自然的事情。处理好增项服务是服务接待为客户提供优质服务过程中必不可少的环节之一。

【问题一】 增项服务的作业流程是怎样的?

所谓增项服务作业是指在服务接待制单完成后,针对客户需求追加的服务作业。增项服务的作业流程如图5-6所示。

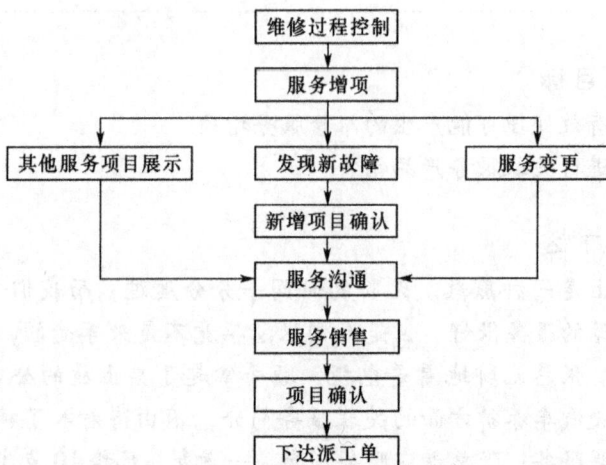

```
                    维修过程控制
                        │
                    服务增项
                        │
        ┌───────────────┼───────────────┐
   其他服务项目展示      发现新故障         服务变更
        │               │               │
        │          新增项目确认           │
        │               │               │
        └───────────────┼───────────────┘
                    服务沟通
                        │
                    服务销售
                        │
                    项目确认
                        │
                    下达派工单
```

图5-6 增项服务处理流程图

1. 维修过程控制

在维修服务过程中,服务接待要随时查看维修进度,了解客户需求,以便为客户提供相应的服务。

2. 服务增项

在客户等待期间,如果维修技师发现有新增的维修项目,或者客户在等待过程中有了新的需求或变化,相关人员要及时告知服务接待。

3. 新增项目确认

服务接待要对新增的维修服务项目或关联服务进行核实,如备件是否有货?维修时间是否变更?新增的项目是否必需?新增的维修费用有多少?关联服务是否能够准确提供等?只有经过相关问题的确认后,服务接待方可与客户沟通。

4. 服务沟通

服务接待要通过恰当的沟通技巧,将需要与客户沟通的信息传递给客户。

5. 服务销售

服务接待在服务沟通过程中,要准确把握客户的需求心理,告之推荐服务的必要性,以及将要增加的项目维修费用是多少,从而为实现销售奠定基础。

6. 项目确认

无论是哪一类维修项目,服务接待只能向客户推荐,而决定权在客户,服务项目只有通过客户的确认并签字后方可进行。

7. 下达派工单

当客户进行维修确认后，服务接待方可向相关服务提供部门下达派工单。

【问题二】 有哪些服务可以销售？

售后服务是汽车后市场的主要组成部分。接车只是服务的开始，相关服务的销售才是服务接待的主要任务。服务接待可以销售的相关服务产品有如下几种。

1. 汽车用品系列

随着社会经济的发展，汽车已经成为人们生活的一部分，人们对汽车用品的需求也随之而来。在客户等待期间，服务接待可以向客户推荐的汽车用品见表5-4。

表5-4　汽车用品分类表

用品分类	具体内容
汽车电器	音响、防盗器、汽车电视、碟盒、电动窗、中控门锁、喇叭、按摩器、汽车冰箱、吸尘器、剃须刀、风扇、倒车雷达、行车先导（定位）系统、巡航系统、车载电话等
车辆外部用品	车灯、定向翼、车牌架、猫眼、看位灯、护杠与行李架、风标、浪板、晴雨档、备胎罩、车衣防撞胶、消声器、镜类、裙边、刮水片、电镀眉、天线、挡泥板、静电带等
车厢内部用品	座套、地板胶、转向盘套、座垫、头枕、安全带、地毯、脚踏板、杂物箱、保温壶、变速器杆锁、熔丝片、指南针、点烟器、隔热棉、气压表、温度计、插座、眼镜架等
装饰用品	贴纸、钥匙扣、纸巾盒、风铃、太阳膜、窗帘、门边胶、手机架等
车用化工用品	香水、添加剂、黏结剂、防锈剂、清洁剂、喷漆、车蜡类、增效剂、原子灰、防腐剂、空气清新剂等
汽保设备	套筒、输液器、拖车绳、打气泵、工具箱、打蜡机、胶条、补胎针、洗车水管、举升机系列、钣金清洗系列、汽车检测设备等

2. 取送车服务

取送车服务包括为不方便来店修车的客户提供取车服务，为不能在店内等候车辆修复且不便来店取车的客户提供送车服务。

3. 代用车服务

代用车服务包括为需要用车的客户提供可租用的代用车服务。

4. 车辆保险服务

车辆保险服务包括保险咨询、保险理赔、保险代购、事故车辆处理等服务项目。

5. 汽车俱乐部会员卡推荐

包括可以推荐客户成为汽车俱乐部成员。汽车俱乐部的服务项目如表5-5所示，包含着对会员的汽车全过程、全方位的服务，诸如会员车辆的更新手续、年检、保养、装潢、维修、救援、理赔以及为会员提供应急车辆都是俱乐部的基本服务项目。

6. 为有特殊要求的客户提供VIP服务

7. 服务变更

服务变更是指服务接待针对维修过程中可能出现特殊状况，需与客户沟通，如维修时间延长、备件缺货、设备故障等。服务接待通过与服务变更的客户沟通，达到减少客户抱怨、提高客户满意度的销售目的。

8. 维修项目增加

维修项目增加包括全部前期预检没有发现或确认、但在维修过程中被发现或得到确认的所有车辆故障。

表5-5　某汽车俱乐部服务项目明细表

	服务项目	全天候紧急救援(不换件)
紧急	服务内容	会员拨打救援电话后40分钟内施救人员到现场
	服务范围	限市内(特殊情况见特别说明)
救援	收费标准	当超过免费救援区域时，道路现场应急抢修100元/次(不换件)。拖车：牵引距离10公里内免费，超出部分按每公里6元收费。全年免费救援12次(每月限1次)，当超过免费救援次数或超过免费救援区域时，俱乐部将会为会员提供特别服务价格。现场维修免收修理费，配件费用由会员自理
	所需证件及资料	会员卡、行驶证
	服务项目	拖车牵引
	服务内容	当车辆故障问题无法在现场解决时，服务人员会将车辆拖至就近的俱乐部维修网点进行维修，或根据客户要求，将车拖到指定维修站。超过6公里范围将适当收费
拖车牵引	服务范围	限市内
	收费标准	非会员在市内，每次200元。当超过免费救援区域时，拖车收费6元/公里
	所需证件及资料	会员卡、行驶证
免费	服务项目	免费换装备胎　(要求会员随车自备足气备胎)
	服务内容	如果车辆轮胎出现问题，服务人员将进行充气或换胎。如果客户没有备用的轮胎，则可能需要拖引服务。修理轮胎不属于道路紧急救援的服务内容
换装备胎	服务范围	限市内
	收费标准	对非会员，在市区范围内每次100元；对会员，当超过免费救援区域时50元/次

（续）

换装备胎	所需证件及资料	会员卡、行驶证
理赔	服务项目	理赔
	服务内容	当会员遇到理赔问题时，保险公司人员会尽快赶到车辆维修网点，在最短时间内对车辆修理费进行有效估价，俱乐部会为您办理理赔。对手续齐全的会员，当场确认其理赔部分的金额，会员只需交付差额部分即可提车。如果会员不慎遇到交通事故，俱乐部将会尽可能提供帮助。如果会员委托俱乐部处理，俱乐部将以优惠价格为会员提供协助代理服务
	服务范围	如会员未在俱乐部办理保险，亦可享受俱乐部提供的有偿代理理赔服务，服务费为 100 元/次
	收费标准	轻微事故每次 150 元（双方事故损失在 1000 元以下）
		一般事故每次 300 元（双方事故损失在 3 万元以下）
		重大事故每次 1200 元（双方事故损失在 6 万元以下）
		特大事故按具体情况商定（重大伤亡事故或双方事故损失在 6 万元以上）
	所需证件及资料	会员卡、行驶证、提供真实、完整、齐全的相关材料
办证	服务内容	遗失补办驾驶证、行车证、养路费缴讫证、车辆购置附加税证、车牌
	收费标准	50 元/次
	所需证件及资料	应提供真实、完整、齐全的相关材料
年检	服务内容	免费代办车辆年检
	收费标准	如会员需要俱乐部服务人员上门接、送车辆年检或代为领取年检表格，则需收取 100 元服务费
	所需证件及资料	公车年检，需会员提供加盖公章的年检表、保险单、行驶证、停车泊位证、会员卡、养路费当月缴费单以及车管部门规定的其他手续；私车年检，需会员提供保险单、行驶证、停车泊位证、会员卡、养路费当月缴费单以及车管部门规定的其他手续。会员须与俱乐部签订委托书
代征费税	服务项目	代征费税
	服务内容	免费代缴与车相关的各项规费：养路费、车船使用税等，俱乐部工作人员负责到期提醒
	服务范围	限城区范围内
	收费标准	免费
	所需证件及资料	会员卡、行驶证、上一个月度的养路费单据、购车发票、预付所需费用
紧急送油	服务项目	紧急送油

（续）

紧急送油	服务内容	在市区范围内因缺油引起车辆无法行驶，只要拨通俱乐部救援电话，服务人员会尽快将3升应急汽油送至客户处(汽油按市场价收费)，或将车拖带至就近加油站
	服务范围	限市内，会员拨打救援电话后40分钟内施救人员到现场(特殊情况见特别说明)
	收费标准	应急汽油按市场价收费。非会员在市区内，每次40元，油价按市场价收费
	所需证件及资料	会员卡、行驶证
车况检查	服务内容	免费车况检查服务
	所需证件及资料	会员卡
审证、验车	服务内容	如果会员车辆到了审证、验车的日期，俱乐部会及时发出提醒，且只要车辆手续完备，俱乐部服务人员还可替会员代办车辆的审证、验车业务
	服务流程	俱乐部将为会员提供独特、便捷的上门验车服务。俱乐部服务人员会在规定验车的前一个月通知您。会员只要指定接车地点，俱乐部就会安排具体的验车日期，并于该日上午9:30前在会员指定地点接车，于当日下午4:00后将车辆送至会员指定地点。 (1)会员收到俱乐部通知；(2)会员准备材料和证件； (3)送至俱乐部或代办点；(4)俱乐部代办审证、验车； (5)证件材料返至会员
	收费标准	对车辆已经进行验车保养的，大验车每次500元(含各类检测费)；小验车每次100元(含各类检测费)
	所需证件及资料	(1)订阅《交通安全报》的验证联；(2)安全学习记录；(3)驾驶证(查验违章记录)；(4)B照驾驶证需附体检合格证；(5)会员卡；(6)预付所需费用
车辆保险提醒	服务内容	免费车辆保险到期提醒
	所需证件及资料	行驶证、需支付的保险款、投保单
交税、费提醒	服务内容	免费车船税、养路费交费提醒：如果会员的车辆需要征缴费税且手续完备，俱乐部同样会及时提醒，并代办车辆的养路费、保险费的收缴业务
	服务流程	(1)会员收到俱乐部通知；(2)会员准备材料和证件；(3)送至俱乐部或代办点；(4)俱乐部代征税；(5)证件材料返至会员
	所需证件及资料	需要准备的相关材料：俱乐部会员卡
投保	服务内容	当您入会或入会后续保时，您会得到我们专业人员的指导性意见，并为您提供上门服务，在您将投保费存入会员卡或缴付现金之后，为您办理投保的一切手续，最后将保险单邮寄至您的手中
	所需证件及资料	俱乐部会员卡、行驶证、需支付的保险款、投保单及签章
其他服务		免费代办停车泊位服务、免费提供二手车置换服务

【问题三】 关联服务的销售有哪些技巧？

服务接待需要遵循一定的方法和技巧，刺激客户的消费欲望，使客户能够接受服务建议，从而实现服务产品的销售。

服务是否到位的关键在于客户对服务的渴求程度。要使客户选择企业的服务，首先要清楚客户需要什么样的服务。每种不同类型的服务都有其陈述要点，当服务接待向客户推荐相关的服务项目时，要有针对性地突出服务所带来的利益所在，才能够有效地进行服务提供。

1. 有形物品的销售技巧

客户在使用车辆的同时，也会消费很多类型的汽车用品。服务接待在向客户推荐汽车用品时，如果只是简单地罗列各种汽车用品，就很难引起客户的兴趣，即便是介绍也不会激发起客户的购买意愿。服务接待要善于发现客户的内在需求，通过引导客户正确地认识汽车用品给客户所带来的便利之处，最终使客户实现消费。有形物品的销售可以采取一种寓教于售的销售原则，也就是按照 F（特征）—F（功能）—B（益处）—S（建议）的陈述顺序，通过在销售过程中有意识地与客户沟通用车、养车、爱车的理念，开发客户的潜在购买能力，实现双方的共赢。

（1）Feature：特征，是指客户可以通过视觉、听觉或触觉感受，觉察到的事实状况。

（2）Function：功能，即专业解释汽车用品的功能。服务接待通过设定标准，对该功能进行专业的解释，并进行需求提问，确立该物品能够解决的实际问题。

（3）Benefit：益处，是指该产品可能给客户带来的益处。汽车用品各式各样，各有优点，但物品的优点并不是客户购买的原因，只有从客户的角度出发，有助于解决客户所面临的问题，客户才会进一步对该产品产生兴趣。服务接待通过为客户设定情景幻象，刺激客户的购买欲望，确认客户的需求。

（4）Suggest：建议，服务的要点在于尊重客户的意愿，因此服务接待在确认客户需求后，要含蓄地提醒客户购买的必要性，从而使客户产生被尊重的感觉，在愉悦的情况下，激发客户的购买欲望。

【事例1】

- 情景幻象——您到外地的时候是不是找目的地很不方便？
- 配置功能——我向您推荐 GPS 导航仪，这一装置通过 GPS 全球定位系统，能为您提供一张有效的电子地图。
- 客户利益——装配这一装置以后，您只需要输入目的地名称，导航仪就会给您提供一张有效的电子地图，提醒您通向目的地的行进路线。

● 引导建议——这一装置给经常外出的客户带来了很多便利，好多客户都在我们这里选装导航仪，我看您也经常到外地出差，是不是也考虑一下？

● 辅助场景：服务企业在客休区设置汽车用品展示柜，为客户提供汽车用品购物指南，并定期推出特惠商品。

【事例2】

● 情景幻象——您的车行驶里程已经4万公里了，是不是感觉动力性比以前要差一些？

● 配置功能——我公司近期推出发动机清洁服务，通过该项服务，可以清洗发动机的内部积炭，从而使您发动机的汽油燃烧更充分。

● 客户利益——这个服务能够使您的发动机减少积炭，使动力性得到提高，而且对节油有好处。

● 引导建议——好多车主在车辆养护的时候都选择了我们的这项清洁服务，您看需不需要我帮您安排一下这项服务？

● 辅助场景：附有发动机清洁服务产品性能简介的企业服务指南。

2. 增值服务销售技巧

客户为了更方便有效地等候修车，就对企业的服务产生了希望得到更多便利的需求。这类需求同样需要服务接待通过一定的技巧来满足。此类服务适用于便利消费的原则，服务接待通过 P（复述）—R（解决）—S（建议）的陈述顺序，通过设身处地地为客户着想，实现服务的增值。PRS 的关键在于对顾客的顾虑做出回应之前，首先要倾听其心声。

（1）Paraphrase：复述，是指服务接待对客户的问题进行确认和修正。服务接待用自己的话复述客户的问题，使他们重新评估自己的疑虑，进行修改和确认。

（2）Resolve：解决，是指服务接待针对客户的意见提出解决方式。通过上述两步，能够捕捉到更多的信息，更好地应对客户的需求，并从客户的角度出发，为客户建议解决的方式。

（3）Suggest：建议，服务的要点在于尊重客户的意愿。因此服务接待在确认客户需求后，要含蓄地提醒客户购买的必要性，从而使客户产生被尊重的感觉。在客户心情愉悦的情况下，激发客户的购买欲望。

【事例3】

● 客户问题——刚才我帮您到车间确认了一下，您的车很难在短时间内修好，需要您多等一段时间。

● 解决方法——不过我公司提供代用车服务，您只需要办理相关手续，就可以为您提供一辆代用车。

● 引导建议——这样的话您就可以先去办事，等您的车修好后，我们会及时通知您。

- 辅助情景：提前为客户提供企业服务指南。

【事例4】

- 客户问题——听您刚才讲，平常都比较忙，几乎没时间打理车。
- 解决方法——您是不是考虑一下办理一张我们公司汽车俱乐部的会员银卡或金卡？这是俱乐部的服务项目清单，我们将为您提供多达15项的各种便利性服务。
- 引导建议——如果您成为我们的会员，您就可以放心地工作，我们将帮您养好车，用好车，您也不必为每年的保险、年检等费心了。
- 服务确认：成为我们的银/金卡会员，绝对是您超值的选择。
- 辅助情景：提前为客户提供企业服务指南。

3. 增项处理销售技巧

增项服务是汽车维修作业必不可少的一个环节，由于在预检区技术和时间的限制，服务接待很难一次性地确诊客户车辆存在的所有问题。有些车辆故障只有在维修技师进一步检查和维修的过程中才能被发现，而从客户的角度而言，这些故障并不在其消费预期之内，这就需要服务接待利用销售技巧进行沟通，从而使客户满意地做出进行维修的决定。此类服务的销售可以采用PCFR的陈述原则，按照P（问题）—C（危害）—F（感受）—R（建议）的顺序，通过对客户所面临问题紧迫性的分析，促使客户做出维修的决定，从而实现服务的有效增值。

（1）Problem：问题，是指客户所面临的问题和困境，服务接待根据维修技师的建议向客户提出车辆的问题所在。

（2）Consequence：危害，是指服务接待通过对车辆故障原因的分析，使客户意识到车辆所存在的故障可能给客户带来的严重后果。

（3）Feeling：感受，是指服务接待通过客户直观的感受，强化客户对故障严重性的认识。

（4）Resolve：建议，是指服务接待针对客户车辆故障所提出的解决方式。

【事例5】

- 客户问题——刚才维修技师对您的车进行了进一步的详细检查，发现您车的制动片磨损严重。
- 情景幻象——看来您的制动系统使用频率比较高，这个问题如果不解决的话，会严重影响车的安全性，在紧急的情况下，可能由于制动失灵而发生难以想象的后果。
- 客户感受——您看，制动片已经磨损得超过极限。
- 引导建议——所以我建议您最好更换一下制动片，以免发生意外。
- 辅助情景：服务接待根据故障的严重程度和大小，用实物向客户展示并解释故障。

4. 服务变更处理技巧

并不是每项服务都能够按照约定如期地完成，在维修作业过程中也可能发生诸多意料之外的变化，如备件临时缺货、设备故障、维修延时、疑难故障等都可能导致服务时间发生变更。这些问题的处理虽然与企业利润没有直接的关系，但是与客户满意度息息相关。服务接待处理服务变更要遵循 PCRS 的陈述原则，也就是按照 P（问题）—C（原因）—R（解决方式）—S（意见征询）的陈述顺序，通过如实坦诚的方式，获得客户的信任和理解，实现双赢。

（1）Problem：问题，是指服务接待如实地将服务变更的情况告知客户。

（2）Consequence：原因，是指服务接待把导致这种服务变更的原因向客户进行解释。

（3）Resolve：解决方式，是指服务接待针对服务变更为客户提供解决的方案。

（4）Suggest：意见征询，服务的要点在于尊重客户的意愿，因此服务接待在为客户提出解决方案后，要由客户来决定选择哪一种方式，从而使客户产生被尊重的感觉，在客户心情愉悦的情况下，使客户接受建议并做出决定。

【事例6】

- 表示歉意——张总，真是抱歉。
- 问题陈述——您的交车时间大概要推迟了。
- 原因解释——我刚才到维修车间了解了一下，有一件专用工具出现了故障，需要维修，而工具库又没有其他类似的专用工具可用。
- 提出解决方式——要不，您多等一个小时，我已经和别的服务站联系了，准备马上派人去取。
- 征询意见——您看这样处理可以吗？

【问题四】 服务接待应该掌握的洽谈技巧有哪些？

洽谈是借助服务接待和客户之间的信息交流来完成的。这种信息传递与接受，则需要通过双方之间的听、问、答、说等实现。因此，服务接待要注意沟通的基本方法及其技巧。

1. 倾听技巧

在服务接待中，潜心的倾听往往比滔滔不绝的辩解更为重要。学会倾听才能探索到客户的心理活动，观察和发现他们的关注点在哪里，从而确认客户的真正需求，并调整自己的沟通方式。洽谈中要想获得良好的倾听效果，应掌握四大倾听技巧：

（1）专心致志的倾听。精力集中、专心致志的倾听，是真诚与客户进行沟通最重要的基本功。心理学家的统计证明，一般人说话的速度为每分钟180～200个字，而听话及思维的速度，大约要比说话快4倍多。所以对方的话还没说完，听话者大都理解了。这样一来，听者常常由于精力富余而开"小差"。如果此时客户传递了一个车辆故障方面的信息，服务接待就可能由于心不在焉而没有进行记录，从而为后期的故障诊断增加难度。

（2）有鉴别地倾听。有鉴别的听，必须建立在专心倾听的基础上。例如"太贵了"，这几乎是每一个客户的口头禅，言外之意是"我不想出这个价"，而不是"我没有那么多钱"。如果不能辨别真伪，就会把客户的借口当作反对意见加以反驳，就可能激怒客户，使客户感到有义务为他自己的借口进行辩护，无形中增加了服务沟通的阻力。

（3）不因反驳而结束倾听。当已经明确客户的意思时，也要坚持听完对方的叙述，不要因为急于纠正客户的观点而打断客户的谈话，即使是根本不同意客户的观点，也要耐心地听完他的意见。听得越多，就越容易发现客户的真正动机和主要的反对意见，从而及早予以清除。

（4）倾听时要有积极的回应。要使自己的倾听获得良好的效果，不仅要潜心地听，还必须有反馈的表示，比如点头、欠身、双眼注视客户，或重复一些重要的句子，或提出几个客户关心的问题。这样，多数客户会因为销售人员的关注而愿意更多、更深地暴露自己的观点。

2. 提问技巧

在业务洽谈中，服务接待通过提问可以获得所需要的各种信息，同时也能引起客户的注意，使客户对这些问题予以重视。可见，如果善于运用提问技巧，就可以了解客户需求，及早触及与销售相关的问题，从而有效地引导洽谈的进程。

在服务沟通过程中常用的提问技巧及方式有下列4种：

（1）求索式问句：这种问句旨在了解客户的态度，确认他的需要，如"您的看法呢？"、"您是怎么想的？"、"您为什么这样想呢？"等。通过向客户提问，可以很快探明客户是否有购买意思以及他对产品所持的态度。

（2）证明式问句：有时候，客户可能会不假思索地采取拒绝的态度。服务接待应事先考虑到这种情况并相应提出某些问题，促使客户做出相反的回答，如"您日常的行车路线路况不太好吧？"、"您经常长途远行吧？"等。客户对这些问题做出的回答等于承认他有某种需求，而这种需求亟待服务接待来帮助解决。

（3）选择式问句：为了提醒、督促客户购买，营销人员的销售建议最好采用选择问句。这种问句旨在规定客户在一定范围内选择回答，如"您准备选择A方案还是B方案"，这种问句显然比直接问"您的车必须按照这个方案来修"的效果要好。假如客户根本不想再增加维修项目，这样的选择问句往往也可以促使他们更加慎重地考虑是否再选择维修。

（4）引导式问句：这种问句旨在引导客户的回答符合营销人员预期的目的、争取客户同意的一种提问方法。该方法通过提出一系列问题，让客户不断给予肯定的回答，从而诱导客户做出决定。

3. 答辩

讲解过程中的答辩主要是消除客户的疑虑，纠正客户的错误看法，用劝导的方式，说明、解释并引导客户对问题的认识。因此，答辩中要掌握的原则性技巧有四个：

（1）答辩要简明扼要，意在澄清事实。要根据客户是否能理解谈话的主旨，以及对谈话中重要情况理解的程度，来调整说话速度。在向客户介绍一些主要的服务销售要点和重要问题时，说话的速度要适当放慢，使客户易于领会。要随时注意客户的反应，根据客户的理解程度来调整谈话速度，避免长篇大论。

（2）避免与客户正面争论。在讲解过程中，最忌讳与客户争论。有句行话说得好："占争论的便宜越大，吃销售的亏就会越大"。争论会打消客户的购买兴趣。而避免正面冲突就在于：答辩中必然涉及客户的反对意见，尤其是在价格问题上。如果讨价还价很激烈并且持续不停，就要寻找一下隐藏在客户心底的真正动机，有针对性地逐一加以解释说明。

（3）讲究否定艺术。在任何情况下，都不要直截了当地反驳客户。断然的否定很容易使客户产生抵触情绪。在特定情况下，营销人员必须采用"尽管很对，但是……"的方法。首先明确表示同意客户的看法，然后再用婉转的语言提出自己的观点，客户就比较容易接受你的看法。

（4）保持沉着冷静。任何时候都要冷静地回答客户，即使是在客户完全错误的情况下也应该沉得住气。有时客户带有很多偏见和成见，诸如认为，故障产生肯定是产品质量有问题，不能按时修好维修技师一定是故意拖延等。由于客户的看法带有强烈的感情色彩，这时用讲道理的方法是改变不了他的成见的。沉着冷静的言谈举止不仅会强化客户的信心，而且在一定程度上会使讲解的气氛朝着有利于销售的方向发展。

4. 说服

交流过程中服务接待能否说服客户接受维修方案，是销售能否成功的又一个关键。说服就是综合运用听、问、答等技巧，千方百计地影响客户，刺激客户的购买欲望，促使他做出购买决定。要使说服工作奏效，必须把握以下六个原则：

（1）寻找共同点。要想说服客户，首先要赢得他的信任，消除其对抗情绪。用双方共同感兴趣的问题为跳板，因势利导地提出建议。因此，老练的服务接待总是避免讨论一些容易产生分歧意见的问题，而先强调彼此的共同利益。当业务洽谈即将结束时，再把这些问题拿出来讨论，这样双方就能够比较容易地取得一致意见。

（2）耐心细致。说服必须耐心细致，不厌其烦地动之以情、晓之以理，要把维修的必要性及可能导致的后果讲深、讲透，一直坚持到客户能够听取你的意见为止。有时，客户不能马上做出购买决定，这时就应耐心等待。在等待的同时，可适当运用幽默达到一种共识。

（3）开具"保票"。人们都有趋利避害的心理。在销售过程中，客户最关心的问题是：购买能否为自己或公司带来利益以及能带来多大的利益。如果说服工作不能解除客户的这种疑虑，便是失败。所以说服中必须能够给客户一张"保票"，让客户相信选择便能获利，能够解决他的难题。

（4）把握时机。成功的说服在于把握时机。这包含两方面的含义：一是要把握对说服工作的有利时机，趁热打铁，重点突破；二是向客户说明，这是购买的最佳时期。

（5）循序渐进。说服应遵照由浅入深、从易到难的方法。开始时，避免难题，先进行那些容易说服的问题，打开缺口，逐步扩展。一时难以解决的问题可以暂时抛开，等待适当时机。

（6）严禁压服，不可用胁迫或欺诈的方法。千万不要为了多完成业务额，而诱导某位客户维修那些暂时没必要处理的维修项目或对客户没有多少实用价值的汽车用品。这样做，产生的后果是不堪设想的。在销售中一条重要的商业道德原则是：对客户无益的交易也必然有损于服务接待。优秀的服务接待应具有远见卓识，不为某些诱惑人的交易机会所动，而应始终把客户的需要放在第一位。

【问题五】 服务接待应该掌握的语言技巧有哪些?

只领会简单的洽谈技巧还远远不够，还必须掌握语言技巧。服务接待能否准确无误地向客户解释维修方案，就决定着客户能否信任并接受服务接待的建议。用不同的语言表达同一个意思，其效果是截然不同的。在服务过程中，服务接待要善于如下运用语言技巧，以期更好地达到销售目的。

一个教徒问神父："我祈祷的时候可以吸烟吗?"神父很生气，对上帝这么不尊敬；而另一个教徒却说："我吸烟的时候可以祈祷吗?"神父听了大为感动，多么虔诚啊，在吸烟的时候还祈祷，便欣然同意。由此可见，同样的事情，表达方式不同，其结果也迥然不同。

1. 用数字泛写

数据是说明事实的好方法。如果我们用数字来介绍某一事物，当客户听过之后，马上就会对这种产品、这种事物有了比较明晰的概念。在销售实践中，也有许多优秀的营销人员善于运用数字来介绍自己的产品，比如要说明定期地进行保养服务可以帮助客户省钱，就可以给客户算一笔账，说明如何使用服务产品能够节省，并具体地说能省多少钱。

2. 富兰克林法

富兰克林法就是向客户说明选择服务能够得到的好处，也向客户说明不选择服务所蒙受的各种损失，让客户自己权衡利弊，做出选择。富兰克林不仅是美国的一个伟大政治家，而且是一个优秀的销售员。他十分善于说服别人，因此他说服别人的方法被人们称为富兰克林说服法。在销售实践中，服务接待也可以利用这种方法进行服务销售。

一位妇女刚刚结婚没几天，就回到家里哭哭啼啼，向她父母诉说丈夫多么不好。她的父亲听姑娘说完以后，就拿出一张纸，一支笔，对他的女儿说："你想到你丈夫有一个缺点，就在纸上点一个点。"女儿就在纸上使劲地点呀，点呀，点了很多点。点完之后，女儿指着纸上的点对她父亲说："这些都是他的缺点。"父亲看过之后，把纸还给了女儿，问："除了上面的点之外你还看到了什么？"他女儿非常疑惑地看了看，然后说："这张纸上除了许多点之外，没有别的东西了。"他父亲说："你再看看。"这时候女儿明白了，上面除了点之外还有那张纸上的所有空白。一个点就代表一个缺点，除了点之外，更多的是空白呀。父亲告诉她："那个空白的地方正代表着你丈夫的优点，比比看，是点多还是空白多呢？"女儿听了父亲的话之后，想了想她丈夫确实还有更多的优点，因此就回去了。

3. 引证

为了讲清楚一个观点，并说明这个观点是正确的，就要举例子来证明它。因此，在服务过程中，要全面地介绍产品的各种益处，向客户说明服务能解决客户的问题，能够满足客户的需要。在很多情况下，仅仅介绍是不够的——销售人员也要通过引证来向客户确认自己的观点。

有一位服务接待，已经做了五年的前台接待。他把过去五年所有从他手中办理俱乐部会员卡的客户，包括姓名、地址、电话、车辆维修档案等都整理出来，建立了专门的服务档案。当他和新的客户沟通时，就把这个册子让新客户看一看。这些新客户一看，过去五年来有这么多人信任他，这么多客户愿意找他来提供服务，因此马上就买了他所推荐的车型。这就是引证例证。

4. 赞美

赞美，就是首先赞扬客户的提问、观点及专业性等。应该知道，当你给予客户的回答是赞扬性的语句的时候，客户感受到的不是对立，而是一致性。而且，当表示出真诚地关心消息来源的时候，客户其实已经并不真的关心他问的问题的答案了，由此基本消除了客户在提问时的挑衅，如"您说的真专业，一听就知道您是行家"、"您的话真像汽车专家，您怎么这么了解应该如何保养车呀"等。

任务实施

小王走到张总身旁，蹲下身子说道："张总，是这样的，在维修过程中发现您车的制动片磨损严重。您知道的，制动片属于安全件，制动片磨损严重会极大地影响车的安全性，尤其在紧急的情况下，可能由于制动失灵导致发生事故，所以我建议您最好更换一下制动片，以免发生意外。"

张总听到小王的话，很吃惊地说："什么？可是我记得前几个月才刚换的制动片呀，这才几天就又要换了？"

张总有这样的疑问小王十分理解，毕竟对维修方面的知识不是很了解，于是小王耐心地解释道："张总，您的心情我理解，可您要知道，制动片属于易耗件。制动片的损伤与使用频率有关，是不是您最近行驶的路况不太好？"

听了小王的话，张总想想也是，最近跑郊外多一些，就接着说："原来是这样，那么小王，换一副制动片需要多少钱呀？"

小王回答道："换一副制动片385元，工时费60元，合计445元。"

385元呀，加上刚才的要2000多元了，张总虽然不缺这点钱，但总是能省就省。想到这里，张总就说道："小王，我今天比较急，你说这副制动片还能用多少时间，我想下次再换。"

小王知道张总的心思，但是这种客户的小九九只能意会不能言传。于是小王拿出制动片，递到张总手里，说道："张总，很难说能用多少时间。您看，制动片磨损得已经不足3毫米，都已经超过极限了，所以我建议您最好更换一下制动片，以免发生意外，再说有什么比您的安全更重要呀。"

张总看着小王坦诚的目光，回想小王周到的服务，觉得这个小伙子说得在理，有什么比安全更重要呢？张总想到这里，痛快地说道："那就修吧，小王还有什么问题，一次性处理好，省得我下次有麻烦。"看到张总欣然同意，小王也很高兴，毕竟自己的客户又多了一份安全保障。

小王把增项单递给张总，一边请张总签字，一边留心地看到张总桌前翻开的服务指南，想了想张总的工作性质，就趁热打铁地说道："张总，您平常是不是比较忙？看您的车使用频率够高的。"张总一边签字一边回答："是呀，我这基本上是马不停蹄呀。"听到张总幽默的回答，小王知道张总的心情不错，就接着说："张总，我给您推荐一项服务吧，这样的话您的车就有人专门给您打理，您也不必再为没时间办理车务而烦恼啦。"

实际上张总刚才虽然看了服务指南，但仅是看了而已，并没有多想。现在听小王一说，想想也是，每年车检的时候总是很麻烦，而且由于自己都比较忙，导致车保养得不是很好，尤其是工作忙的时候总是出问题，比如这次，如果不是忙里偷闲，哪有时间来修车。他顺手拿起服务指南，看看俱乐部银卡会员的服务项目很贴心，一年才 350 元就免了自己这么多麻烦。而且小王这小伙子服务挺好，看来这家企业的服务很到位，自己办个会员卡也挺划算的。张总暗中合计了一番，说来话长，其实只是一瞬间，张总就回答说："行呀，小王那就先给我办个银卡吧，不过你可得服务好呀。"小王听到张总这么信任自己，也很高兴，感激地对张总说："谢谢您对我们公司的信任，您放心，只要您来到我们公司，我们的服务就不会打折。您先稍等一下，我先去跑下单，等下我过来找您办会员卡。"

小王很满意公司对服务接待的三项主要的考核指标：日接车台次/平均工单额/客户满意度。正是由于公司的考核比较到位，使得小王一开始就能够三者并重，虽然工作时间不长，但是很快就有了自己一个稳定的客户群。其实服务接待的精力应该放在什么地方？是接更多的单还是做更多的业务？服务是从哪里开始的？如何来提高客户的满意度？等等，诸如此类的问题在周经理的管理过程中是有过一段曲折经历的。

开始的时候，为了控制人力成本，周经理认为服务接待的队伍一定要精干，因此对服务接待的考核主要放在日接车台次上，同时为了提高效率，要求服务接待增项必须控制在 5% 以内。有一段时间平均每个服务接待日接车都在 15 台以上。结果，接车效率有了但是客户的投诉事件多了，产值却并没有得到提高。为了提高产值，周经理就提出考核服务接待的平均工单额。于是周经理加强对增项服务环节的要求，并且将服务接待的工资与平均工单额挂钩，结果产值是有了，但是客户的投诉并不见减少。很多客户抱怨公司修车太贵，甚至有些客户抱怨服务接待有宰客现象，甚至来店维修台次也发生了减少的现象。由于客户投诉的增加，周经理着实被总经理好好地上了一次"课"。为了减少投诉，周经理开始着重抓客户满意度，一切服务都以满足客户的要求为出发点，提出了"一切为了客户，为了客户的一切"的服务口号。结果客户是满意了，但是总经理又不满意了——高质量的服务往往意味着相关投入的增加。虽然企业的毛利有了增加，但是由于服务投入比较多，企业的纯利却减少了，毕竟保证盈利才是企业的天职呀。经过一番周折，周经理终于明白日接车台次/平均工单额/客户满意度是服务接待的三驾马车。服务的出发点不是客户的需要，而是客户的需求，毕竟需要是无法预测的，而只有需求才对企业有现实的意义。

作为服务接待，销售的是服务产品。企业服务产品开发得到位与否，是服务接待能否为客户提供预期服务的核心所在。小王从不入行到成为一名合格的服务接待，与企业对服务接待的定位是分不开的。随着对这一行地逐渐了解，小王越来越庆幸自己刚入行就选择了一家服务定位准确的企业，使自己一开始就能够全面地学习提高，从而为下一步的发展奠定了基础。

小王在领到工资条的那一天，美滋滋地看着这一组比常人要多的数字，不由得想起了自己的师傅对自己的教导，是时候该请谢师酒了。

在酒桌之上，师徒二人把酒言欢。小李拿着酒杯似笑非笑地看着小王说道："小王，你记得不记得曾经问过我，为什么我的工单额比别人要高？"对于当初十分困扰自己的难题小王怎么会忘记，连声说道："记得，您当时回答得很神秘呀。"小李喝了一口酒，说道："我当初没有回答你，是因为这个道理如果没有切身的感受就很难理解它的内涵，今天我可以告诉你了。"虽然小王通过一段时间的经历已经隐约有所感受，但还是想听听师傅的说法，于是十分迫切地说："师傅，您请讲，我洗耳恭听。"小李端起酒杯一饮而尽，说道："满意的客户，产生愉悦的心情，从而刺激客户服务消费的欲望，实现企业、客户和我们自己共同的利益。"小王听了师傅的话，回想起自己工作以来的经历，不由得福至心灵，诗兴大发，借着酒劲对师傅说，师傅，我这里有一首诗，您听听。"实际上小王的表现小李也看在心上，知道这是一个悟性很强的小伙子，但是这家伙居然能把服务写成诗，倒也不妨听听。小李挖了挖耳朵，做出一副洗耳恭听的样子，说道："好呀，我欣赏欣赏。"小王向师傅挤了挤眼睛，清了清嗓子，说道："师傅您听好，

客户希望得到尊重，

而我们经常提供给客户的是欺骗；

客户希望得到专业的服务，

而我们只是一个业余选手；

客户不选择增项，

只是因为我们本来就没有给客户提供多少选择；

客户对增项不满，

是因为我们只是一厢情愿；

客户不信任我们，

只是因为知道我们只为自己的腰包着想，不值得信任；

客户有太多的服务需求，

而我们却没有发现发掘的手段；

……"

听着小王这顶多算个打油诗的诗，看着他在那里使劲地编，小李忍俊不住地笑了起来，连声说："行了，我明白你的意思了，你就不要在那辱没斯文了。"其实小王也是借着酒劲有感而发，这时已经编不下去了，看着师傅好笑的样子，也就哈哈笑了起来。

这一对师徒，边喝边聊，谈工作，谈感受，颇有一副煮酒论英雄的样子……

项目六

交 车 作 业

项目导入

虽然客户在服务前期，增项也好，选择服务也好，都很痛快，但是到了最后需要付款的环节，不少原来看起来很好"伺候"的客户也变得咄咄逼人，有些刚入职的女孩子都被客户急哭了。正是由于这种原因，使得很多服务接待直接采取了一种打折的简单处理方式。显然，这不是一种值得提倡的交车方式，那我们来看看小王是如何做的呢？

项目分析

交车技能的掌握与否直接关系到服务接待服务能力的高低。服务接待要做好交车工作，涉及如何处理完成交车作业、如何处理好客户异议以及相关业务等，因此，从事这一环节的工作要求是：

◎能够协助客户办理交车事宜。

◎能够处理保修索赔。

◎能够处理保险理赔业务。

◎有相当的技巧处理好可能产生的客户异议。

任务一

交车作业流程

任务目标

目标一：能够完成交车作业

任务下达

交车是对服务接待工作的大检阅。前期各个流程的作业是否使客户满意，都会在客户付款的时候得到体现。这不，小王刚从车间往前台走，到了维修看板前，发现10号单已经修竣，连忙去找车间主管。刚转身，就听到车间主管在叫他："小王，过来一下，10号单可以交车了。"

任务分析

在交车环节，服务接待要仔细查验车辆维修状况及相关手续，并做好与客户之间的沟通工作，以便顺利交车。要完成交车作业，所需掌握的知识点包括：

1. 交车作业的工作流程是怎样的？

2. 如何确保维修服务质量？

3. 如何做好交车前的准备工作？

4. 如何进行客户沟通？

5. 如何做好交车作业？

圆满地完成交车作业，使客户满意而去是服务接待进行交车作业的主要目的。

【问题一】 交车作业的工作流程是怎样的？

交车作业是服务接待最重要的工作之一，服务接待交车作业流程如图6-1所示。

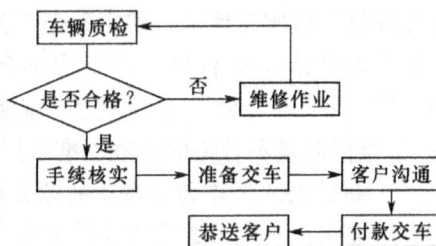

图6-1　交车作业流程示意图

1. 车辆质检

服务接待在交车之前要按照企业的质检流程对车辆进行终检。终检的内容包括：环车外观检查、维修项目核实、维修旧件确认等。如果发现问题车辆，则按照企业内返作业流程进行返修。

2. 手续核实

服务接待要核实维修过程中的相关手续，如派工单、增项单、备件及耗材使用清单等，以确保向客户移交的时候不会有遗漏的服务项目。

3. 准备交车

服务接待制作交车明细表，并联系客户确定交车时间。

4. 客户沟通

服务接待要逐项向客户说明维修项目及费用，妥善回答客户提出的疑问，同时进行保养提醒，并告知客户待修项目及相关注意事项。

5. 付款交车

服务接待要为客户交款提供帮助，并引导客户到交款台。客户交款后，服务接待根据交款收据将车钥匙及相关服务材料交给客户。

6. 恭送客户

服务接待要协助客户移动车辆，目送客户离店。

【问题二】　如何确保维修服务质量？

汽车维修质量的优劣是由许多相关的因素决定的。它既取决于汽车维修企业内部各个方面、各个部门和全体人员的工作质量，也与经营环境等外部条件相关。因此，为保证和提高汽车维修质量，必须对影响汽车维修质量的相关因素实施系统的管理。

（一）汽车维修质量的评定

汽车维修质量的评定，就是通过对维修竣工的汽车（包括整车、总成、零部件）的质量特性（即汽车技术状况和主要性能）进行检测，来衡量其是否符合有关标准规定的维修竣工出厂汽车的技术条件的要求。根据汽车维修质量的评定对象，可分为对单车维修作业质量的评定和对维修企业维修质量的综合评定两种评定方法。

1. 单车维修质量的评定

对单车维修质量的评定，就是在汽车一次维修作业竣工时，对所完成的维修作业项目进行质量检验，评定其是否符合规定的维修竣工技术标准要求，符合要求的即为维修质量合格，否则为不合格。单车维修质量的评定指标通常采用"合格"或"不合格"进行评定。维修质量合格的车辆可以发给"维修出厂合格证"，维修质量不合格的车辆不准出厂。

2. 维修企业汽车维修质量的综合评定

对维修企业汽车维修质量的评定，就是对一个汽车服务企业在一定时期内汽车维修质量的综合评定。它实质上是在单车维修质量评定的基础上，对服务企业在一定时期内所维修车辆的维修质量情况进行的综合统计分析。维修企业汽车维修质量的综合评定指标主要有上线检测率、维修合格率和维修质量保证期内返修率。

（1）上线检测一次合格率：是指维修企业在一定时期内，维修车辆及二级维护车辆上汽车综合性能检测线进行质量检测时，一次性检测合格的车辆数与被检测车辆总数之比，即

$$上线检测一次合格率 = \frac{一次性检测合格的车辆数}{被检测车辆总数} \times 100\%$$

对于不要求上检测线检测的维修作业，可以用"维修合格率"进行评定。

（2）维修合格率：是指在一定时期内维修合格的车辆（次）数与维修车辆（次）总数之比。即

$$维修合格率 = \frac{维修合格的车辆（次）数}{维修车辆（次）总数} \times 100\%$$

维修合格率可以简便直观地反映汽车维修企业总体汽车维修质量水平。汽车维修过程中的工作质量越好，维修合格率就越高。维修合格率指标比较便于企业内部对每个维修岗位、每个维修作业项目的维修质量进行检验与评价。

（3）返修率：即维修质量保证期内的返修率，是指维修企业在一定时期内汽车维修出厂后因维修质量问题而返修的车辆数与维修出厂的车辆总数之比，即：

$$返修率 = \frac{返修的车辆数}{维修出厂的的车辆总数} \times 100\%$$

（二）汽车维修企业的维修质量控制

汽车维修企业必须严格执行国家和当地维修行业主管部门制定的有关汽车维修质量管理制度和法规，并且要建立健全的企业内部相关的质量管理制度，并认真遵守和执行。汽车维修质量检验贯穿整个汽车维修作业的始终，汽车维修服务企业完整的质量控制框图如图6-2所示。

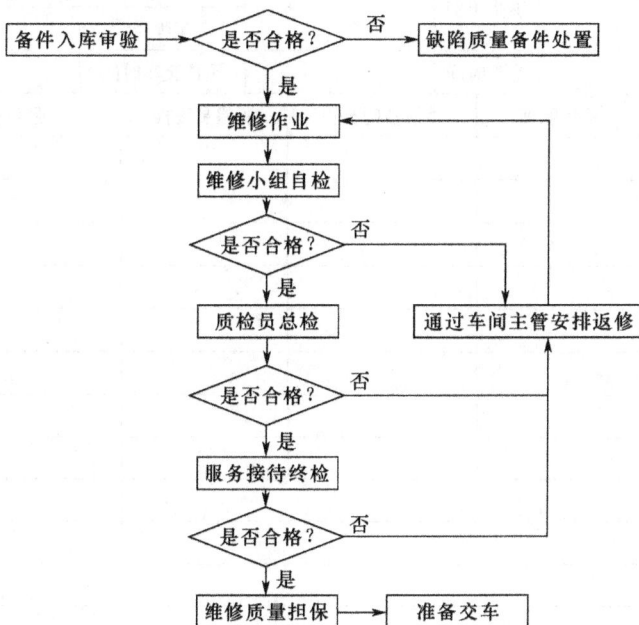

图6-2 维修质量控制框图

由图 6-2 可知，维修企业完善的内部质量管理体系通常主要通过库管员的备件真伪质检、维修技师自检、质检员总检和服务接待终检四个环节来实现控制。

1. **常用汽车备件的入库审验**

现代汽车维修越来越多地采用换件维修方式。汽车维修配件质量是影响汽车维修质量的关键因素之一。因此，维修企业要杜绝采购假冒伪劣的产品，制定严格的维修原材料及配件采购质量管理制度。如在采购进厂入库前必须由专人逐项进行检验查收，并由采购人员和管理人员签字。在维修作业领用材料时，要认真填写"领料单"，注明规格、型号、材质、产地、数量，并由领发人员分别签字。在维修作业过程中，检验人员应对原材料再次进行检验，严防不合格的原材料和配件装车使用。

2. **维修技师的维修自检**

自检是维修技师作业完毕后的收尾工作，维修技师要根据派工单和增项处理单，逐项检查维修项目是否无遗漏。如果维修项目为电器系统或动力系统，则应起动发动机进行检查。自检完毕后，维修技师在维修进程质量检验单（表 6-1）上签字，转入下一道工序。

表 6-1　维修进程质量检验单

编号：

派工单编号		维修组别		送修人	
				车牌号	
作业时间		检验时间		预计交车时间	
维修项目	项目明细	维修技师自检	质检员终检	服务接待终检	
服务增项					
不合格项返工记录					
服务延时原因					
交车前外观检验					
试车检验					
是否洗车					
备注					

3. 质检员进行总检

汽车维修总检的主要内容和步骤为如图 6-3 所示。

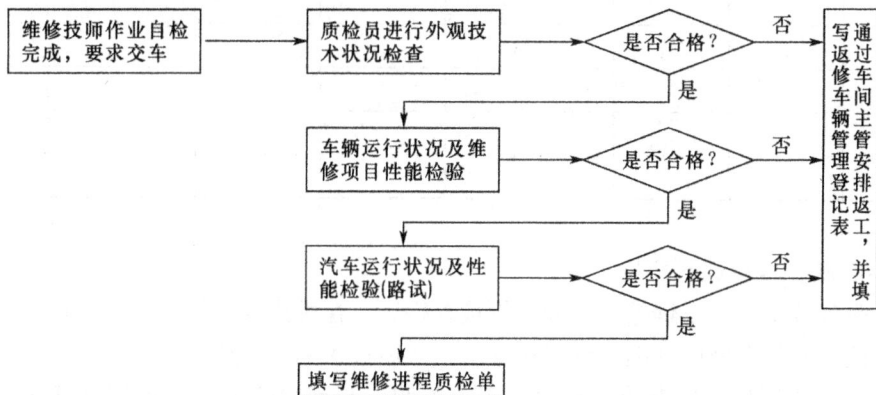

图 6-3　汽车维修总检的主要内容和步骤

《中华人民共和国道路运输条例》明确规定:"机动车维修经营对机动车进行二级维护、总成修理或者整车修理的,应当进行维修质量检验。检验合格的,维修质量检验人员应当签发机动车维修合格证。"汽车维修竣工出厂检验是对汽车维修质量的最后把关,由汽车维修专职检验员检验。在维修竣工后,质检员要进行维修质量检验,并认真填写维修检验单。对需要进行试车检验的,要安排试车员进行试车,车辆检验合格,质检员在维修检验单上签字,并变更维修进度看板上的车辆状态为竣工,同时安排洗车,通知服务接待准备交车。对于检验不合格的车辆,则要及时通知维修技师进行返工,并填写返修车辆管理登记表(表 6-2)。只有所有的项目都达到汽车维修技术标准的要求时,维修质量检验人员才能够签发维修合格证。

表 6-2　返修车辆管理登记表

序号	派工单号	维修班组	返修项目及原因	解决方法	质检员签字	车间主管签字	备注
1							
2							
3							
4							
5							
6							
7							
8							
9							

（续）

序号	派工单号	维修班组	返修项目及原因	解决方法	质检员签字	车间主管签字	备注
10							
11							
12							
13							
14							

4. 服务接待进行终检

服务接待要对车辆进行终检，终检合格后，在维修检验单上签字，把车停在交车区，并将维修旧件准备到交车架上，然后进入到下一道工序。

（1）采用环车检查的方式检查车辆外观，与预检单上的登记车辆状态进行比对。如果发现不符合记录状态的意外现象，则要填写返工作业登记表，由服务经理通过车间主管安排返工。同时由服务接待与客户联系，做好沟通工作。

（2）服务接待要根据派工单与增项处理表，逐一核实维修项目，发现有遗漏项要根据企业的内返规定填写返修项目登记表，并通报车间主管安排返修作业。如果发现返修可能导致交车延期，则应提前通知客户，并做好解释工作。

（3）服务接待要确认那些需要维修但由于客户不同意而没有维修的项目，以便在交车时向客户说明。

（4）服务接待要将需要向客户展示的维修旧件准备到交车备件架上，以方便客户查验及做出处理决定。

（三）汽车维修合格证

为保护客户权益，根据我国颁布的《汽车维修管理办法》的规定，整车大修、总成大修和二级维护作业的车辆，在维修竣工出厂时，经检验合格的，维修质量检验人员应当签发"机动车辆维修合格证"。维修出厂合格证由各省维修行业主管部门统一印制。它是车辆维修合格的标志，是制约维修企业质量保证的重要手段。维修企业及质量检验人员必须严格对待出厂合格证的签发，加强出厂质量检验，保证做到不合格的车辆绝对不能签发合格证；对于经检验合格的车辆，一经签发合格证，就由厂方和检验人员负责。

（四）《汽车维修管理办法》中关于维修质量保证期的相关规定

维修质量保证期就是汽车维修出厂后，承修单位以汽车维修质量给予保证的时限。在规定的质量保证期内，因维修质量问题造成的车辆故障或损坏，承修前段时间应负责及时返修。由于维修质量问题而造成的车辆异常损坏或车辆机件事故，也应由承修单位负责。汽车和危险货物运输车辆整车修理或总成修理质量保证期为车辆行驶 2 万公里或者 100 天；二级维护车辆质量保证期为车辆行驶

5000 公里或者 30 天；一级维护、小修及专项修理的车辆质量保证期为车辆行驶 2000 公里或者 10 天。质量保证期中行驶里程和日期指标，以先达到者为准。机动车维修质量保证期，从维修竣工出厂之日起计算。在质量保证期和承诺的质量保证期内，因维修质量原因造成机动车无法正常使用，且承修方在 3 日内不能或者无法提供因非维修原因而造成机动车无法使用的相关证据的，机动车维修经营者应当及时无偿返修，不得故意拖延或者无理拒绝。

【问题三】 如何做好交车前的准备工作?

服务接待在完成终检后，交车前的准备工作如下所述。

1. 熟悉交车时必须掌握的信息

在进行交车作业前，服务接待对信息的掌握应满足下列要求：

(1) 能够认出客户，可以叫出客户的姓，如王先生、刘小姐等。

(2) 要基本上可以回忆起在接待过程中为客户作出的服务承诺。

(3) 要基本可以复述各个维修项目的实施情况以及相应的价格。

(4) 准备好在交车时需要向客户提醒的关于汽车使用及维护方面的问题。

(5) 要回顾服务过程中有无不足之处，想好与客户进行沟通的方法。

2. 制作交车明细表

再次确认委托书和增项单上的项目实施情况，包括已修项目及未修项目，并制作交车明细清单。明细清单应包括维修所用的所有维修材料单价、工时费用及客户选择的其他关联服务所需费用，见表6-3。

表6-3 交车明细单

派工单编号		维 修 车 型		作 业 时 间	
维修技师		服务接待			
维修服务项目	材料费(元)	工时费(元)		备注	
四轮定位					
银卡会员					
费用合计					
维修折扣					
服务信息提供					

3. 约定交车时间

与离店客户联系交车，应约定交车时间。约定交车时间时，要尽量把交车时间错开。服务接待要注意利用维修车间的工作计划体系来跟踪维修进度情况，及时向客户通知进展情况，根据承诺的时间和维修车间的工作计划安排尽量错开交车时间。通常交车时，要有 15 分钟左右的时间来与客户沟通，以便向客户解释维修项目并解答客户疑问。如果不错开安排时间，则可能导致向客户交车时造成混乱。

【问题四】 如何进行客户沟通？

（一）解释维修项目

1. 服务接待利用交车明细表逐项向客户解释维修项目，说明维修情况，以便客户对维修质量放心。

2. 服务接待将客户引导至车旁展示更换下来的维修旧件，并请客户查验维修部位。

3. 服务接待要告知客户企业做了哪些免费的工作，如更换保险丝、免费清洗车辆等，以获得客户的满意感受。

（二）回答客户疑问

由于很多客户对车辆的维修过程并不了解，因此在取车时会产生这样或那样的疑问。服务接待要耐心、热情地解释清楚每一个疑问。

（三）向客户提供有关信息

在交车沟通的过程中，服务接待不仅要告诉客户关于车辆维修的情况，还要把一些与企业服务相关的信息传递给客户，以加强客户对企业服务的了解。

1. 可以向客户提供的信息

（1）车辆保养信息。由于汽车知识的专业性，有很多客户往往不能够对车辆定期保养，从而使车辆的使用寿命受到很大影响。服务接待可以通过向客户提供定期保养的信息，使客户理解车辆保养的必要性，从而能够定期进行车辆保养。

（2）企业服务流程方面的信息。不熟悉车辆维修流程的客户，往往会对正常的维修作业产生诸多疑问。如果服务接待能够趁着交车的机会向客户提供一些这方面的信息，如企业的工作时间、维修流程、以及预约作业的好处等，就会使客户下次再来的时候不会有太多的问题，服务接待的工作效率可得到提高。

（3）汽车使用及故障症状简单判断方面的知识。由于很多客户对汽车知识不甚了解，不仅使服务接待在建议维修项目时费时费力，而且使得客户也不能正确地使用汽车的各种功能。通过服务接待向客户介绍一些汽车方面的知识，使得客户不仅能够了解汽车方面的性能，而且能够在症状出现时及时发现故障，从而提前进行维修，减少各种损失。而且，当客户再次来店修车时，服务接待也更加容易与其沟通了。

（4）需要提醒客户的车辆维修信息。由于诸多原因，并不是所有的车辆故障都能够得到解决，如果车辆存在疑难故障不能一次性排除，就需要客户配合观察故障情况，以便进一步进行维修；又如有些故障虽然非常重要，但客户可能由于多种原因认为没有必要马上排除，而选择不予维修；或者有些故障从使用性能的角度出发没有必要马上采取措施进行维修等。这些维修信息都需要服务接待在交车时向客户加以说明，以免导致后期可能产生的客户投诉。

2. 需要向哪些客户提供相关信息

（1）当客户认为车辆有问题而不能表达清楚时。很多客户因为不懂车辆的专业知识而不能清楚表达汽车的故障，这时就需要服务接待提供正确的信息，告诉客户应该如何表达。例如某客户的离合器片经常烧掉，在服务接待试车的时候，发现客户的操作有问题——他经常把左脚踏在离合器踏板上。这时候服务接待就需要告诉客户离合器踏板为什么会经常烧掉，进而教给客户正确的驾驶方法。

（2）当客户的车辆存在着明显重大的故障隐患，但客户却没有发现。例如服务接待在预检的时候，发现客户的轮胎快爆掉了，可是客户还不知道。这时候，服务接待就可以判断客户对汽车不甚了解，就必须向客户提供这方面的信息。

（3）当服务接待与客户一起审查委托书/派工单的时候，往往需要多次向客户解释修理工作或收费情况，这就说明客户对企业的维修作业流程不熟悉。这时需要服务接待向客户提供一些这方面的信息。

（4）即使在用户手册中有明确的规定，不少客户也不进行例行的保养工作。如果服务接待发现上述情况，就可以判定客户对如何用车养车不甚了解，不明白例行保养对车辆维护的重要性。这时候服务接待就必须向客户提供这方面的相关信息。

（5）服务接待与客户沟通时，客户对是否阅读了使用手册一片茫然。当服务接待遇到这种情况时，一定要告诉车主，维修手册是汽车正常使用的重要资料，一定要注意看，以免由于车辆使用不当而造成不必要的麻烦。

3. 要掌握提供相关信息的恰当时机

服务接待向客户提供信息的时候，要注意把握提供信息的时机，才能达到最佳的效果。服务接待需要向客户全面介绍车辆的性能、操作方法以及获取有关知识的渠道，向客户提供的最佳时机包括：

（1）客户买车提车的时候，销售顾问可以向客户介绍一些汽车保养方面的信息。

（2）客户第一次来店保养或者维修的时候，服务接待可以向客户讲解一些汽车知识，并提醒客户注意阅读使用手册。

（3）客户每次来修车的时候，服务接待可以告诉客户一些如何驾驶汽车、以及车辆正常行驶状态的知识。

（4）当客户电话预约修车服务或者快下班时才来修车，并且希望他们的车能够马上进行维修的时候，服务接待就需要向客户说明维修部门的经营方式、上下班时间等，这些都是向客户提供信息的最佳时刻。

4. 提供信息时要避免让客户感到难堪

虽然很多客户对汽车并不了解，但是很多客户都不愿意让服务接待指出他们的这一缺点。服务接待需要采取委婉的方式，在向客户介绍相关信息时，不要让他们感到过于难堪，服务接待可以采取的处理方式如下：

（1）服务接待正确认识客户不熟悉汽车知识的现状，毕竟谁也不可能什么都了解。服务接待发现客户缺乏这方面的知识时，首先要表示理解，在尊重客户的前提下，向客户介绍这方面的知识。

（2）服务接待要向客户指出，现代汽车技术十分复杂，代表了当今社会最先进的机械工程技术。

（3）服务接待要告诉客户，即使专业的技术修理人员为跟得上汽车技术的发展也需要不断地接受专门的培训。

（4）服务接待要让客户知道，多数车主对车辆的有关技术缺乏了解，并不仅仅只是客户自己。

（5）服务接待要向客户说明，车主需要做的就是懂得如何正确地开车，知道何时进行保养，并能够描述故障症状，其他的可以由专业的人员来做。

5. 提供相关信息时可以使用的相关工具

当客户对维修存在疑问的时候，服务接待应该与客户一起仔细阅读用户手册、维修手册等工具来向客户证明和解释要如何修理或保养。

【问题五】　如何做好交车作业？

服务接待向客户说明维修项目后，若客户同意维修，就需要帮助客户完成交款及进行车辆交接。

（一）付款方式

在车辆服务过程中，现金支付无疑是最方便的支付手段，可是考虑到较大数量现金携带的不方便性和不安全性，在国内常见的支付、结算手段有以下几种：

1. 汇票

汇票是出票人签发的，委托付款人在见票时或者在指定日期无条件支付确定的金额给收款人或者持票人的票据。按照出票人的不同，汇票分为银行汇票和商业汇票。

（1）由银行签发的汇票为银行汇票，是指汇款人将款项交存银行后，银行签发给汇款人，由汇款人持往异地办理转账结算或支取现金的票据。银行汇票的基本当事人只有两个，即出票银行和收款人，银行既是出票人，又是付款人。

（2）商业汇票是企事业单位等签发的，委托付款人在付款日期无条件支付确定金额给收款人或持票人的一种汇票。商业汇票一般有三个当事人，即出票人、付款人和收款人。按照承兑人的不同，商业汇票分为商业承兑汇票和银行承兑汇票。商业承兑汇票是指出票人签发汇票后，付款人（企业法人或购货人）在汇票上签章，表示承诺到期付款的汇票。银行承兑汇票是指出票人开出汇票后，应出票人的请求，银行在汇票上签章，表示承诺到期付款的汇票。汇票一经银行承兑，银行就以自己的信用对收款人或持票人做出了付款保证。

2. 支票

支票是出票人签发的，委托办理支票存款业务的银行在见票时，无条件支付确定金额给受款人或持票人的票据，支票无金额起点。支票包括现金支票和转账支票两种。现金支票上印有"现金"字样，它只能用于支取现金；转账支票上印有"转账"字样，它只能用于支取转账，不能支取现金。支票自出票日起10日内有效，超出有效期的支票为无效支票，银行不予以受理。

3. 汇兑

汇兑是汇款单位委托银行将款项汇往异地收款单位的一种结算方式。汇兑根据划转款项的不同方法以及传递的不同方式可以分为信汇和电汇两种，由汇款人自行选择。信汇是汇款人向银行提出申请，同时交存一定金额及手续费，汇出行将信汇委托书以邮寄方式寄给汇入行，授权汇入行向收款人解付一定金额的一种汇兑结算方式。电汇是汇款人将一定款项交存汇款银行，汇款银行通过电报或电传给目的地的分行或代理行（汇入行），指示汇入行向收款人支付一定金额的一种汇款方式。

4. 信用卡

信用卡是主要用于消费的信用凭证，也包括借记卡。

（二）发票

发票是指客户在购销商品、接受服务以及从事其他的经营活动中，开具、收取的收付款项凭证。现行税制发票分为普通发票和增值税专用发票两大类。普通发票是企业内部记账和客户的消费凭证。增值税专用发票是为加强增值税的征收管理，根据增值税的特点而设计的，专供增值税一般纳税人销售货物或应税劳务使用的一种特殊发票。增值税专用发票只限于经税务机关认定的增值税一般纳税人领购使用。

（三）折扣与折让

在企业的营销活动中，企业有时需要用折扣或折让的手段来处理与客户之间的业务往来。

1. 折扣

折扣是销售方为获得更多的利益收入而主动采取的一种价格减免，属于企业促销手段的一种，分为现金折扣和商业折扣。现金折扣是企业为鼓励客户在规定的期限内付款而向客户提供的金额扣除，在折扣期限内付款时，客户可以少付部分货款。商业折扣是指企业为促进服务销售，鼓励客户经常来店接受服务，如当客户累计消费较大金额、一次性消费限额之上的服务时，企业在服务收费时给予的价格扣除。

2. 折让

折让即销售折让，是指企业因提供的服务存在重大缺陷导致客户抱怨，而在收费时给予客户的费用减让。折让的这种价格让步是一种企业的被动让步，一般客户的主动权要大一些，让步的程度由双方根据实际情况进行协商确定。当协商无果时，往往会导致客户投诉事件的产生。

（四）车辆移交

当客户交完款准备离开的时候，服务接待要引导客户到车旁或者把车开到方便客户离去的地方，按照下列的步骤完成交车：

（1）凭客户缴款凭证交给客户车辆钥匙，提醒客户拿好发票及相关手续。如果企业内部有促销资料的话，也可以在这一时刻交给客户。

（2）根据客户的车辆保修状况，提醒客户定期保养或来店复查的时间，完成下一次的预约。

（3）对客户的光临表示感谢，如果有服务缺陷的话，要表示歉意。

（4）帮助客户打开车门，需要的话引导客户安全离开停车位，目送客户离店。

任务实施

很多服务接待接车的时候非常热情，而交车时就非常没有耐心，就如同下棋收官不好一样。所以虽然他们前期做了大量的工作，结果却令客户十分不满，导致客户交车时争议不断，事后投诉事件也就屡有发生。不少服务接待经常抱怨说："我每天接10多台车，这么辛苦，却因为客户投诉把奖金泡了汤。真冤枉，服务不好客户又不是我一个人的事情，凭什么扣我的钱？我不过是代人受过而已。"对这些观点，小王却不敢苟同。实际上，服务企业的客户满意度和服务接待的水平息息相关。有些服务接待要么草草验车，草草交车；要么麻痹大意，对维修进程糊里糊涂；要么缺乏耐心，不愿给客户多费口舌；要么接车时甜言蜜语，而交车时则不通人情……对诸如此类的服务水准，一些好脾气的客户可以淡而化之，可对一些脾气不好的客户，争议和刁难也就可想而知了。正是由于明白这一层道理，所以小王不敢忽略服务的每一个环节。听到主管招呼自己交车，正好手头没有其他事情，就急忙走了过去，按照既定的交车流程开始作业。

（1）由质检员或车间主管安排竣工验收合格车辆洗车。

（2）到车间主管处领取竣工车辆的相关手续，包括派工单、增项处理单、领料单及维修进程质检单（确认维修技师、质检员已签字）。

（3）到交车区检查竣工车辆维修项目，利用派工单确认已修项目与维修项目，对质检不合格的车辆，与车间主管联系返修。

（4）检查车辆外观，将主要维修旧件放在交车区的旧件架上。如车辆合格，在维修进程质检单上签字；如车辆不合格，则与车间主管联系返修。

（5）修改维修看板车辆进度状态记录。如果客户离店，则给客户打电话，确定具体交车时间。

（6）完成交车明细表，联系客户准备交车。

（7）联系客户，利用交车明细表向客户解释维修服务项目。

小王拿着交车手续（含交车明细表、维修进程质检单、派工单、增项单、领料单），到客休区找到了张总。他快步上前说道："张总，你的车已经修好了，这是维修作业明细表（表6-4）……"

表6-4 维修作业明细表

派工单编号	12345	维 修 车 型		作业时间	
维修技师	3	服务接待		王某	
维修服务项目	材料费（元）	工时费（元）		备注	
换前轮胎	2×900＝1800			备件清单后附	
制动片	385	60			
四轮定位		280			
银卡会员	350				
费用合计	2535	340		2875元	
维修折扣	2858			银卡工时费9.5折	
保养时间将近，注意保养					
后轮胎需要注意更换					

好的开始就是成功的一半，前期良好的沟通使小王在张总心中留下了不错的印象。张总看了下时间，和预期的时间相差不多，心里暗想，这小伙子不错！接过小王递过来的单据，简单翻了一下，听着小王耐心的解释，张总已然心中有数，便笑着打断了小王的话，"不用解释了，你办事，我放心。对了，小王，能打折吗？"出于职业的习惯，张总顺口问了一句。

小王也知道张总的心意，张总并不在乎打了几折，而是基于中国人的一种习惯，小王就接着说："张总，您不是刚办了一张银卡吗？工时费打九五折，我已经给您打过折了。"张总仔细一看交车明细，果然工时费便宜了17元。想想这个小王真够精明，已经打过折，也就不好意思再说什么，本来自己也就是随口一问，不过小王建议自己办了这张银卡，倒也不错，也就没有再说什么。只听小王接着说："张总，非常感谢您的信任，要不我领您去交款？"

张总说："好，小王，在哪边交钱呀？"小王一边带张总走向收银台，一边和张总说："张总，您的车已经行驶了28800公里了，根据您的使用情况，估计再有半个月就该保养了，到时候我给您打电话预约在您方便的时间，好吗？"张总也是个懂车的人，但是由于公务繁忙，平常很难做到按时保养，现在小王提出可以预约，张总当然高兴，欣然同意了小王的建议，"好吧，到时候我们联系。"张总在收银台办完手续，看到小王仍然耐心地在一旁等着，心里十分满意，顺手接过钥匙包，笑着问小王："小王，车在哪？"小王回答道："张总，车在交车区。"

一边说，一边用手势引导张总走向交车区。

张总来到交车区，一看自己的爱车十分整洁地放在哪里，心里十分欣慰，转身握住小王的手，说道："小王，辛苦你了，我先走了，有什么事给我打电话啊。"小王一看张总这么客气，连忙说道："张总，这是我们应该做的，能为您服务我十分荣幸。"

接着小王上前帮助张总打开车门，目送张总离店。

任务二

保 修 索 赔

任务目标
目标：能够进行保修索赔业务处理

任务下达
在实际工作中交车是一件十分繁琐的事情。服务接待不仅要做好与客户之间的沟通工作，也要熟悉内部业务流程。这不，上午一上班，一位客户就来到店里，大声嚷嚷道："怎么我的车前照灯进水了？这是怎么回事呀？"

任务分析
在交车环节，服务接待同样可能面对各种各样客户，譬如保修业务就是服务接待需要面对的工作之一。服务接待要协助索赔员处理好保修业务，需要了解的知识点有：

1. 什么是保修索赔?

2. 如何开展保修索赔业务?

3. 维修旧件如何回收?

4. 如何进行保修费用的计算?

保修索赔与保险理赔同样是服务接待的重要业务之一。

【问题一】 什么是保修索赔?

保修索赔是针对汽车产品在质量担保期内发生损坏,由特约维修服务站为客户进行免费维修,并由汽车制造厂商售后服务部结算特约维修服务站费用的一种服务方式。

1. 保修索赔期

(1) 整车保修索赔期。

整车保修索赔期是从车辆开具购车发票之日起的 24 个月内,或车辆行驶累计里程 4 万公里内,两条件以先达到的为准,即超出以上两范围之一者,该车就超出保修索赔期。整车保修索赔期内,特殊零部件依照特殊零部件(如减振器、氧传感器、轮胎等)保修索赔期的规定执行。

(2) 配件保修索赔期。

在整车保修索赔期内由特约销售服务站免费更换安装的配件,其保修索赔期为整车保修索赔期的剩余部分,即随整车保修索赔期结束而结束。由用户付费并由特约销售服务站更换和安装的配件,从车辆修竣客户验收合格日和公里数算起,其保修索赔期为 12 个月,或 4 万公里(两条件以先达到为准)。在此期间,因为保修而免费更换同一配件的保修索赔期为其付费配件保修索赔期的剩余部分,即随付费配件的保修索赔期结束而结束。

2. 保修索赔的前提条件

(1) 保修项目必须是在规定的保修索赔期内。

(2) 用户必须遵守《保修保养手册》的规定,正确驾驶、保养、存放车辆。

(3) 所有保修服务工作必须由汽车制造厂商设在各地的特约销售服务站实施。

(4) 必须是由特约销售服务站售出并安装或原车装在车辆上的配件,方可申请保修。

3. 保修索赔范围

(1) 在保修索赔期内,车辆正常使用情况下整车或配件发生质量故障,修复故障所花费的材料费、工时费属于保修索赔范围。

(2) 在保修索赔期内,车辆发生故障无法行驶,需要特约销售服务站外出抢修,特约销售服务站在抢修中的交通、住宿等费用属于保修索赔范围。

（3）通常汽车制造厂商为每一辆车提供两次在汽车特约销售服务站进行免费保养的机会。两次免费保养的费用属于保修索赔范围，保修项目如表6-5所示。

表6-5　免费保修项目表

2000 公里免费保养项目	6000 公里免费保养项目
更换机油及机油滤清器	更换机油及机油滤清器
检查传动带	检查冷却液
检查空调暖风系统软管和接头	检查冷却系软管及卡箍
检查冷却液	检查通风软管和接头
检查冷却系软管和卡箍	清洗空气滤清器滤芯
检查通风软管和接头	检查油箱盖、油管、软管和接头
清洗空气滤清器滤芯	检查排气管和安装支座
检查油箱盖、软管、油管和接头	检查变速器、变速器油
检查制动液和软管。检查、调整驻车制动器	检查制动液和软管，必要时添加制动液
检查轮胎和充气压力	检查、调整驻车制动器
检查灯、喇叭、刮水器和洗涤器	检查、调整底盘和车身的螺栓和螺母
	检查动力转向液，必要时添加
	检查轮胎和充气压力
	检查灯、喇叭、刮水器和洗涤器
	检查空调、暖风
	检查空调滤清器

4. 不属于保修索赔的范围

汽车制造厂商特许经销商处购买的每一辆汽车都随车配有一本保修保养手册，该保修保养手册须盖有售出该车的特许经销商的印章，以及购车客户签名后方可生效。不具有该保修保养手册、保修保养手册上印章不全，或发现擅自涂改保修保养手册情况的，汽车特约销售服务站有权拒绝客户的保修索赔申请。

（1）车辆正常例行保养和正常使用中的损耗件不属于保修索赔范围。如：润滑油、机油和各类滤清器、火花塞、制动片、离合器片、灯泡、轮胎、刮水片、清洁剂和上光剂等。

（2）因不正常保养造成的车辆故障不属于保修索赔范围。汽车制造厂商的每一位用户应该根据《保修保养手册》上规定的保养规范，按时到汽车特约销售服务站对车辆进行保养。如果车辆因为缺少保养或未按规定的保养项目进行保养而造成的车辆故障，不属于保修索赔范围。如：未按规定更换变速器油，而造成变速器故障，特约销售服务站有权拒绝用户的索赔申请。同时汽车特约销售服务站有义务在为用户每次作完保养后记录下保养情况(记录在用户的《保修保养手册》规定位置、盖章),并提醒用户下次保养的时间和内容。

(3) 车辆不是在汽车制造厂商授权服务站维修,或者车辆安装了未经汽车制造厂商售后服务部门许可的配件不属于保修索赔范围。

(4) 用户私自拆卸更换里程表,或更改里程表读数的车辆(不包括汽车特约销售服务站对车辆故障诊断维修的正常操作),不属于保修索赔范围。

(5) 因为环境自然灾害、意外事件造成的车辆故障不属于保修索赔范围,如:酸雨、树胶、沥青、地震、冰雹、水灾、火灾、车祸等。

(6) 因为用户使用不当,滥用车辆(如用作赛车)或未经汽车制造厂商售后服务部门许可改装车辆而引起的车辆故障不属于保修索赔范围。

(7) 由于特约销售服务站操作不当造成的损坏不在保修索赔范围。同时,特约销售服务站应当承担责任并进行修复。

(8) 在保修索赔期内,用户车辆出现故障后未经汽车制造厂商(或汽车特约销售服务站)同意继续使用而造成进一步损坏,汽车制造厂商只对原有故障损失(须证实属产品质量问题)负责,其余损失责任由用户承担。

(9) 车辆发生严重事故时,用户应保护现场,并应保管好损坏零件,但不能自行拆卸故障车。经汽车制造厂商和有关方面(如保险公司等)鉴定事故原因后,如属产品质量问题,汽车制造厂商将按规定支付全部保修及车辆拖运费用。如未保护现场或因丢失损坏零件以致无法判明事故原因,汽车制造厂商不承担保修索赔费用。

5. 其他保修索赔事宜

(1) 库存待售成品车辆的保修。

由汽车制造厂商派出的技术服务代表定期(至少每3个月1次)对中转库和代理商(经销商)展场的车辆进行检查(各地特约销售服务站配合)。对车辆因放置时间较长出现油漆变(褪)色、锈蚀、车箱底板翘曲变形等外观缺陷,由汽车制造厂商索赔管理部批准后可以保修。保修工作由汽车制造厂商设在各地的特约销售服务站完成。

(2) 保修索赔期满后出现的问题。

对于超过保修索赔期的车辆,原则上不予以保修索赔。如确属耐用件存在质量问题,则由汽车制造厂商技术服务代表和汽车特约销售服务站共同对故障原因进行鉴定,在征求汽车制造厂商索赔管理部同意后可以按保修处理。因保养、使用不当造成的损坏或是易损件的损坏不能保修。

(3) 更换仪表事项。

因仪表有质量问题而更换仪表总成的,汽车特约销售服务站应在用户《保修手册》上注明旧仪表上的里程数及更换日期。

（4）故障原因和责任难以判断的情况处理。

对于故障原因和责任难以判断的情况，如用户确实按《使用说明书》规定使用和保养车辆且能出示有关证据，如保养记录、询问驾驶人对车辆性能和使用的熟悉程度，须报汽车制造厂商索赔管理部同意后可以保修。

【问题二】 如何开展保修索赔业务？

对存在质量问题的汽车进行保修是汽车制造厂商为客户提供的重要服务保障之一。汽车制造厂商通常需要通过指定的特约维修服务站来完成保修索赔。

1. **汽车召回作业流程**(图6-4)

当汽车整车出现批次性质量问题时，根据我国汽车召回的相关规定，由汽车制造厂商发布召回信息，由汽车制造厂商特约服务站负责进行维修处理。

2. **汽车的免费保修作业流程**

一般地，汽车制造厂商对汽车提供两次免费保养，免费保养作业流程如图6-5所示。

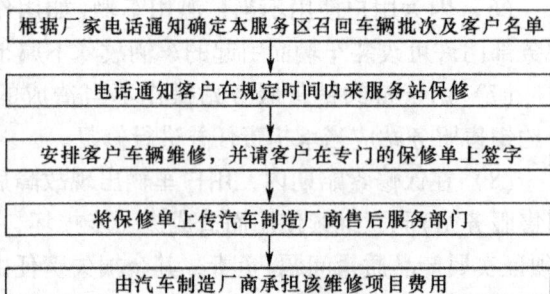

| 根据厂家电话通知确定本服务区召回车辆批次及客户名单 |
| 电话通知客户在规定时间内来服务站保修 |
| 安排客户车辆维修，并请客户在专门的保修单上签字 |
| 将保修单上传汽车制造厂商售后服务部门 |
| 由汽车制造厂商承担该维修项目费用 |

图6-4　汽车召回作业流程示意图

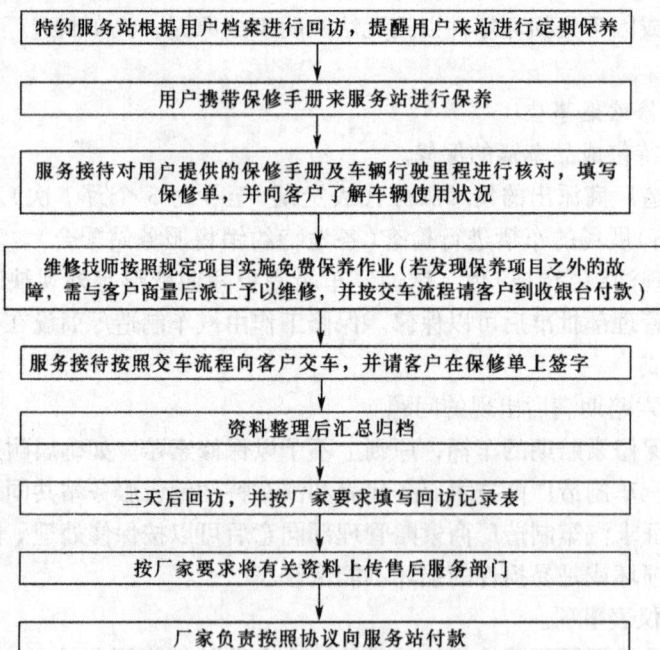

| 特约服务站根据用户档案进行回访，提醒用户来站进行定期保养 |
| 用户携带保修手册来服务站进行保养 |
| 服务接待对用户提供的保修手册及车辆行驶里程进行核对，填写保修单，并向客户了解车辆使用状况 |
| 维修技师按照规定项目实施免费保养作业（若发现保养项目之外的故障，需与客户商量后派工予以维修，并按交车流程请客户到收银台付款） |
| 服务接待按照交车流程向客户交车，并请客户在保修单上签字 |
| 资料整理后汇总归档 |
| 三天后回访，并按厂家要求填写回访记录表 |
| 按厂家要求将有关资料上传售后服务部门 |
| 厂家负责按照协议向服务站付款 |

图6-5　免费保养作业流程示意图

3. 保修期内备件的保修索赔作业流程

对于保修期内的备件索赔作业流程，可以分为来店处置和外出救援两种方式。

（1）来店处置作业流程如图 6-6 所示。

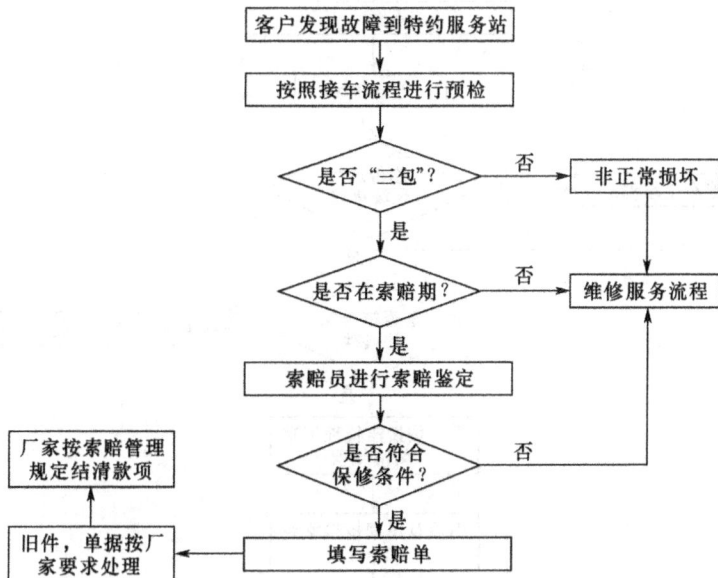

客户发现故障到特约服务站

按照接车流程进行预检

是否"三包"？ —否→ 非正常损坏

是

是否在索赔期？ —否→ 维修服务流程

是

索赔员进行索赔鉴定

是否符合保修条件？ —否→

是

填写索赔单

厂家按索赔管理规定结清款项

旧件，单据按厂家要求处理

图 6-6　保修索赔作业流程示意图

（2）接到救援电话，需要外出救援作业时，要先询问故障情况，初步分析能否进行现场维修，如果不能，则需立刻安排拖车至维修厂；如果分析认为可以进行现场维修，则工作流程如图 6-7 所示。

【问题三】　如何回收维修旧件？

1. 旧件回收规定

汽车制造厂商为了加强对汽车维修服务站维修质量的管理，便于进行产品质量跟踪，要求各汽车维修服务站对更换下的三包旧件分类回收，大部分旧件要返回汽车制造厂商。在旧件回收工作中，特约服务站必须遵守下列规定：

（1）特约服务站对汽车进行保修服务时，应按规定将回收的旧件及时返回汽车制造厂商售后服务部门。

（2）特约服务站为用户进行维修服务后应即时填写旧件标签，并按一件一签套牢在第一旧件上。旧件标签上须填写发动机号、车辆识别代码（VIN）、行驶里程、购车日期、维修日期、服务站代码、服务站名称和故障现象。

（3）服务站在返回旧件时，须正确填写《保修材料回收统计单》。其编号与结算单上填写的编号一致，一式三份，服务站自留一份。

```
                    ┌─────────────────────────┐
                    │  通知业务经理安排抢修小组  │
                    └─────────────┬───────────┘
                                  │
                    ┌─────────────┴───────────┐
                    │     告知车主大概费用      │
                    └─────────────┬───────────┘
                                  │
                    ┌─────────────┴───────────┐
                    │      准备备件、工具       │
                    └─────────────┬───────────┘
                                  │
                    ┌─────────────┴───────────┐
                    │        赶赴现场          │
                    └─────────────┬───────────┘
                                  │
                             ╱─────────╲
   ┌──────────────┐    否    ╱ 能否进行   ╲
   │ 安排拖车至维修厂│◄────────  现场维修?   
   └───────┬──────┘         ╲           ╱
           │                 ╲─────────╱
           │                      │ 是
           └──────────────────────┤
                                  │
                             ╱─────────╲          ┌──────────────────┐
                            ╱ 是否符合保 ╲   否    │ 填单、签字、收费、维修│
                             是否符合保  ───────►  └──────────────────┘
                            ╲  修条件?  ╱
                             ╲─────────╱
                                  │ 是
                    ┌─────────────┴───────────┐
                    │  厂家按索赔管理规定        │
                    │      结清款项            │
                    └─────────────┬───────────┘
                                  │
                    ┌─────────────┴───────────┐
                    │  旧件及单据按厂家要        │
                    │      求处置              │
                    └─────────────┬───────────┘
                                  │
                    ┌─────────────┴───────────┐
                    │      客户签字确认         │
                    └─────────────────────────┘
```

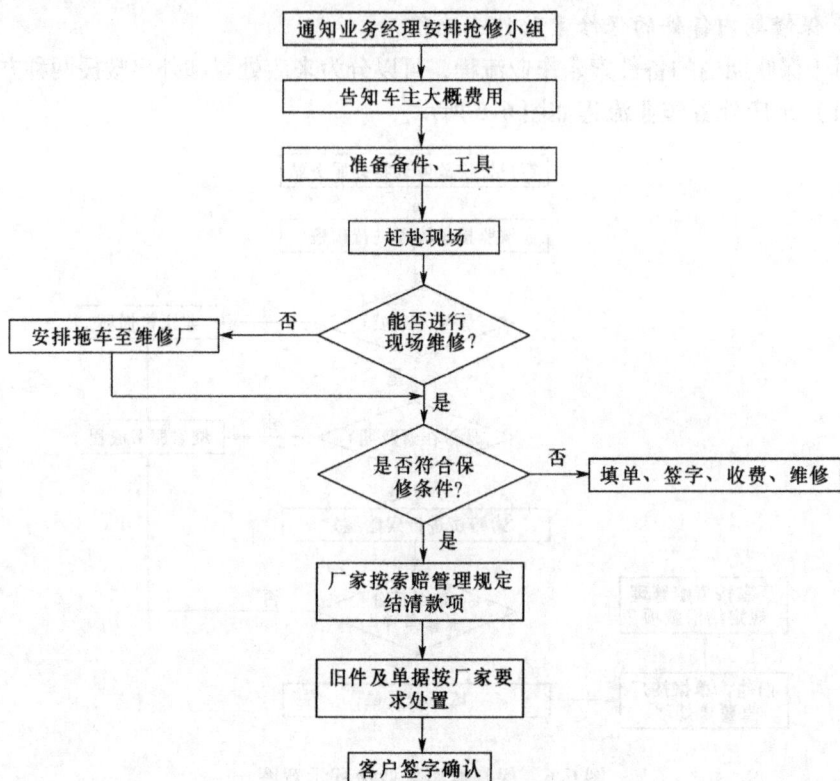

图 6-7　外出救援作业流程示意图

2. 旧件的包装

（1）服务站打印出《维修旧件发送装箱单》，并盖上服务商公章。

（2）将《维修旧件发送装箱单》放入旧件包装箱内。

（3）每件包装箱外表面都必须注明服务站名称、每件编号和该批旧件的总件数。总成件必须完整，不得出现拼凑和缺少零件的现象。对笨重件或易碎件应分类分别装箱，避免损坏。对小零部件用纸箱或塑料袋分类包装后放入大箱里，大箱应牢固。如果是纸箱，其外面应加尼龙编织袋，以防货运中散落。

（4）凡不按上述规定包装造成的损失，由服务站自行承担。

3. 旧件的发送

（1）各服务站每月应将经校验、包装后回收的旧件及时发往汽车制造厂商服务部索赔管理室，发货后应及时将提货单或领货凭证寄给汽车制造厂商客户服务部索赔管理室。

（2）各服务站在返回旧件时，应认真填写收货单位、地址、邮编、电话，并及时寄回提货单。

（3）在填写发送单时，收货单位不得填写个人。如因填写不准，造成发生收货困难，影响保修旧件回收和保修费用结算，责任由发货单位承担。

（4）旧件发送提货单一般由特快专递寄到汽车制造厂商售后服务部门索赔室，采用代理发运的服务站必须在发送单和提货单上填上服务站名称、联系人和联系电话。提货单（或领货凭证）上的发货日期及货单号码必须清楚，以便在到货时核对查找。

（5）在运输过程中发生的货损，由特约服务站自行负责索赔。

（6）因特约服务站的原因，造成提运旧件延误时间而被货运单位罚款的，特约服务站保修件运费不得报销，罚款金额从特约服务站三包结算费用中扣除。

4. 旧件的验收管理

（1）旧件无标签或标签书写不规范的，视为无旧件回收。

（2）旧件标签与《维修旧件发送装箱单》、《保修材料回收统计单》填写不一致的，视为无旧件回收。

（3）对于旧件中未按规定自行拆装、缺件，或电气零件被剥线，插接件破坏，仪表、ECU 壳体损坏等旧件，视为无旧件回收。

（4）对于回收的旧件中非生产厂家核定的配套供应商提供的零件，一律按无旧件回收处理。

（5）旧件回收中发现未经批准的市场采购零部件，视为无旧件回收。

（6）对于同一总成件混装不同配套供应商产品的旧件，或总成件缺件、少件的旧件皆为无旧件回收。

（7）故障现象不明，或故障类别与旧件实际故障明显不符的，视为无旧件回收。

（8）由于服务站判断失误造成旧件不能向配套单位索赔的，根据配套单位提供的名单，由技术服务处将相应损失从服务商保修费中扣除。

【问题四】 如何进行保修费用计算？

汽车特约服务站保修费用由汽车制造厂商结算。

1. 保修费用组成

保修费用包括走合保养费、保修工时费、保修材料费、出差服务费、紧急救援费、旧件回收运输费及其他发生的费用。

2. 保修工时费的计算

$$工时费 = 工时单价 \times 工时定额$$

（1）工时定额按汽车制造厂商保修服务收费标准规定的定额严格执行，不得随意增加。

（2）工时单价按汽车制造厂商保修服务收费标准规定执行，其中对不同地区的收费标准又做了不同规定。

（3）各种辅料费（如密封胶、清洗液、汽油、棉纱等）及润滑油、制动液、冷却液的补充，已在工时费中考虑，不再另行结算。

3. 保修材料费

（1）零部件的编号和名称统一按照汽车制造厂商配件价目表提供的目录填写，不得使用习惯名称。

（2）零部件价格按汽车制造厂商提供的调拨价，按一定百分比加价结算。

（3）需经批准以后才能更换的零部件或才能进行的修理项目，要在结算单上注明汽车制造厂商服务部门批准人及授权号。

4. 出差服务费

（1）对于需要外出救援的用户，特约维修站应先了解故障情况，根据最小服务半径原则，确定是否需要外出服务。若需要，原则上应先向汽车制造厂商服务部申请，若有特殊情况，则应在服务完毕后，通报汽车制造厂商服务部。

（2）乘坐火车、轮船等交通工具外出服务，报销车船费，给予人员补助；自备车辆外出救援给予车辆和人员补助。车辆补助包括：燃油、过路过桥费及其他费用。人员补助包括住宿费、餐补费、市内交通费等。

（3）外出服务原则上派一到两人。

5. 旧件回收运输费

按规定回收的三包旧件，要按汽车制造厂商规定的运输方式发送。厂家规定的运输方式一般为铁路快件。对回收旧件采用空运、集装箱、邮寄等运输方式的，其费用不予报销。

6. 其他特殊用途费用

特殊用途费用指在售后服务工作中，为了维护汽车制造厂商的利益所采取的处理方法超出正常的保修规定所发生的费用。特殊用途费用包括对用户的补偿费、服务站完成某项工作的补贴费，涉及用户投诉所发生的交通、住宿、餐饮等费用。

7. 费用结算

保修服务过程中所发生的一切费用，先由特约服务站垫付，然后向汽车制造厂商申请结算，汽车制造厂商审查后统一支付。

8. 保修费用结算单的填报

（1）保修费用结算单是反映保修全过程的综合凭证，是特约服务站与汽车制造厂商结算的重要依据，必须逐条填写清楚完整，要求真实准确。

（2）结算单上应有用户签字及特约服务站盖章。

（3）结算单上的车型、车辆识别代码（VIN）、发动机号、购车日期、保修日期、行驶里程等基本数据，是三包的重要依据，要认真核对是否与车辆的一致。

（4）根据用户反映情况，正确录入检查结论、修理项目、作业代码、配套代码等项目。

（5）填写的索赔理由要充分、正确。

（6）汽车制造厂商同时要求结算单上的用户单位、车主姓名、通信地址、邮编、联系电话必须正确填写，以便汽车制造厂商调查、回访。

9. 保修费用结算单的报审程序

（1）结算数据上报。目前大多数汽车制造厂商采用电子邮件的方式上传结算数据，规定一个月的某天为结算数据上传日。

（2）费用的报审凭证

① 走保费，凭走合保养费结算通知单。

② 工时费、材料费，凭保修费用结算申报表、保修材料回收统计单等。

③ 出差服务费，凭外出服务报审单和有效票据。

④ 旧件运输托运费，凭旧件运输托运费的有关票据。

（3）从收到服务站的《保修费用结算申报单》及经确认的旧件回收单之日起，结算员原则上在20天内必须审核完毕。

（4）结算员按标准规定审核后，交财务处复核。对审核费用及审核扣除的不合理费用，坚持三包结算回复制，结算员负责以书面或电子邮件方式通知服务站。

（5）财务处复核后转结算员，通知服务站开具增值税发票。服务站如有疑问，请在5天内提出复审，开票后不再受理复审。发票从通知之日起两周内必须寄达结算员。

（6）服务站将发票直接寄给汽车制造厂商服务部结算员，结算员接到发票后，填写《费用报销单》，经相关部门审核签字后交财务处，由财务处向特约服务站支付保修服务费。

（7）《结算申报单》有下列情况之一者，不予受理：

① 有漏填、错填项目的。

② 故障原因不清的。

③ 换件原因不符合保修规定的。

④ 鉴定不准确、不符合规定的。

⑤ 不按规定的零部件价格和工时标准填报的。

⑥ 签章不齐全或无签章的。

⑦ 按规定应退回的旧件未退回或旧件点验不符合要求及未附《旧件回收统计单》的。

⑧ 需经批准而未填写批准人或授权号的。

⑨ 《结算申报表》不按时间先后报审的，即这一次不再审核前一次截止时间以前的单据。

⑩ 用户的地址、单位、联系人、邮编不清楚，信件无法投递，提供的用户

电话错误而无法联系的。

⑪《结算申报单》未填配套厂标识代码及作业代码的。

任务实施

　　虽然这位客户满腹怨气，但是对于擅长与各种人进行沟通的小王而言并不是难事。在小王热情服务之后，客户便放心地交给小王来处理。小王按照内部的保修索赔流程，发现该项故障确实属于保修范围内，且在保修期内，就按照内部作业的相关规定，在派工单上备注要求进行索赔鉴定。由于前照灯雾气较严重，于是维修技师将前照灯后面的气孔防尘罩取下来，并打开前照灯15分钟，但是雾气仍然很严重，就将前照灯拆下来，联系小王，要求进行索赔鉴定。小王拿着拆下来的旧前照灯找到了索赔员小刘，小刘接过小王递过来的前照灯仔细地进行了鉴定，并和小王一起找到了维修技师，详细了解了一下他的处置方法，然后告诉小王说："小王，这个前照灯如果在保修期内的话，可以索赔。"说着就打开系统，根据厂家的要求开始填报索赔信息。鉴定工作已经完成，小王却仍有很多疑问，便向小刘请教说："小刘，是不是前照灯进水都可以索赔呀？以后遇到这种情况，我是不是可以直接告诉客户可以索赔呢？"一听小王这么说，小刘不禁笑了，开玩笑地说："如果是那样的话，我可要失业了。"话一出口，小王也觉得挺不好意思，忙解释说："不是那意思，我主要是想了解一下，你是如何判断的。"

　　小刘说："并不是所有反映前照灯进水的故障都能被索赔。要完成索赔，首要的条件是该零部件在保修期内。其次，你看这个前照灯外观并没有破损，说明没有碰撞过；你再看里面的水是水珠，而不是雾气，说明确实是进水了，而不是普通的空气雾化；你看这里，刚才维修技师反映这个大灯的防尘罩也完好无损，说明没有被打开过，确实系原装；你再看着灯的做工非常好，并非副厂件。基于上述原因，所以我判定他可以索赔。"

　　小王仔细地听着小刘的解释，心想果然索赔工作也并不简单，原来有这么多原因，看来，以后遇到这种情况，还是不要先表态，等索赔员鉴定以后再答复客户的好，以免使自己被动。小王暗自庆幸，幸亏这次故障被鉴定为可以索赔，否则自己接车时单看客户的车在保修期内就向客户表示可以索赔，要是鉴定为不能索赔，可怎么给客户解释呢，想到这里，小王不由得出了一身冷汗，记得师傅说，接车时要多听少说，慎重表态，不作承诺，看来确实是至理名言呀。

　　既然可以索赔，那么客户这里也就好办多了。在交车的时候，小王告知客户可以索赔，已经换了新的前照灯，并向客户讲了前照灯在使用过程中的注意事项。周到的服务使客户对小王十分满意，原来满腹的牢骚也立刻随风而去。

任务三

保 险 理 赔

任务目标

目标：能够进行保险理赔业务处理

任务下达

其实除了接车之外，交车同样十分繁琐，譬如投保事故车的交车，就要比其他业务的交车作业复杂得多。尤其是投保车辆，虽然保险业务与服务接待并没有直接关系，但是由于保险车辆处理起来十分繁琐，所以，很多的客户在这方面遇到问题时，总希望能够向服务接待求助。在他们的眼里，我们可是这方面的专家呀。这不，下午小王刚上班，一位客户打来电话，原来是小王前几日救援的一位事故车客户董老板向小王咨询保险索赔的事情。

任务分析

事故车保险理赔是服务接待在交车环节需要完成的主要业务之一。服务接待要协助客户处理好保险理赔业务，需要了解的知识点有：

1. 保险索赔的作业流程是怎样的？
2. 如何进行赔款理算？
3. 被保险人在保险索赔时应注意哪些问题？

【问题一】 保险索赔的作业流程是怎样的？

保险索赔是指被保险人出险后，在保单许可的范围内，要求保险公司赔偿保险事故造成的损失和给付赔偿金的过程。买车险就是为了在出险时获得保险公司的赔偿，被保险人如果了解保险公司的索赔手续，就可以更快地取得赔款。不过了解保险公司的拒赔规定，就能在车辆使用或索赔时避免不当行为，减少被拒绝的可能性。如果投保车辆发生不测，如遭受意外事故或自然灾害，被保险人或驾驶人应积极采取措施进行施救并保护好现场，同时向保险公司报案并通知有关部门，然后提出索赔申请。保险索赔的基本业务流程如图6-8所示。

（一）被保险人报案

1. 通知出险和提出索赔要求

保险事故发生后，被保险人首先要在第一时间报案，通知公安交通管理部门和保险公司，然后提出索赔请求。被保险人或受益人应当将保险事故发生的时间、地点、原因及造成的损失情况，以最快的方式通知保险公司，便于保险公司及时调查核实，确认责任。同时，被保险人或受益人也应当把保险单证号码、保险标的、

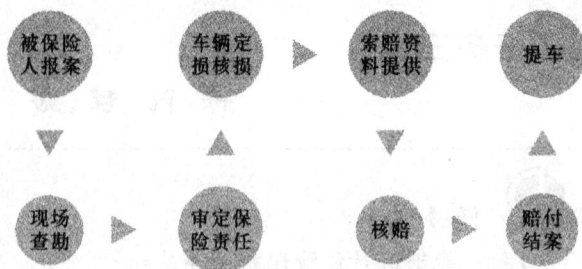

图6-8　保险索赔作业流程示意图

保险险种险别、保险期限等事项一并告知保险人。如果保险标的在异地出险受损，被保险人应向原保险人及其在出险当地的分支机构或其代理人报案，这就是通知出险。报案的基本要求是：

（1）如果是在本地出险，被保险人或驾驶人应立即前往（或电话通知）所投保的保险公司报案。报案时，应向保险公司工作人员出示保险单正本。保险公司工作人员检验保险单后，将提供《机动车出险登记表》、《机动车辆保险出险通知书》和《机动车辆保险索赔须知》。被保险人要根据事实详细填写有关内容并签章。

（2）若被保险人用电话报案，事后应及时补填《机动车出险登记表》和《机动车辆保险出险通知书》。

（3）如果是在外地出险，被保险人或驾驶人应及时向当地相应的保险公司（根据各保险公司的规定，在全国范围内任何一家保险公司的分支机构均有为其他公司代办理赔业务的责任），并在48小时内通知承保的保险公司。当地公司根据实际情况查勘定损完毕后，被保险人可立即向承保公司办理索赔。

（4）如果保险车辆被盗抢，被保险人或驾驶人应在24小时内向出险地当地公安刑侦部门报案，必须在48小时内通知保险公司，并携带保险单和机动车辆保险证向保险公司索取出险通知单，由被保险人按表内各栏规定如实填写，字体要端正清楚，如属单位车辆，要盖公章。

（5）根据被保险人填写的《机动车出险登记表》，保险公司工作人员将使用计算机查抄保险单和批单，填写出险通知书，也就是索赔申请书。对于上门报案的，由保险公司的接待人员指导报案人当场填写。对于其他方式报案的，在事故查勘、核定损失时，由保险公司专业人员现场指导填写。若车辆是单位的，还须加盖单位公章。

（6）报案时还须注意以下几个问题：

①报案期限：保险事故发生后，48小时内通知保险公司。

②报案方式：到保险公司报案、电话（传真）报案或业务员转达报案。

③ 报案内容：被保险人名称、保单号、保险期限、保险险别、出险时间、出险地点、出险原因、出险车辆牌号、厂牌车型，人员伤亡情况、伤者姓名、送医时间、医院名址，事故损失及施救情况，车辆停放地点，驾驶人、报案人姓名及与被保险人关系，联系电话。

2. 合理施救，保护事故现场

对于发生的保险事故，被保险人负有及时施救以减少损失和保护现场原状的责任，以避免损失扩大和便于保险公司派员查勘现场，否则将给索赔带来困难。被保险人应当采取必要的、合理的抢救措施进行抢救，如灭火、抢救遇险财产等，并对受损的保险标的进行必要的整理。

保险事故发生后，未经保险公司查勘、核损或同意前，被保险人或受益人应当保护好事故现场，不要先行清理事故现场，也不要自行拆修、处理受损财产。否则，会给以后的理赔工作造成困难，增加定损、赔付的麻烦。

3. 接受保险公司的检验

保险人有权进行现场查勘，而被保险人负有接受检验的义务。因此，被保险人应根据保险人的要求，提出检验申请，接受保险人或其委托的其他人员（如保险代理人、检验机关）的检验，并为其进行的检验提供方便的条件，用以保证保险人及时、准确地查明事故原因，确认损害程度和损失数额等。

4. 报案的作业流程

（1）出险后，客户向保险公司理赔部门报案。

（2）内勤接到报案后，要求客户将出险情况立即填写《业务出险登记表》（电话、传真等报案由内勤代填）。

（3）内勤根据客户提供的保险凭证或保险单号立即查阅保单副本，并抄单以及复印保单、保单副本和附表。

（4）查阅保费收费情况，并由财务人员在保费收据（业务有统计联）复印件上确认签章（特约付款须附上协议书或约定）。

（5）确认保险标的在保险有效期限内或出险前特约交费，要求客户填写《出险立案查询表》，予以立案（如电话、传真等报案，由检验人员负责要求客户填写），并按报案顺序编写立案号。

（6）发放索赔单证。经立案后向被保险人发放有关索赔单证，并告知索赔手续和方法（电话、传真等报案，由检验人员负责）。

（7）通知检验人员，报告损失情况及出险地点。

以上工作在半个工作日内完成。

（二）现场查勘

保险公司工作人员现场查勘的主要内容包括：

（1）查明出险时间。

（2）查明出险地点。

（3）查明出险车辆状况。

（4）查明驾驶人情况。

（5）查明事故原因。

（6）施救整理受损财产。现场查勘人员到达事故现场后，如果险情尚未控制，应立即会同有关部门共同研究，确定施救方案，以防止损失进一步扩大；同时确认车辆受损情况，查清事故各方所承担的事故责任比例，确定损失程度；确认客户车辆是否重复投保，以便后期分摊费用。

现场查勘结束后，查勘人员应按照上述内容及要求认真填写现场查勘记录。

（三）审定保险责任

保险公司的理赔人员根据现场查勘记录和有关证明资料依照保险条款的有关规定全面分析主客观原因，确定是否属于保险责任范围。在现场查勘后 24 小时内，保险公司必须对所查勘的案件作出是否立案的决定，并注明责任人。

（1）对在保险有效期内，且属于保险责任的赔案，查勘人员应在现场查勘 24 小时内进行立案登记，将资料录入到计算机中，并自动生成立案编号。

（2）对不属于保险责任的报案，应在机动车辆保修出险报案表和立案登记簿上签注拒赔理由，并向被保险人做出解释，同时向被保险人送达机动车辆保险拒赔通知书。

（四）车辆定损核损

定损核损的项目包括车辆定损、人员伤亡费用的确定、施救费用的确定、其他财产的损失确定和残值处理等内容。

1. 车辆定损

受损车辆由被保险人、第三方车损方及保险公司定损人员一同核定，过程中要体现以保险公司为主的原则。

（1）根据现场查勘情况，认真检查受损车辆，确定受损部位、损失项目、损失程度，并进行登记，对投保新车出厂时车辆标准配置以外新增加的设备要进行区分，并分别确定损失项目和金额。损失严重的应在汽车解体后再确认损失项目，对估损金额超过本级处理的，应及时上报上级公司协助定损。

（2）与客户商定修理方案，包括换件项目、数量、修复项目、检修项目。协商时要注意区分本次事故和非本次事故的损失，注意事故损失和正常保养的界限，对确定的事故损失部位坚持能修不换、能换部件不换总成的原则，严禁"搭车"修理。车主要求扩大修理的，其超出部分由车主自己承担。

（3）根据换件项目、修理项目的有关内容，按照各保险公司的详细规定确定损失金额，并打印出机动车辆损失情况确认书。

（4）受损车辆原则上采取一次定损。定损完毕后可以由被保险人自行选择维修厂修理，或由保险公司推荐、招标修理厂修理。定损后由被保险人自行选择修理厂修车或到推荐的修理厂维修，保险公司可根据被保险人的委托与修理厂结算费用，并明确区分由被保险人自己承担的部分费用，并在机动车辆保险损失情况确认书上注明由被保险人、保险公司和修理厂签字认可。

（5）若客户未经保险公司认可自行修理，保险公司有权重新核定修理费用甚至拒绝赔偿。在外地出事并已委托代查勘定损的车辆，其估价单须经保险公司核定认可后方可维修。

2. 人员伤亡费用的确定

事故处理应遵循以责论处、按则分担的原则，承担费用的标准要符合道路交通处理的有关规定：事故结案前所有费用由被保险人先行支付；不符合规定的费用（如精神补偿费、招待费、罚款等）及其他超过规定的费用不负有赔偿责任。

3. 其他财产的损失确定

第三者责任险的财产和车上货物责任险承运货物的损失，应会同被保险人和有关人员逐项清理，确定损失数量、损失程度和损失金额。同时，要求被保险人提供有关货物的原始发票。定损人员审核后，制作机动车辆保险财产损失确认书，由被保险人签字认可。

4. 施救费用的确定

当保险车辆或者涉及财物或人员在遭遇保险责任范围内的车祸时，被保险人需采取措施进行抢救，以防止损失的扩大。其中因采取施救措施而支出的费用就属于施救费用。施救费用必须是直接的、合理的、必要的，是按照国家的有关政策规定为施救行为付出的费用。施救费用应按照规定扣减相应的免赔率。

（五）索赔资料提供

要求被保险人尽快收集必要的索赔单证，10 日内向保险公司申请索赔。若被保险人在 2 年内不提供单证申请索赔，即作为自愿放弃索赔权益。在索赔时，根据事故的性质要求被保险人需提交以下有关的单证。

1. 基本单证

（1）证明保险标的或当事人身份的原始文件。

（2）保险单或保险凭证的正本，已交纳保险费的凭证，如账册、收据、发票、装箱单等。

（3）购车发票、车辆附加费凭证、车辆行驶证。

（4）当事人的证件，如身份证、工作证、户口簿、驾驶证复印件等。

（5）证明保险事故的有关文件。

（6）出险通知书、保险事故调查检验报告。

（7）因交通事故造成的损失应提供公安交通管理部门的事故责任认定书、事故调解书或其他证明材料。

（8）因火灾造成的损失应提供公安消防部门的火灾证明。

（9）因全车盗抢造成的损失，应提供公安报案受理表、失窃车辆牌证注册登记表、登报寻车启事、盗抢车辆报告表，以及由出险地县级以上公安刑侦部门出具的60天未破案证明等。

（10）因气象原因造成的损失，则由气象部门提供证明。

2. 保险车辆施救、修理单证

（1）现场及车损照片、各种费用（如施救、保护费用）清单、修理估价等。

（2）汽车维修业专用发票。

（3）定损单、结算清单、修理材料清单。

3. 第三者赔偿费用的有关单证

（1）第三者的赔偿费用清单、第三者财产损失赔款收据、赔款委托书等。

（2）现场照片、财产损失清单、损害鉴定证明。

（3）修车发票。

（4）误工费、护理费、赡养费、抚养费等证明。

（5）医疗费凭证、治疗诊断书。

（6）伤残鉴定书。

（7）事故中死亡者的死亡证明书。

（8）其他证明材料。

4. 交通事故按规定应当提供的单证（表6-6）

表6-6　交通事故所需提供单证

单 证 名 称	单方肇事事故	双方车损事故	人员受伤事故	人员伤亡事故	获 取 渠 道
责任认定书	●	●	●	●	交警部门
调节单或判决书		●	●	●	交警、法院
驾驶证	●	●	●	●	自备
住院出院证明			●	●	治疗医院
医疗费用单据			●	●	治疗医院
伤残鉴定证明			●	●	治疗医院
伤残补助证明			●		公安机关
死亡、销户证明				●	公安机关
修车发票	●	●	●	●	修理厂
赔偿对方的凭证		●	●	●	接受赔偿方

5. 签收审核索赔单证

（1）营业部、各保险公司内勤人员审核客户交来的赔案索赔单证。对手续不完备的，向客户说明需补交的单证后退回客户，对单证齐全的赔案，应在"出险报告（索赔）书"一式二联上签收后，将黄色联交还被保险人。

（2）将索赔单证及备存的资料整理后，交产险部核赔科。

6. 理算复核

（1）核赔科经办人接到内勤交来的资料后审核，单证手续齐全的在交接本上签收。

（2）所有赔案必须在三个工作日内理算完毕，交核赔科负责人复核。

（六）核赔

在进行赔款理算之前，保险公司相关工作人员要核对有关的索赔单证资料和发生事故的驾驶人的"机动车驾驶证"及保险车辆"机动车行驶证"的原件和复印件，核对无误后留存复印件。根据被保险人的投保情况计算索赔金额。对被保险人提供的各种必要单证审查无误后，理赔人员根据保险条款的规定，迅速审查核定，对车辆损失险、第三者责任险、附加险、施救费用等分别计算赔款金额，并将核定计算结果及时通知被保险人。保险公司应在与被保险人达成赔偿协议后10日内支付赔款。

（七）赔付结案

保险公司在赔偿时是以事实为依据，依照条款按责赔偿。因此，被保险人在处理事故时要实事求是地承担责任，超过应负责的损失保险公司不负责赔偿。

（1）交管部门结案后，被保险人可携带出险证明、事故责任认定书、事故调解书、损失技术鉴定书或伤残鉴定书、有关原始单据以及其他证明及材料，到所投保的保险公司办理索赔。

（2）领取赔款时应提供的单证。被保险人领取赔款时，须提供：出险登记表、被保险人身份证、公章、取款人身份证，如有疑问，可向理赔人员咨询。

（3）向保险人开具权益转让书。由于车辆保险具有补偿性，被保险人不能在补偿其保险车辆损失的范围以外获取利益，因此，在车辆保险的索赔和理赔中适用代位追偿和委付制度。对于涉及第三者赔偿责任的时候，被保险人应当向保险人开具转移其向第三者索赔权给保险人的书面转让文件，用以证明保险人在向被保险人赔付后享有的向第三者追偿的权利。

此外，在推定车辆保险的保险标的全损的情况下，被保险人也可以向保险人申请委付，但是，被保险人必须出具转移保险标的的一切权力给保险人的书面文件。

（4）确认赔偿金额、领取保险赔款。被保险人提供齐全、有效的索赔单证后，保险公司即根据条款、单证进行赔款理算，然后向被保险人说明赔偿标准和计算依据，若被保险人对赔款没有异议，即可领取赔款。一般情况下，赔款金额经双方确认后，保险公司在 10 天内一次赔偿结案。赔款收据应填上开户银行账号、盖上财务公章。如为私人车辆，则由被保险人签名，经保险公司审核无误后，凭本人身份证到保险公司领取赔款。

（5）在被保险人领取了保险赔款后，其索赔的保险单是否继续有效，要根据具体情况来处理。对于车辆损失险来说，被保险人领取了全部保险金额赔偿后，其保险单的效力终止。对于第三者责任险保单，因其无责任限额，在领取了部分保险金额赔偿后，根据保险合同的约定，保险单继续有效，原则上是在保险人赔付后继续有效至保险期限届满。若该类保单规定了累计限额，则在扣除赔款额后的余额范围内继续有效。

（八）提车

被保险人在获得赔偿后，可到修理厂按正常交车流程提车、付款。

【问题二】 如何进行赔款理算？

在进行赔款理算时，由于费率的放开，各家保险公司的理算结果会有所不同，但都要严格按照相关保险条款和保险单的合同要求进行。

（一）车辆损失险与第三者责任险赔款计算

1. 车辆损失险

（1）全部损失。

全部损失是指保险车辆在保险事故中发生整体损毁或受损严重已失去修复价值，即形成了实际全损或推定全损。

① 保险车辆发生全部损失后，保险金额高于出险当时保险车辆的实际价值时，则按出险当时的实际价值计算赔偿。

$$赔款 = （实际价值 - 残值）× 事故责任比例 × （1 - 免赔率）$$

其中，保险事故发生时保险车辆的实际价值按保险事故发生时同种类型车辆市场新车购置价[含车辆购置附加费（税）]减去该车已使用年限折扣后确定。

免赔率包括：依据保险车辆驾驶人在事故中所负事故责任比例而由其自负的免赔率、非约定驾驶人驾驶保险车辆肇事后需要加扣的免赔率、同一保险年度内多次出险每次加扣的免赔率、违反安全装载规定而需要加扣的免赔率等。

在确定事故责任比例时，一般按照交警部门判定的事故责任比例判定。如果经过核赔人员认真审核，认为某种赔偿比例更符合实际情况、更为合适，此处事故责任比例可以用该赔偿比例代替。

② 保险车辆发生全部损失后，如果保险金额等于或低于实际价值，则按保险金额计算赔偿。

$$赔款 = （保险金额 - 残值）× 事故责任比例 × （1 - 免赔率）$$

【案例】 一辆新车购置价（含车辆购置税）为 150000 元的汽车金额投保了车

辆损失保险，即投保金额150000元。该车辆在保险期内发生第二次交通事故时，实际价值100000元，驾驶人承担全部责任，依据该种车辆条款的规定承担20%的免赔率，同时又由于是第二次出险，应增加5%免赔率。车辆全部损失，残值1000元，则由于保险金额高于实际价值，因此按公式计算为：

$$赔款 = (实际价值 - 残值) \times 事故责任比例 \times (1 - 免赔率)$$
$$= (100000 - 1000) \times 100\% \times [1 - (20\% + 5\%)] = 74250$$

（2）部分损失。

当保险车辆受损后，未达到"整体损毁"或"推定全损"程度的局部损失时，按照部分损失计算赔款。

① 保险车辆的保险金额是按投保时新车购置价确定的，当保险金额等于或高于出险当时的新车购置价，发生部分损失按照实际修复费用赔偿。

$$赔款 = (实际修复费用 - 残值) \times 事故责任比例 \times (1 - 免赔率)$$

② 保险车辆的保险金额低于投保时的新车购置价，发生部分损失按照保险金额与投保时的新车购置价比例计算赔偿。

$$赔款 = (实际修复费用 - 残值) \times (保险金额/新车购置价) \times$$
$$事故责任比例 \times (1 - 免赔率)$$

按照上述方法计算车辆损失赔款，当实际价值超过保险车辆的保险金额时，以保险金额为最高赔款金额。

（3）施救费赔款计算。

① 保险余额等于投保时新车购置价

$$施救费赔款 = 实际施救费用 \times 事故责任比例 \times$$
$$(保险车辆实际价值/实际施救财产总价值) \times (1 - 免赔率)$$

② 保险金额低于投保时的新车购置价

$$施救费赔款 = 实际施救费用 \times 事故责任比例 \times (保险金额/新车购置价) \times$$
$$(保险车辆实际价值/实际施救财产价值) \times (1 - 免赔率)$$

【案例】 一辆新车购置价（含车辆购置税）为150000元的汽车全额投保了汽车损失保险，即投保金额150000元，该车辆在保险期内发生交通事故时实施救助，包括救助车上物品价值50000元，实际施救费用5000元，驾驶人承担全部责任。依据该种车辆条款的规定承担20%的免赔率，同时又由于违反安全装载规定，应增加5%免赔率。车辆的实际施救费赔款计算为：

$$施救费赔款 = 实际施救费用 \times 事故责任比例 \times$$
$$(保险财产价值/实际施救财产总价值) \times (1 - 免赔率)$$
$$= 5000 元 \times 100\% \times [150000 元/(150000 元 + 50000 元)] \times$$
$$[1 - (20\% + 5\%)]$$
$$= 2812.5 元$$

2. 第三者责任险的赔款计算

第三者责任险的赔偿金额，按照"道路交通事故处理办法"规定的赔偿范围、项目和标准，以及保险合同中的约定进行确定和计算。

（1）当被保险人按事故责任比例应承担的赔偿金额超过责任限额时，则：

$$赔款 = 责任限额 \times (1 - 免赔率)$$

（2）当被保险人按事故责任比例应承担的赔偿金额低于责任限额时，则：

$$赔款 = 应承担的赔偿金额 \times (1 - 免赔率)$$

（3）诉讼仲裁费用计算

① 当被保险人应承担的诉讼仲裁费用超过保险单载明的责任限额的30%时：

$$诉讼仲裁费用 = 责任限额 \times 30\%$$

② 当被保险人应承担的诉讼仲裁费用低于保险单载明的责任限额的30%时：

$$诉讼仲裁费用 = 应承担的诉讼仲裁费用$$

【案例】　一辆按照责任限额150000元投保机动车辆第三者责任险的汽车，在出险时给第三方造成300000元损失，诉讼仲裁费用为5000元。该车负主要责任，承担70%的损失，依据条款规定应承担15%的免赔率，此次事故中，被保险人按照事故责任比例应承担赔偿金额为：

$$300000 \times 70\% = 210000 元$$

超过了150000元的责任限额，则：

$$赔款 = 责任限额 \times (1 - 免赔率) = 150000 元 \times (1 - 15\%) = 127500 元$$

被保险人应承担的诉讼仲裁费用为5000元，没有超过保险单载明的责任限额的30%，150000元×30% = 4500元，则

$$诉讼仲裁费用 = 应承担的诉讼仲裁费用 = 5000 元$$

保险人向被保险人支付赔款（包括诉讼仲裁费用）合计为：

$$127500 元 + 5000 元 = 132500 元$$

3. 车辆损失险、第三者责任险对赔款计算应注意事项

（1）赔款计算依据交通管理部门的"道路交通事故责任认定书"和"道路交通事故损害赔偿调解书"。

当调解结果与责任认定书不一致时，对于调解结果中认定的超出被保险人责任范围内的金额，保险公司不予赔偿；对于被保险人承担的赔偿金额低于其应按责赔偿的金额的，保险公司只对被保险人实际赔偿的金额在限额内赔偿。

（2）对于不属于保险合同中规定的赔偿项目，但被保险人已自行承诺或支付的费用，保险人不予承担。

（3）法院判决被保险人应赔偿第三者的金额，如精神损失赔偿费等，保险

人不予承担。

（4）保险人对第三者责任事故赔偿后，对受害第三者的任何赔偿费用的增加不再负责。

（5）车辆损失的残值确定，应以车辆损失部分的零部件残值计算。

（6）诉讼仲裁费用标准应按照最高人民法院下发的有关标准执行。车损险诉讼仲裁费用计入车损险施救，第三者责任险诉讼仲裁费用必须经保险人事先书面同意，在第三者责任险责任限额的30%以内计算赔偿。

（二）附加险赔款计算

1. 全车盗抢险

（1）全部损失计算：

$$赔款 = 保险金额 \times (1 - 免赔率)$$

（2）部分损失计算：

$$赔款 = 实际修理费用 - 残值$$

赔款金额不得超过本险种保险金额。对发生全车盗抢险后破案找回车辆有关费用的计算，参照一些特殊案件处理的相关内容执行。

2. 玻璃单独破碎险

$$赔款 = 实际修理费用$$

3. 火灾、爆炸、自燃损失险

（1）全部损失计算：

$$全部损失 = (保险金额 - 残值) \times (1 - 20\%)$$

（2）部分损失计算：

$$部分损失 = (实际修理费用 - 残值) \times (1 - 20\%)$$

赔款金额不得超过该险种保险金额。

（3）施救费用以不超过保险金额为限，其计算方法如下：

$$赔款 = 实际施救费用 \times (保险财产价值/实际施救财产总价值) \times (1 - 20\%)$$

4. 自燃损失险

（1）全部损失计算：

$$赔款 = (保险金额 - 残值) \times (1 - 20\%)$$

（2）部分损失计算：

$$赔款 = (实际修理费用 - 残值) \times (1 - 20\%)$$

赔款金额不得超过本险种保险金额。

（3）施救费用以不超过保险金额为限，其计算方法如下式：

$$赔款 = 实际施救费用 \times (保险财产价值/实际施救财产总价值) \times (1 - 20\%)$$

5. 车身划痕损失险

在保险金额(5000元)内实际损失计算赔偿，并使用批单冲减保险金额，则

$$赔款 = 实际损失金额$$

如果在保险期限内,赔款累计达到本险种保险金额(5000元),本险种保险责任终止。

6. 车辆停驶损失险

(1) 全部损失计算:

$$赔款 = 保险合同中约定的日赔偿金额 × 保险合同中约定的最高赔偿天数$$

(2) 部分损失。在计算赔偿天数时,首先比较"机动车辆保险车辆损失情况确认书"中约定的修理天数和实际修理天数,两者以短者为准,即"机动车辆保险车辆损失情况确认书"中约定的修理天数大于或等于实际修理天数时,以实际修理天数为计算基础;否则,以"机动车辆保险车辆损失情况确认书"中约定的修理天数为计算基础。

① 赔偿天数未超过保险合同中约定的日赔偿天数,则:

$$赔款 = 保险合同中约定的日赔偿金额 × 赔偿天数$$

② 赔偿天数超过保险合同中约定的日赔偿天数,则:

$$赔款 = 保险合同中约定的日赔偿金额 × 保险合同中约定的最高赔偿天数$$

赔偿时,要根据保险合同中约定的最高赔偿天数进行计算。在保险期限内,赔款金额累计达到保险单载明的保险金额,本附加险责任终止。保险期限内发生保险事故时,约定赔偿天数超出保险合同终止期限部分,仍应赔偿。

7. 车上人员责任险

(1) 当被保险人按事故责任比例应承担的每座车上人员伤亡赔偿金额未超过保险合同载明的每人责任限额时,则:

$$每人赔款 = 应承担的赔偿金额$$

(2) 当被保险人按事故责任比例应承担的每座车上人员伤亡赔偿金额超过保险合同载明的每人责任限额时,则:

$$每人赔款 = 责任限额$$

(3) 赔款等于每人赔款之和,则赔偿人数以投保座位数为限。

8. 车上货物责任险

(1) 当被保险人按事故责任比例应承担的车上货物损失金额未超过保险合同载明的责任限额时,则:

$$赔款 = 应承担的赔偿金额 × (1 - 免赔率)$$

(2) 当被保险人按事故责任比例应承担的车上货物损失金额超过保险合同载明的责任限额时,则:

$$赔款 = 责任限额 × (1 - 免赔率)$$

9. 无过失责任险

(1) 当无过失责任险损失金额未超过责任险限额时,则:

$$赔款 = 实际损失 \times (1 - 20\%)$$

（2）当无过失责任险损失金额超过责任险限额时，则：

$$赔款 = 责任限额 \times (1 - 20\%)$$

事故处理裁决书裁明：保险车辆及驾驶人在事故中无过失并按道路交通处理规定承担10%赔偿费用的案件，其赔款应在第三者责任险中列支。

10. 不计免赔特约条款

$$赔款 = 一次赔款中已承保且出险的各险种免赔额之和$$

出现下列情况被保险人自行承担的免赔额，保险人不负责赔偿：

（1）车辆损失保险中应当由第三方负责赔偿而确定无法找到第三方的。

（2）因违反安全装载规定加扣的。

（3）同一保险年度内多次出险，每年加扣的。

（4）附加盗抢险或附加火灾、爆炸、自燃损失险或自燃损失险中规定的。

（5）对家庭自用车保险合同中约定驾驶人的，保险事故发生时由非约定驾驶人驾车而加扣的。

（三）免赔率的确定

免赔率按条款的明确规定确定。其中特别注意的是：

（1）全车盗抢险中保险人索赔时未能提供"机动车行驶证"、"机动车登记证书"、机动车来历凭证、车辆购置完税证明（车辆购置附加费缴费证明）或免税证明等原件，每缺少一项增加1%的免赔率。

（2）因自然灾害引起的不涉及第三者损害赔偿的单纯车损案件，不计免赔。但对被保险人未尽到妥善保管或及时义务的案件除外。

【问题三】 被保险人在保险索赔时应注意哪些问题？

（一）当事人在索赔和理赔中的权利和义务

为保证索赔理赔工作的顺利进行，保险立法及具体的保险合同规定了各方当事人在索赔和理赔过程中，应当享有的权利和承担的义务。

1. 被保险人的权利和义务

（1）权利。

被保险人具有索赔权。如果被保险人履行了所承担的各项义务，就有权在保险单许可的范围内，要求保险人赔偿保险事故造成的损失或给付保险金。保险人对于其保险责任项下的款项应当迅速赔付，不得以其权利（诸如代位求偿权或分摊权等）尚未实现为由而暂缓赔付，否则将构成违约。

（2）义务。

① 发生保险事故的通知义务。被保险人在发生了保险事故后，应当立即通知保险人，将发生保险事故的事实以及损害情况通知保险人及其代理人。其目的

是让保险人能够及时调查保险事故发生的原因，查证损失情况，并采取适当的措施来防止损失的扩大，用以避免因延误时间而增加调查的困难，防止被保险人隐瞒或消灭证据等欺诈行为。

如果被保险人在保险事故发生后，在 48 小时内（不可抗力因素除外），能够通知而没有向保险人及其代理人发出通知的，即违反了这一义务，保险人有权因此而拒绝赔偿。

② 施救的义务。虽然被保险人的损失可以从保险人那里得到约定的赔偿，但是，出于保护社会财富，防止被保险人谋取不当利益的道德危险的要求，保险立法规定了此项义务，即被保险人在保险事故发生时，应当采取必要的合理的措施进行抢救，防止或减少保险标的的损失。同时，被保险人对于其履行施救义务中支出的必要费用有权要求保险人予以承担。如果违反这一义务，保险人对于由此造成的损失扩大部分，不承担赔偿责任。

③ 提供索赔单证的义务。为了获取保险人的赔付，被保险人在提出要求时，应当按照有关保险立法和保险合同的规定，向保险人提交有关的索赔单证，以此证明保险事故发生的事实和损失数额。否则，保险人将有权拒绝接受其索赔请求。

（二）保险人的权利和义务

1. 义务

保险人在索赔和理赔过程中的主要义务是：应当根据被保险人或受益人的索赔要求，及时正确地进行理赔，依据法律和保险合同的规定，向被保险人或受益人予以赔付。否则，保险人应当赔付而未予赔付，或故意拖延赔付，或所赔付的数额小于应当赔付的范围的，均构成违约行为，其依法要承担违约责任。

2. 权利

（1）调查权。为使审核损失、确定责任的工作得到顺利进行，法律赋予保险人调查损失的权利。基于这一权利，保险人可以进入事故现场，调查事故发生的原因及造成的损失情况。必要时，保险人有权聘请专门机构和人员评估损失。并且，保险人有权审核被保险人或受益人提交的索赔单证是否真实、齐全。

（2）代位求偿权。如果第三者对于保险标的的损失依法负有赔偿责任时，保险人在向被保险人进行赔付时，有权要求被保险人将其享有的第三者的赔偿请求转移给保险人自己。然后，保险得以代被保险人代位向第三者追索赔偿。保险人取得代位求偿权的前提是向被保险人履行了保险赔偿义务。

如果被保险人作为受害人已经从第三者处得到了赔偿，且所得赔偿的数额等于或大于保险人依保险合同所应赔付的数额时，被保险人在保险合同中的索赔权随之消失，则保险人也就不存在代位求偿的权利。

（3）分摊权。这一权利存在于重复保险的财产保险合同中。如果投保人就同一保险标的分别向两个或两个以上的保险人投保，导致各个保险合同的赔偿总额超过了被保险人的实际损失的，则构成重复保险。在重复保险的情况下，被保险人只向其中一个保险人提出索赔请求时，该保险人有权向其他保险人要求，按一定的分摊方法承担各自的赔偿责任，保险人要求其他保险人分摊损失的权利即为分摊权。

（三）保险索赔时应注意的其他问题

（1）保险车辆发生的损失是第三方造成的，应由其负责赔偿时，被保险人首先应向第三方索赔。如遇第三方不予支付的情况，应向人民法院提起诉讼，然后携带人民法院的受理证明，请求保险公司先行赔付。

（2）如果保险车辆的事故属单方发生，在及时报案并经承保公司现场查勘后，在办理索赔时被保险人可不必提供事故证明。

（3）如果保险车辆被盗，被保险人应办理被盗车辆的封档手续。查找60天无下落，向承保公司索赔。封档手续如下：被保险人持案发地派出所证明到车管所领取封档表，持表到派出所、所属分局刑警队、公安局主管处室分别盖章，然后送车管所封档签章。

（4）保险索赔必须在索赔时效内提出，超过时效，被保险人或受益人不向保险人提出索赔，不提供必要单证表所列单证和不领取保险金，视为放弃权利。机动车辆保险的索赔时效为2年，索赔时效应从被保险人或受益人知道保险事故发生之日算起。

任务实施

小王一看原来是董老板，就笑着招呼道："是您来了。您稍等一下，我安排好这个单马上去找您。"董老板看小王正忙着，说道："那好吧，小王，我在休息区等你。"

这次董老板来找小王是想让小王帮忙的。说来话长，前几天董老板的车不小心撞到防护栏上，当时董老板都晕了，不知道该怎么办，情急之下和小王联系，才得到妥善的处理。说起来董老板和小王之间曾经有一个小插曲，当定损单出来的时候，细心的董老板发现上面备件的价格要比自己原来在维修站维修的价格低得多，因为这个事情，董老板还误会小王是欺骗，当时如果不是看在小王帮忙的份上，董老板非到消费者协会投诉不可。但紧接着没想到小王主动来向董老板解释，董老板才明白，保险公司定损时采用的是就低不就高的原则，车辆修复以基本恢复功能为主，所以定损单上的备件多数为副厂件。听到小王的解释，董老板才消除了对小王的误会，为此，对一些关键件，董老板还专门和小王沟通了一下，换成了原装配件——毕竟车是自己的呀。

随着保险公司索赔新政的实施，索赔只针对保险人本人，也就是说，小王和董老板之间只有维修作业的业务关系，而董老板的保险索赔严格说来其实和小王并没有太大关系。虽然理赔员对如何理赔讲解得很到位，但是对董老板而言，每天有那么多的事情要忙，哪有时间去专门和保险公司交涉索赔的事情。这样的话，服务接待小王在董老板的眼里就成了内行。董老板有这样的想法固然不错，但是现在服务接待对此类问题向来是要么漠视，要么能推则推，让客户碰一鼻子灰，反正这和企业的服务没多大关系。对于这样的观点，热心的小王可不这么看，在小王看来，我们每天都和此类业务接触，客户找我们帮忙，就是对我们的信任。如果客户有难处，顺手帮忙是很自然的事情，何况这样的帮助在客户看来，无异于雪中送炭。这不，在去保险公司办理索赔之前，董老板来找小王咨询一下保险理赔方面的疑问，小王欣然接受。

下面是小王和董老板的一段对话：

董老板问：小王，这保险费算得对不对呀？为啥保险公司不全额赔付呀？

小王说："我看过您的保单，您的车是按新车购置价（含车辆购置税）为250000元的汽车金额投保了车辆损失保险，即投保金额250000元。您看定损单上的估损金额为35000元，根据这次事故来看，您承担全部责任，依据该种车辆条款的规定承担20%的免赔率。车辆全部损失，残值500元，则由于保险金额高于实际价值，因此按公式计算为：

$$赔款 = (实际修复费用 - 残值) \times 事故责任比例 \times (1 - 免赔率)$$
$$= (35000 - 500) \times 100\% \times (1 - 20\%) = 27600 元$$

至于不能全额赔付，这是由于根据保险条款，存在免赔率的问题，您这款车的免赔率为20%。

董老板仔细一看小王的计算，确实和保险公司的赔付金额相当，可是董老板又发现一个问题，那就是计算不是说实际维修费用吗，我的实际维修费用48500元，怎么这里是按照35000元呀？董老板不解地问小王。

对于这个问题，小王知道董老板存在疑惑，接着解释道："董老板，这个问题上次我已经给您解释了，这里的修复费用是按照保险公司的定损单来定的，而不是按实际的维修工单。"

听到小王的解释，董老板想起了和小王之间的一场误会，不好意思地笑了一下，接着说："小王，索赔需要哪些手续呀？"

小王知道董老板比较忙，对于这些事情确实记不清，就帮董老板拉了个清单，递了过去，说道："董老板，大概就是这些手续，您看主要包括身份证、驾驶证、投保单、购车发票、证明保险事故的有关文件、出险通知书、保险事故调查检验报告、因交通事故造成的损失应提供公安交通管理部门的事故责任认定书、事故调解书或其他证明材料。"

听着小王不厌其烦的解释，董老板心里十分感激，知道自己给小王添了不少麻烦，于是董老板就接着说："小王，你知道的，我比较忙，要不我把手续给你，你去保险公司帮我办一下？你放心，我肯定不会让你白跑腿的。"

董老板的心思其实小王也明白，但是一来董老板是服务站的老客户，二来企业由于保险公司的新政，暂时停止了保险代办业务，再者说，给客户帮忙，本身就是服务的一部分。在这些前提下，他用非常感谢的口气对董老板说："谢谢您的信任，再说，我们不是朋友吗，这些都是我应该做的。"小王短短的一句话，拉近了董老板和他之间的距离，毫无疑问我们的小王又多了一位忠诚的客户。

任务四

异 议 处 理

任务目标

目标：能够处理客户提出的服务异议

任务下达

不少客户接车的时候看上去非常好沟通，而一到交车的时候却变得牙尖嘴利，很多服务接待已经陪着十二分的小心，而客户却总是不依不饶，不少服务接待在客户的软磨硬泡之下，只好打折了事。像这些事情，有心的小王就不这样认为了，毕竟客户是花钱用服务呀，总不能你要多少就给多少吧，起码客户也该问个明白呀。这不，这一天，小王就遇到一个在交车的时候吵吵嚷嚷的客户。

任务分析

在交车的环节，由于公司与客户之间的服务歧义，或者公司提供服务的前期失误又或者是其他的什么原因，都需要服务接待在交车作业的时候进行妥善的处理，以免在后期导致更大的麻烦出现。服务接待要做好交车作业环节的异议处理工作，需要了解的知识点有：

1. 什么是客户异议？
2. 不同类型客户异议的处理方式。
3. 如何处理价格异议？

【问题一】 什么是客户异议？

在服务接待的交车作业过程中，由于种种原因，多数客户都会表现出一定的抵触情绪，这种抵触情绪就是客户异议。并不是所有的异议都代表客户对服务的抱怨，很多情况下产生客户异议才是服务接待进行服务产品销售的开始。与实体产品的销售不同，汽车服务产品的销售更注重老客户的频次消费，服务接待可以通过采取积极的方法，妥善地解答客户的疑难，改变客户对公司所提供服务的错误看法或分歧，使众多的新客户成为老客户，从而培养出公司稳定的客户群。

（一）要正确地理解客户异议

服务接待要妥善处理各种可能发生的异议，才能达成令双方满意的服务目标。

1. 客户异议是客户对服务产品和销售行为的必然反应

交车作业的目的不是为了收银，而是为了在服务的最终环节，强化客户对企业提供服务的认同度，从而提高客户对企业服务的满意程度，达到客户继续消费公司服务的目的。在交车作业过程中，服务接待通过各种方式进行项目解释，主要目的在于有效地传递服务信息，刺激客户潜在的购买欲望，引发客户持续的购买行为。从这个意义上讲，客户异议本身也是销售洽谈的基本目的。正因为如此，我们应该欢迎而不应该害怕客户提出各种服务异议，只有当客户说出"不"字即产生服务异议时，服务产品的销售工作才算正式开始。

2. 客户异议的内容和形式多种多样

客户开发过程中，客户异议的内容较多，既有真实异议，又有虚假异议；既有价格异议，还有维修质量异议、等待时间异议、服务接待人员异议、备件供应条件异议、服务态度异议等。就客户异议的形式看，既有口头异议，又有行为异议，还有表情异议等。在销售洽谈过程中，客户有时直接提出异议，有时间接提出异议；客户开口说话是异议，不说话也可能是异议。尽管客户异议是客户对服务接待及其提供服务的一种否定，但是，客户并不是在任何情况下都会说出"不"字。因此，服务接待必须善于观察和判断客户的言谈举止和动作表情，把握客户的心理状态，正确理解客户异议，及时有效地处理客户异议，否则就可能失去新的服务机会。

3. 产生客户异议的根源错综复杂

客户异议的根源既可能存在于客户的认知、情感、意志、个性和能力方面，也可能在于服务接待或公司产品本身。我们应该认真分析研究客户所提出的各种异议及其形成的主要原因，慎重对待这些异议，解决客户所提出的有关问题，才能不断改进客户服务水准，提高服务质量。

4. 客户异议既是成交的障碍，也是成交的信号

客户异议具有不利于服务介绍、构成销售洽谈的直接障碍、导致抱怨、甚至使服务中断成为单次消费的一面。当客户提出异议时，服务接待必须有效地处理这些异议，才能达成交易。但是，客户异议在作为成交障碍的同时，也具有构成成交信号的一面，"嫌货才是买货人"正是这个道理。正确对待和妥善处理各类

客户异议是成交的基本前提。

5. 客户异议是客户对产品发生兴趣的标志

客户异议绝非对购买不感兴趣，而是出于疑虑。只有客户对产品发生兴趣时，才能从正反两方面来考虑，权衡得失，发表个人见解。因此，如何因势利导，消除这种疑虑，这是客户开发工作的开端，也是诱发客户购买行为的动力。

6. 客户异议是企业信息的源泉之一

客户通过提出异议直接向服务接待提供了更有价值的信息，这就帮助服务接待在前期准备收集的信息资料基础上，进一步掌握有关利于服务有效开展的信息。服务接待可以从各种异议中获得三类信息：确认进一步劝导客户选择服务达致满意的最好时机；了解客户的新服务需求；发现企业服务及工作流程中存在的问题。对第一类信息，关键在于因势利导，切莫由于服务不到位而导致客户对服务提供的不满；对第二类信息，反馈到企业，从而增加企业对客户心理的把握，从而为客户提供更多的服务品种，满足客户新需求；对第三类信息，特别要重视客户的反对意见，切实加以改进。可见，客户异议的提出及处理过程乃是一种双向信息沟通的过程。

7. 真诚提出异议的客户是最可能成为潜在的忠诚客户

喜欢挑剔的客户多半是诚心希望得到更多服务的。客户为什么要挑三拣四？为什么要发牢骚？许多服务接待在遭到客户的抱怨之后，往往就打折了事，转向其他的客户。"褒贬是买主，喝彩是闲人。"这些古谚对分析客户异议很有启发，老练的服务接待都有这样的体会。但在了解了客户常见的抱怨方式之后，销售人员会发现，其实在很多情况下，客户的拒绝是可以挽回的，而挽回的客户也比其他客户更容易成为忠诚客户。

（二）客户异议的类型

总体而言，客户异议的根源在客户与企业两个方面：在客户方面，由于客户的立场、个性、习惯、经验及知识面的宽窄等都可能导致异议的产生。对此，销售中只能采取各种说服、示范技巧，使客户提高认识，扩大知识面，改变客户对服务的看法和评价。在企业方面，服务质量、档次、维修技术、价格以及服务人员的某些行为、礼仪及促销策略的运用等方面是否存在问题，都与客户异议有关。就维修服务而言，并不是所有的异议都代表客户对企业服务的不满。我们可以根据异议产生的原因不同，大致把汽车服务过程分为以下几类：

1. 一般性疑问

这一类疑问源于客户对汽车产品及企业所提供服务的不了解。出现这种现象是正常的，客户提出疑问，反映了客户对产品的关注程度。尤其在交车作业的环节，客户出于对汽车及其维修服务的关注，希望能够对有关汽车维修的各种服务有所了解，会提出很多有关汽车服务方面的问题，这种异议的产生通常源于两个原因：

（1）在整个接待过程中，由于服务接待自身经验不足，在车辆维修过程中对服务的解释针对性不强，导致客户对有些服务细节了解不足，从而产生异议。

（2）由于客户本身汽车维修及使用方面的知识不足，希望通过询问了解汽车使用及维护方面的知识。

2. 非真实性异议

有时候客户提出异议，并不是由于企业提供的服务有问题，而是由于其他方面的原因，这种异议就属于非真实性异议。其他的异议通常需要服务接待去解释，但非真实性异议一般不要正面去解决它。非真实性异议的产生，通常是源于以下三个方面：

（1）有些客户由于当时的心情不好，正处于负面情绪之中，他们对服务提出异议只是因为个人情绪所致。这种异议多出现在表现型人格的客户之间。

（2）有些客户为了表现自己的专家形象，也会对我们的服务和服务接待的项目沟通提出或对或错的看法，以此来展示他们的专家形象。这种情况多出现在威权型交际风格的客户身上。

（3）有些客户实际上已经认同企业所提供的服务，但是为了能够享受企业的服务折扣，会故意提出一些异议。这种情况多出现在分析型风格的客户身上。

3. 价格异议

在服务过程中，无论客户满意还是不满意，客户都希望在价格方面得到优惠，因此，服务接待对客户在价格方面提出的异议，同样需要专门的技巧。

4. 由于服务失误导致的客户抱怨

交车作业也可以说是客户对企业服务进行总体评价的环节。由于车辆维修服务涉及的服务环节比较多，因此，在整个服务过程中很多时候都会出现这样或那样的服务失误，客户就会对这些服务失误产生抱怨。有些客户的抱怨行为会直接表现出来，对服务接待提出抱怨；而多数客户则可能保持沉默。

【问题二】 如何处理不同类型的客户异议？

（一）处理客户异议的原则

汽车服务的过程就是服务接待处理与客户之间异议的过程，应把握下面几项原则：

（1）事前作好准备的原则：服务接待在向客户交车之前要预计客户可能提出的各种异议，并作好充分准备，当客户提出时才能从容应对。

（2）保持冷静，避免争论的原则：争论不是解决问题的最好方法，尤其在交车过程中，争论往往会使客户产生更大的不满，导致客户对服务的整体不满，造成客户流失。

（3）留有余地的原则：无论客户提出异议是对是错，服务接待都要注意为客户留有余地，维护客户的自尊心。

（4）以诚相待的原则：汽车销售的目的在于和客户建立长期的关系，因此销售人员要以诚相待，才能获得客户的持久信任。

（5）及时处理的原则：对出现的异议要及时进行处理，从而防止矛盾积聚和升级。

（二）一般性疑问的处理方式

如果服务接待在向客户解释维修项目时，客户更多地是关注为什么会出现此类故障，或者询问如何对车辆进行很好的维护以及维修作业流程是怎样的等问题时，服务接待就可以判断客户是由于对汽车维护及作业流程不熟悉导致的疑问。

此类疑问的处理有赖于服务接待业务能力及熟练度的提高。服务接待须通过熟悉业务流程，提高对企业所能提供各类服务的认知水平，同时，注意客户的交际风格，热情服务，基本上都可以使客户满意。

（三）不同类型非真实性意见的处理方式

如果服务接待在向客户解释项目的时候，客户有意吹毛求疵，服务接待就可以大致判断客户的异议属于非真实性异议。此类异议可以分为三种情况来区别处理：

1. 判断客户是由于自身的情绪问题

这种情况多出现在送车服务或表现型人际风格的客户之中。对于由于客户情绪导致的反对意见，服务接待要注意观察客户的表情和选择说话的时机和方式，可以采用冷却法或隔离法。

（1）冷却法是指当这种情况发生时，服务接待尽量少说话，让对方的情绪平静下来，在他情绪不好的时候，你的解释都很难被接收，都不会受到重视，只会加强他的厌烦情绪，要想不与其争辩，可以使用以下技巧：

① 保持沉默，但要微笑。

② 可以转身去做一件小事，消除剑拔弩张的紧张气氛，比如说咳嗽一下。

③ 表示某种歉意，打消客户想争论某一问题的兴趣。

④ 让客户稍等一下，装作有急事要处理，比如说你可借故去厕所等。

⑤ 可改善一下说话的气氛，例如递给客户一支烟，给客户倒杯水，送客户小礼品等。

（2）隔离法是指不要对客户的反对意见作任何回答，将谈话引到比较轻松的话题。譬如当客户发牢骚的时候，可以邀请客户去看车，从而转移客户的话题。

2. 判断客户是为了表现自己的专业水准

这种情况一般多出现在威权型人际风格的客户身上，譬如当服务接待向客户进行项目解释的时候，客户会说出自己对维修原因的判断，而对服务接待的专业解释却表现出我知道或不耐烦的情绪。这时，服务接待要注意不要去评论客户的对与错，适当的认同更有利于交易的顺利进行。通常可以采取的方法有赞美法和回避法。

（1）赞美不是奉承。赞美法是指无论客户对专业性问题解释得多么苛刻或初级，服务接待都要找到其闪光之处，报以微笑和赞赏，并认可其所提问题的重要性，然后继续我们的解释。

（2）回避法是指当客户提出的问题很幼稚甚至是错误时，不要拼命地解释和辩解，争论的胜利往往导致交易的失败。譬如当服务接待提醒客户按期保养时，有些客户却不当回事，说保养不过是服务站招揽客户的一种手段而已，即便是不按时保养也没什么大问题之类的话。这时，服务接待对客户的这一说法就需要回避，而没有必要去和客户争论保养是否有必要。

3. 判断客户是为了获得价格或其他方面的优惠

这类反对意见的特征一般是客户不断地查看交车明细单，同时又不断地提意见；或者前期的沟通都非常融洽，但在交车作业时又提出很多异议。服务接待要注意权衡公司与客户两方面的利益，保持原则，因为公平的交易才是最重要的。在处理过程中要注意，首先要显示出你的努力和诚实，告诉客户你很愿意为他服务，并用适当的建议为对方提供台阶或让步，来完成交车作业。

【问题三】　如何处理价格异议？

在服务过程中，价格问题是企业与客户之间十分敏感的问题之一。在实际工作中，关于价格问题的异议，很多时候与服务质量并没有太大的关系。无论前期的服务如何到位，在涉及价格问题的时候，客户总是希望能够获得优惠，尤其在中低档车的消费群体当中，表现得尤为明显。当客户与服务接待之间出现价格异议的时候，可以运用如下的原则和方法来处理双方异议，以达到双赢的目的。

1. 价格异议产生的原因

价格问题是服务接待在交车作业的时候最容易遇到的问题之一，产生价格异议的原因主要有以下几个方面：

（1）客户经济状况、支付能力等方面的原因。

（2）仅仅出自客户的习惯。

（3）客户对服务提供或代用品服务提供之间的价格比较。

（4）客户不了解公司的服务产品。客户习惯了到综合型的维修企业去修车，对品牌全方位服务提供的的整体情况不理解，只知道现在修车要比过去贵得多。

（5）客户除了在 A 公司选择维修服务外，还在 B 公司体验服务，因此他希望把企业的价格压下去，将此作为和另一方讨价还价的筹码。

（6）客户的其他动机。由于客户对产品价格最为敏感，且产品价格与客户的利益有直接关系，故在产生购买欲望之后，客户首先会对价格提出异议，因而价格异议也是最常见、最容易提出的客户异议。

2. 处理客户价格异议的原则

客户总是希望用最低廉的价格买到更优质的服务，显然这一点是很难达到的。服务接待要处理好客户的价格异议，要注意下列原则：

（1）如果客户为累计消费金额或来店次数达到一定限额的客户，可以推荐使用积分卡或会员卡，主动为客户提供折扣，以促使客户继续来店消费。

（2）如果服务接待服务过程中没有服务失误，而客户仍希望得到优惠，服务接待不可轻易答应客户的要求，可以考虑推荐客户成为会员或利用一定的技巧为客户做好解释工作。

（3）如果服务过程中存在服务失误，服务接待要真诚地向客户表示歉意，并根据企业的有关服务失误的处理手段，采取道歉、解释、折让、提供补偿等手段来解决问题。

3. 处理价格异议的技巧

无论客户对服务满意与否，客户在交车的最后环节，总会在价格上和服务接待进行讨价还价，服务接待可以选择的处理技巧如下：

（1）安全利益法。安全利益法是指服务接待在向客户解释维修项目时，首先向客户说明各个维修项目的必要性和危害性，向客户传达自己对客户安全的担心。客户对维修项目的必要性认识越深刻，讨价还价的可能性也就越低。

（2）价格分解法。价格分解法是指服务接待向客户解释维修项目时，逐项向客户介绍维修项目及价格。通过价格分解，让客户明白，每一项维修都是必要的，自己选择的维修服务项目实际上是客户选择范围内最划算的。

（3）总体计算法。总体计算法与价格分解法恰恰相反，该方法是服务接待向客户解释从满足某一需求的总体费用上着手。譬如服务接待推荐客户定期地对车进行维护保养和检查，保证车况的良好状态，延长车辆使用寿命，从而降低车辆的整体使用成本。

（4）补偿法。如果企业的维修服务在价格方面与同行相比的确不具备优势，而且服务差异性也不大，那么就必须为价格劣势补偿其他的利益，如为客户提供免费的检修等服务项目。

（5）暗示提醒成交法。在向客户解释维修项目的时候，如果客户一开场就直截了当地询问价格，千万不要马上回答他们价格是多少。因为，这时候很多客户还不完全清楚维修服务的价值所在，对价值的评判还不全面，无法做到客观公正，此时如果马上回应客户有关价格的问题，他们往往会凭直觉判断价格太高。这是客户消费心理的必然表现，很多失败的交车作业问题就出在这个环节。此时，如果服务接待继续向客户介绍有关维修项目的内容，客户往往无法静下心来细听，因为他们心理上已经由于价格的因素产生了一种抗拒和排斥。这种情况比较容易发生在对维修服务费用情况还不了解的客户身上，除非他们已经多次来店维护并在心理上接受或认可了某品牌某车型的服务档次。这是刚进入汽车服务领域的销售人员最不容易处理的异议，需要特别注意。面对这样的情况，服务人员可以采用暗示提醒的办法，告诉客户："您看这是交车明细表，我们维修的每一个项目都是经过您同意的，费用我也给您估算过，"也就是说在完成整个产品的价值信息传递后再与客户讨论价格问题。

（6）送"台阶"法。如果服务接待没有明显的服务失误，而客户依然希望获得规定范围之外的折扣时，服务接待如果直接拒绝客户的请求，客户就会感觉十分没有"面子"，很容易导致客户的不满。这时可以采用送台阶的方法来实现价格协商。当客户坚持要求折扣时，服务接待可以假意告诉客户请示上级主管，或赠送客户小礼品等手段，使得客户感觉有台阶下，从而实现价格协商的目的。

任务实施

交车就意味着一次服务告一段落。在这一环节，客户要对企业所提供的各类服务支付一定的报酬，而企业则获得相应的利益。每一个客户都希望少花钱多办事，只不过有些客户不愿意说出来罢了。因此，在交车的环节，产生一些异议也在情理之中。正是因为小王知道客户的心理，所以当这位客户提出价格贵、想讨价还价的时候，小王一点都不感觉到意外，首先回想了一下自己在为客户服务的时候有无不妥之处，然后回答道："李总，您知道的，我们这里是品牌服务站，所有的服务都是明码标价。一般情况下，我们都没有打折的权限，是不是我们有什么服务不到位的地方？"

李总听小王一说，也觉得小王服务的确实很周到，现在和小王谈价格，心里面挺不好意思的，但是涉及自己的切身利益，争一争也没啥坏处，就接着说："我知道是服务站，但是你们这里确实太贵了，这不是店大欺客吗？"

小王知道，像这样的话是不能反驳的，因为它只不过是客户的一种语言技巧罢了。如果因为这个和客户争吵起来，实在没什么好处，就继续诚恳地问道："李总，您说我们这里价格有点高？您是指哪些方面？我们的价格是通过物价局定价的，应该很公平的。"对于这样的说法，李总也清楚是怎么回事，但是，自己一个商界老手总不能败在一个年轻人的手下，于是就接着说："你们的备件太贵，我朋友的车前两天去修备件的价格相当于你们价格的一半，你看这个前照灯，外边才卖600多元，而你们的价格却要1100元！"

"原来您是因为这个价格有误会，这需要我给您解释一下，您说的价低的应该是副厂件吧，我们这里都是汽车厂家的原装配件，质量和匹配性都是经过严格检验的，而副厂件的质量稳定性就不好说。从安全的角度考虑，您知道的，一分价钱一分货。"小王半认真半开玩笑地和李总说。

可能是小王的话有点刺激李总的自尊，李总继续说道："可是你们的工时费也贵呀，有好多地方都是免工时费维修的。"

小王毕竟有点年轻气盛，没感觉到李总的心理变化，接着又辩解道："您说的应该是一些快修点吧，那些快修点的价格确实比我们这里要低一些，但是从技术的稳定性和维修质量上来说，快修点和服务站本身就不是一个消费档次……"

虽然小王很年轻，但并不等于笨。小王正说得来劲，发现客户的脸色有点不对，猛然间意识到自己说的太多了，没有给客户留余地，像这样辩论赢了，客户丢了的傻事小王才不干呢。其实小王也明白，李总未必就是在乎钱，关键是"面子"问题。如果第一次反驳客户就接受那还好说，但如果客户第二次又提出来，说明客户的诉求就非常强烈了。而这位李总提出了三次，所以小王心里明白，道理其实李总也懂，关键是要给李总一个台阶和面子，于是念头一转，接着说道："您看，李总要不这样，我请示一下领导，看能不能给您一些优惠，好吗？"

其实小王并不是真的要去找经理，如果连这样的事情也找经理来解决，那么还要服务接待干什么，这点自尊小王还是有的。小王站起身离开客休区，到车间里转了一下，一看时间差不多了，就又找到李总，说道："李总，我刚才已经找了一下经理，您看这样可不可以，打折是不行的，如果不是特殊条件下的话，公司是不允许的，不过我可以帮您免费办一张普通会员卡，会员卡可以根据您的消费情况积分，我刚才看了一下，根据您的积分情况，下次就可以享受 98 折了。如果您这次再多花 280 元，办一张银卡会员，这次您就可以享受 96 折的待遇了。您看这样处理可以吗？"

对于小王的这些小技巧其实李总也明白，自己有时候不是也这么处理客户吗。但是小王能给自己这个面子，让自己有台阶下，这小伙子还不错，虽然是下次才有机会打折，但总算自己的要求没有落地，再说这家服务站的服务确实很到位，比上次去的那家要好多了，于是李总说道："是这样呀，好吧，那就给我办一张免费的吧，你把那个服务指南给我一个，我考虑一下是不是下次办张银卡，也免得以后修车麻烦。"

听到李总接受了自己的建议，小王心里美滋滋的，但是小王知道如果仅限于此，还是不能使李总成为自己的忠诚客户群，毕竟前边自己的解释有点过头。于是小王拿出早已准备好的小礼品，笑着递给李总一个钥匙链，口里连声称谢道："谢谢李总对我工作的支持，这是我们公司的小小礼品，不成敬意。要不我们现在去办手续？"常言道礼轻情意重，李总欣然接受了小王递过来的小礼品，然后和小王一起向收银台走去。

任务五

客户抱怨处理

任务目标

目标：能够处理客户抱怨

任务下达

由于多数客户没有预约修车的习惯，导致很多4S专营店每日来店服务的台次很不均衡。正是由于这些不均衡和不可预计，导致要么是没车来修，要么是紧张忙乱，而一旦忙，就有可能出错。这种情况小王也遇到过，这不，这天小王也犯了一个错误。忙得焦头烂额的小王刚走到服务前台附近，就看到一位客户在那里吵吵嚷嚷，只听客户在那里说："接车的时候告诉我说1个小时就可以把车修好，现在都快两个小时了。"小王的出现让客户眼睛一亮，说道："小王，我的车到底修好了没有？这都快两个小时了，再不给我一个满意答复的话，我可是要去投诉了。"

任务分析

在交车环节，由于服务的即时性，使得在汽车服务的各个环节都可能发生服务失误，这些服务失误如果不提前做好解释，就可能转化为客户抱怨，乃至投诉事件。服务接待要做好交车作业环节的抱怨处理工作，需要了解的知识点有：

1. 哪些行为容易导致客户抱怨？

2. 为什么要对客户的抱怨行为进行服务补救？

3. 如何处理客户的抱怨行为？

由于汽车维修服务人员较多，服务时间也很难确定，所以使得在维修服务过程中，有些环节不可避免地会出现这样或那样的服务失误，而抱怨行为正是客户对服务失误的一种表现形式。

【问题一】 哪些行为容易导致客户抱怨？

1. 可能导致客户抱怨的行为

客户对企业的抱怨多数源于服务失误，常见的服务失误主要包括：

(1) 维修质量差。

（2）维修过程中发生意外或故障。

（3）交车时错认客户、疏忽早先对客户的服务承诺。

（4）在订购备件时品种或到货时间出错。

（5）让客户久等（含交货期）。

（6）客户期望得到良好服务或其他利益的希望破灭。

（7）服务接待说明技巧差。

（8）服务接待介绍服务项目错误。

（9）不把客户的抱怨当回事。

（10）要求客户付出的钱太多（服务价格过高）。

（11）不是原来的服务接待交车。

（12）服务接待沟通技巧差。

（13）价格超出报价但没有事先通知用户。

（14）用户等待交车时间过长。

（15）交车时不给用户看旧件。

（16）服务接待不知道停车位。

（17）服务接待对用户的不合理要求含糊其词。

（18）交车时不向用户解释发票内容。

2. 当出现服务失误时，客户会选择什么样的反应？

当企业服务失误，客户就会由于对企业服务的不满意而采取不同的行动。客户可能采取的行动如图 6-9 所示。

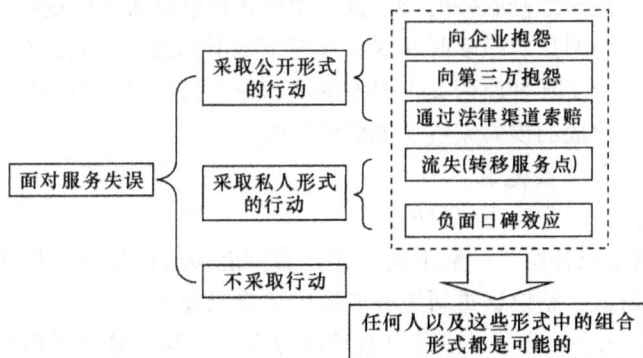

图 6-9　客户遇到服务失误时可能采取的行动示意图

我们通过图 6-9 可以看到，当客户准备对企业的服务失误采取行动时，至少有三种方式可以选择：

（1）采取公开形式的行动。公开形式的行动主要包括向服务接待提出抱怨、向公司管理部门投诉、向消费者协会投诉、向汽车制造厂家投诉、媒体曝光、提起法律诉讼等。

（2）采取私人形式的行动。私人形式的行动主要包括客户到其他汽车维修站点、对该企业的服务进行负面传播（如将自己不愉快的服务经历采用口头或网络的形式告知他人）等，从而影响企业的服务形象和客户消费群体。

（3）不采取行动。

3. 理解客户对服务失误的反应

一旦企业出现服务失误，一线的处理人就是服务接待。事实上，客户遇到服务失误，通过抱怨的形式来表达不满是可以理解的。从长远服务的角度而言，客户的抱怨行为符合矛盾论，这是因为如果服务接待能够很好地解决客户的抱怨，这位客户往往容易成为企业的忠诚客户；反之如果存在服务失误，客户虽然没有抱怨，但服务接待如果不能主动地去进行服务补救，而采取漠视或逃避的方式来处理的话，企业就很有可能失去这位客户，并可能带来更大的负面效应。

（1）并不是所有的客户都会把抱怨表现出来。

客户抱怨是企业获得客户对服务评价的重要渠道之一。通过处理客户抱怨，服务接待能够发现服务的不足之处，从而进一步提高服务水平。而事实上，能够主动向服务接待提出抱怨的客户只是对服务不满的客户群体中很少的一部分。有关的研究显示，只有5%~10%的不满意客户会对服务接待进行抱怨。

（2）为什么有些客户不抱怨。

很多客户在汽车特约服务站对服务不满意时，往往不愿意向服务接待表达抱怨的行为，很多时候只是发发牢骚而已。在有些客户看来，即便是抱怨，也往往于事无补。由于汽车维修服务的特殊性，使得客户没有太多的选择，对特约服务站而言表现得尤为明显。很多时候这些客户宁愿不抱怨。在他们看来，如果抱怨得不到解决，而由于某种原因又不得不继续和企业打交道，倒不如选择沉默——除非服务失误所造成的损失超过了他们的底线。

（3）客户为什么要抱怨。

客户采取抱怨行为的主要目的是：

① 获得赔偿或补偿。一般来说，客户希望能够通过抱怨挽回经济损失，例如要求折扣、退款、赔偿、重新服务或提供免费服务等。

② 发泄心中的不满。一些客户通过抱怨来重塑其自尊或发泄怒火。当服务接待服务时官僚作风严重、极其不合理、员工行为粗鲁、故意威胁客户、明显不关心客户的需求，或客户感到自尊心、自我价值严重受到侵害时，就会非常生气，情绪化严重。

③ 帮助企业提高绩效。有些客户希望通过抱怨，引起企业的关注，使得企业能够改善服务质量，提高服务绩效，从而避免以后再次遇到此类问题。

④ 利他的原因。一些客户受到利他主义原因的驱动，他们对企业提出抱怨

是希望其他客户能够避免重复经历同样的问题，如果这些客户提出的问题没有受到高度重视，他们将会感到很失望。

【问题二】 为什么要对客户的抱怨行为进行服务补救？

1. 如果不早作处理，客户的异议会升级

在实际的工作中，服务接待及时地发现服务失误，并主动地采取补救措施是十分必要的。这是因为，由于服务失误导致的异议如果不能被及时地排除，就会逐步地发展，直至给企业带来更大的麻烦如图 6-10 所示。

图 6-10　服务失误与服务补救关系示意图

由图 6-10 可知，一旦产生服务失误，随着时间的推移或事件的发展，客户的不满会逐渐增加，企业要进行服务补救时所付出的代价也会逐步加大。

（1）当服务接待由于种种原因出现服务失误，抱怨的产生就开始潜伏。这时服务接待如果能够及时地发现，主动与客户沟通，抱怨的因子就能够被及时地解决，如交车期因故延长、报价由于项目变更产生变化等。

（2）如果服务接待在出现失误后，没有在第一时间和客户沟通，而由客户先提出异议时，服务接待就需要向客户解释造成服务失误的原因，并向客户致歉。

（3）如果服务接待在客户对服务提出异议的时候，仍然没有足够地重视，就可能导致客户抱怨。对客户抱怨的处理，就需要服务接待向客户表达真诚的歉意。如果客户的抱怨情绪严重，服务接待还需要给予客户适当的补偿。

（4）如果服务接待没有及时解决客户的抱怨问题，矛盾会进一步的升级，可能导致客户向公司投诉。一旦客户投诉产生，企业不仅要妥善地处理客户的投诉事件，进行失误补救，而且要给予客户适当的补偿。

（5）如果客户进行了投诉，而问题仍没有得到及时的解决，客户的不满情绪就进入了僵局。随着时间的推移，客户的不满情绪就会进一步增加，并转变为对企业服务的负面口碑评价，此时企业要进行服务补救，就可能要付出更大的代价，才能弥补由于延误导致的损失。

（6）如果客户的投诉没有得到及时的处理，僵局阶段双方也没有达成合理解决的协议，客户就可能会进一步地采取公开的行动，来维护自己的权益，如向法律机关提请诉讼、媒体曝光等。如果是此类重大的投诉，企业在进行服务补救

时，不仅需要进行合理的赔偿，而且需要通过公关的手段来平息由于危机而带来的恶劣后果——即便是如此，这类客户成为忠诚客户的可能性也微乎其微。

2. 对服务失误进行服务补救

针对出现的服务失误，服务接待想方设法更正问题，使客户能够得到保留，进而成为企业的忠诚客户——服务接待作出的一系列努力，这种行为被称为服务补救。当客户的抱怨得到满意的解决时，将会有更多的客户成为企业的忠诚客户。要使客户获得有效的服务补救，可以从以下几个方面着手：

（1）服务补救应该是主动的。服务接待进行服务补救的最佳时机是在客户抱怨产生之前，而不是抱怨之后。

（2）服务补救的过程需要有计划地进行。服务接待要根据企业出现服务失误时制定的流程进行服务补救。

（3）必须传授补救技巧。客户通常很容易由于服务失误而感到不安全，因为服务失误并不在客户的预料之中。企业如果能够培训服务接待，增加他们进行服务补救时的信心，设法帮助客户，从而使客户能够尽快地从不满的情绪中解脱出来。

（4）考虑适当补偿。补救要求给服务接待授权。服务补救的手段应该是柔性的，如果企业把服务补救的权限下放给服务接待，服务接待就可以采取灵活的手段来处理。为了维护企业在客户心目中的良好形象，服务接待必须维护企业在客户心目中的良好形象，员工必须有权利作出补偿决定，支配补救的资金费用。

【问题三】　如何处理客户的抱怨？

（一）处理客户抱怨的原则

1. 快速行动

如果失误发生在服务传递的过程中，那么时间就是获得全面补救的根本，即使补救方案需要较长的时间，迅速承认错误也是非常必要的。

2. 真诚地表示歉意

不要为自己的服务失误进行辩解。在很多时候失误是很难避免的，出现失误后真诚的向客户表示歉意，更容易获得客户的谅解。

3. 先处理情绪，再处理事情

意料之外的服务失误，不可避免地给客户带来了很多的麻烦。由于这一原因，客户产生一些不满的情绪是可以理解的。服务接待在进行服务补救时，要先行安抚客户愤怒的情绪，理解客户的感受，以创造良好氛围，待客户情绪稳定后，再提出解决问题的方案。

4. 不要与客户争论

服务接待的目标是收集事实，然后与客户达成双方满意的解决方案，因此，不要与客户争论，而要冷静地倾听。

5. 要从客户的角度来看问题

服务接待要从客户的角度来观察和理解服务失误给客户带来的不便，尽量避免根据自己的想法妄下结论。

6. 提出明确的解决方法

服务接待要明确地告知客户解决问题的方法，即便是不能立即确定方案，也要告诉客户企业解决问题的诚意和计划。如果问题的解决取得了进展，也要及时地向客户通报。

7. 考虑适当补偿

当客户没有享受到他们付费的服务，以及由于服务失误造成巨大的不便或损失大量的时间和金钱时，提供经济补偿或者等价的服务作为补偿是十分必要的，这样可以减少客户流失或危机进一步恶化的风险。过低或过高的补偿都是不能提倡的，服务补偿的限度应该是适当的。如果企业有较高的服务定位（如高端品牌），则需要补偿的价值也较高；如果企业的服务为大众定位（如一般的中低端品牌），则"罪罚相当"的补偿就可以了。

8. 坚持重新获得客户继续购买服务的意愿

如果客户对企业的服务已经失望了，对服务接待而言，最大的挑战就是保持客户对企业的信心，以便维护未来的关系。服务接待要坚持减少客户的怒气，并使客户确信企业在采取行动以避免问题的再次发生。有时候，出乎意外的补救努力可以有效地构建忠诚，产生客户正面的口碑。在客户抱怨得到解决之后，一些小礼物会给客户带来意外的感受，从而有利于企业客户群的扩大。

9. 自我检测及追求卓越

服务接待处理完客户抱怨后，要仔细检讨服务失误是偶然发生还是由于企业内部流程的缺陷导致的。如果是内部流程缺陷，要及时通过企业内部的反馈系统进行反应，以便使企业尽快地弥补这样的缺陷。

（二）处理客户抱怨的技巧

服务接待进行服务补救时，适当地运用一些技巧，对于问题的解决是十分必要的。

1. 理解发现法

首先是由于服务接待自身的因素所导致的异议，如经验不足、沟通不够、服务不到位、客户理解偏差等而引发的反对意见，可以采用理解发现法来解决。理解发现法多适合于分析型或合作型的客户，处理流程如图6-11所示。

由图6-11可知，当客户提出异议或抱怨之后，服务接待首先要争取缓冲的时间，并确定客户的问题是什么。客户的问题通常可以采用三种方法来获得：

① 重复：当客户提出问题时，通过重复客户的问题，一方面表示了对客户

的尊重，另一方面也同时表明听清楚了客户提出的问题，并使客户能够有时间加以补充。

②澄清：在很多情况下，客户有时并不会清晰地表示抱怨。他们提出的问题往往是含糊的，通过反问可以明确客户的真实意见，以对需要回答的问题进行澄清和证实。

③探寻：在很多情况下，不同的客户可能会对同一问题提出抱怨，而导致这一抱怨的原因是不同的。服务接待要设法了解客户抱怨的真正原因，才能有效解决客户抱怨。服务接待要不断学习，并注意经验的积累，从而达至正确判断客户心理的目标。

图 6-11　客户抱怨处理流程示意图

确认问题后，服务接待首先要对客户抱怨表示歉意，目的在于缓解客户的对立情绪，不要急于针对客户的抱怨提供解决的方案。服务接待提出解决方案之前要注意适当的铺垫，以便提出服务补救的方案后客户能够轻松地接受。

对抱怨的处理可以采用确定或转移的方式来进行，对服务补救方案的传递要注意留有余地，一次性的慷慨，往往并不能导致问题的有效解决，反而可能导致客户的贪念。要注意公平地提出解决问题的方案，不要有意地去辩解失误的原因，因为这些问题无助于问题的解决，且客户对这样的辩解并不关心。在对客户的抱怨进行服务补救时，应有意地引导客户向有利于我们进一步说明的方向来考虑问题，这样才能使服务补救成为下一次服务销售的机会。

【案例】　客户："维修费怎么这么高？"

服务接待："费用高？您是指哪一方面？"（澄清）

客户："你接车的时候告诉我大概需要 2300 元，怎么现在看来要花 3200 元？这不是骗人吗？"（确认问题）

服务接待："真是太对不起了，由于我的失误让您误会了。"（表示歉意）

客户："没关系，这究竟是怎么一回事？"

服务接待："是这样的，刚才在检修的时候，又发现了一个故障，我专门和您沟通过，但是我没有把费用变化的情况和您讲清楚，真是太对不起了。"（铺垫）

客户："原来是这样，可你怎么不早点和我讲。"

服务接待："真是对不起，这是我的疏忽，您下次再来的话不会再出现类似的情况了。"（服务补救）

客户："但愿如此。"

服务接待："这是一个我们公司的一个小礼品，请您收下，也算是我的一点

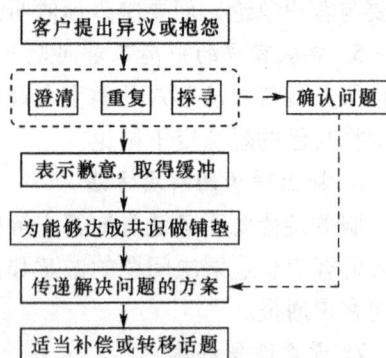

小小心意。"（确定或转移）

2. 反复法

面对客户的抱怨，有些情况下我们可以把抱怨的理由作为进一步解释的因子。反复法流程是当客户提出抱怨后，立即跟进，用明确的话题吸引客户的注意，提出问题的解决方案。反复法处理问题的方式简洁明快，多适合于威权型和表现型的客户。反复法的正确实施源于充分的作业前准备，当客户提出抱怨后，立即以快捷的方式处理客户抱怨。

【案例】 客户："我的车怎么还没有修好？"

服务接待："正是因为这个问题，我才专门来向您解释的。"（反复）

客户："是吗？"（吃惊）

服务接待："真是不好意思，刚才由于我的疏忽，作业时间延长我也没有及时和您打招呼。"（传递）……

3. 反射法

在服务过程中，当客户提出的反对意见题目太大，比较模糊，但由于某种原因，服务接待又不便询问时，可以采用反射法。反射法可以让客户对所提的问题做出进一步的解释，一方面使得客户的反对意见得到补充，使我们更加明白客户的真实意图，另一方面也为我们做出进一步的解释取得了缓冲的时间。

【案例】 客户："你们的服务真是太差劲了。"

服务接待："服务不好？您是指哪些方面？"

客户："刚才我在休息室等了半天也没有人招呼我……"

4. 处理与竞争对手有关的客户抱怨技巧

随着汽车市场的不断壮大与发展，人们对汽车后市场也越来越重视和关注，维修服务行业的竞争日趋激烈，客户选择维修服务的范围也越来越广泛。因此，当客户提及其他服务企业时，千万不要随意去评价对方的服务，更不能贬低对手或与客户争论，而应承认客户所提及的事实，转移客户关注的焦点。对此类意见的处理可以采用如下的基本方法：

（1）赞美对手。当客户提及竞争服务商时，无论服务接待如何贬低竞争对手，客户都不会相信，甚至还会产生反感，有了去尝试一下的想法。因此服务接待绝对不能正面贬低竞争对手而应给予恰当的认可和关注，树立服务接待客观、公平的形象。当然赞美对手不是目的，而是为了不直接与客户的观点相抵触，获得客户的信任，赢得客户对企业的忠诚。

（2）用通俗语言讲解。随着我国汽车市场消费心态的逐步成熟，越来越多的客户认识到不能靠维修质量单一的指标来评价维修服务企业的服务能力，很多客户常用满意度来衡量某一服务企业的服务是否满足他们的需求。所谓满意度，是指在目标客户对汽车服务企业的服务进行评价时，综合考虑企业各方面的服务提供与价格的因素，从而做出合理的选择。比如快修店有价格优势，但备件的纯正性可能存在一些问题；4S 汽车服务企业有综合服务及技术垄断的优势，但价格一般比较高；综合维修厂有技术优势，但是关联的服务提供就比较少等。因此，服务满意度的衡量指数给了所有不同价位的服务企业一个公平的衡量标准。竞争的不是单一的价格也不是单一的维修服务质量，而是看谁的服务更符合消费者的切实需求。同时要注意，不同客户对服务提供各个方面的关注点是不同的，因此在介绍企业服务的过程中要从客户的角度出发，用通俗的语言来讲解维修服务质量和价格之间的对应关系，更有利于达到客户的认同，使其成为企业的忠诚客户。

（3）学会定位客户，有针对性地解释。

服务接待在进行服务沟通的过程中，要根据目标消费群体的需求情况对客户进行有针对性的解释。不同的消费群体有不同的消费档次，服务接待通过帮助客户进行恰当的消费定位，使客户能够接受企业所提供的服务和价格。这也是一种回避谈论竞争对手的有效方法。

综上所述，虽然说成功的服务始于异议的处理，但是优质服务的主要目的是减少异议，异议的减少又首先依赖于服务接待技能的提高。其实，有很多异议是可以通过提前准备预防的，通过培训可以有效避免某些出现频率比较高的异议还可以有效防止尴尬情况的发生，如增项处理等。

出现异议的多少与服务接待的经验和专业能力有关。服务接待由起步阶段努力地对付异议，逐步发展成为预防异议，将异议处理在萌芽阶段，经常性的训练和相互间的交流是必不可少的。

任务实施

与普通产品不同，服务带有即时生产即时消费的特征，因此不可避免地在服务过程中会出现这样或者那样的失误。关键是出现问题后服务接待如何来解决？掩饰、辩解还是补救？如果从讨论的角度来谈，我们当然是选择如何来补救，但是一旦涉及切身利益呢？掩饰可以逃避惩罚，辩解可以混淆视听，而选择补救则可能使自身或者企业加大为服务投入的成本。这些念头在小王心中一闪而过，最终小王选择了设法补救。毕竟维护好与客户之间的互信，才是企业和自己的根本利益所在。想到这里小王急忙走上前去，给客户赔礼道歉，说道："刘先生真是对不起，由于我的失误给您添麻烦了，我正准备给您解释呢？"

刘先生心里十分不快，来的时候小王告诉他只要 1 个小时就可以把车保养完，可现在都快两个小时了　车却还没有修好，这多耽误事呀！好，我看你怎么说。打定主意后，刘先生说："究竟是怎么回事，小王你说实话。"

小王接着解释道："是这样的，您也知道上午来的车比较多，我刚才给您讲大概需要1个小时，结果我帮您排队的那个组由于上一台车故障比较多，所以维修时间延长了，所以您可能还需要多等。刚才由于事情多，我没有提前和您沟通，真是对不起。"

刘先生心里还是很不痛快，这算什么呀，早知道这样，我今天就不修了，还有急事呢。心里不满意，自然没好话，刘先生抱怨道："是不是我好说话您们就认为我好糊弄？小王，我来修车也不是第一次了，要是多等十来分钟我也就不和你说啥了，你看现在都快11点了，这样的话我什么事都办不成了。"

刘先生的心理小王也明白，这要是自己遇上也一样会生气，莫名其妙地等了一个小时，车还没有修好，换了谁也不会痛快。这是小王想起了上次培训时老师讲解的快速处理、客户优先、适当补偿的原则，眉头一皱，计上心来，说道："真是很抱歉，由于我的失误给您带来这么大的麻烦，要不这样，刘先生，我马上去车间催一下，尽量给您快一点，然后我找一下经理，看看能不能给您一些其他的优惠，您看可以吗？"

本来刘先生等得心烦，准备找经理投诉小王的，现在一看小王道歉还算诚恳，心想那就再等等吧，于是说道："好吧，小王我也不难为你了，你去看看，我还有急事呢！可不要再有什么变化。"

听到刘先生同意了自己的方案，小王心里总算一块石头落了地，虽然动用了自己为数不多的几次折让权，但是又有什么比客户满意更重要呢。

过了半个小时，当小王把修好的车交给刘先生，告知他工时费95折，并建议他下次最好提前预约以便提高效率的时候，刘先生心头的乌云也就散了，高高兴兴地离店而去。

客户虽然走了，但是小王的工作并没有结束，小王动用了折让权，就要填写客户抱怨处理意见表，以备公司核查。

出乎小王意料的是本来自己出现了失误，给公司造成了一定的经济损失，罚款肯定是免不了的。没想到，在月末的工作总结会上，周经理还表扬了小王。当时周经理是这样说的："虽然小王由于没能与客户提前沟通出现了失误，应该批评。但是，小王在处理客户抱怨的时候，能够处处从公司的长远角度来考虑，严格按照快速处理、客户优先、适当补偿原则来处理，从而避免了可能导致的客户投诉事件的发生，值得表扬。功过相抵，继续努力。"

项目七

服务跟踪

项目导入

　　在短短的不到一年的时间里，小王逐渐地了解和掌握了服务接待的各项主要工作。但小王深知服务接待的主要工作绝不仅仅只是企业的服务提供者，通过各种手段帮助企业培养稳定的客户群才是服务接待的核心任务。公司规定每位服务接待的每月客户回访次数不得少于接车次数的10%，投诉事件一次解决率为99%，这两个指标同样被列为考核服务接待的重要指标之一。

项目分析

　　对来店客户进行跟踪回访是企业获得信息反馈、培养客户忠诚的重要任务。服务接待要做好回访工作，处理好投诉事件，其工作要求是：

◎ 能够按照企业的相关规定进行回访。

◎ 能够处理一般性投诉事件。

任务一

跟 踪 回 访

任务目标

目标：能够处理一般性投诉事件

任务下达

　　开始的时候小王实际上是不愿意回访的。在小王看来，回访不回访都没有多大意思，又带不来产值，搞不好还会被客户埋怨半天。再说了，业务那么多，哪有那闲工夫去打电话，不是专门有电话回访员吗？但是既然公司有客户回访次数的要求，小王自然有应付的办法，轻松搞定！100%客户满意度，谁让咱服务水平高呢，顺风顺水的工作使小王不由得有点飘飘然，耍起了小聪明。工作总结的时候，周经理看着小王的客户回访登记表，看着刚刚参加工作的小王100%的客户满意度，不禁皱起了眉头——别的业务员，就连小王的师傅小李都有客户抱怨或投诉的记录，而小王却都是客户满意的评价。看到这里，周经理觉得，有必要再给小王上一课了。随手拿起了电话把小王叫到自己的办公室。

任务分析

对维修客户进行跟踪回访是企业服务闭环的重要环节，通过跟踪回访企业可以达到减少客户投诉、增加客户满意度、培养忠诚客户群的目的。要明确上述问题，涉及遗留问题处理、忠诚客户维系等方面的信息，需要掌握的知识点包括：

1. 为什么要进行客户跟踪回访？
2. 跟踪回访服务如何开展？
3. 需要服务接待进行或协助的跟踪回访如何开展？
4. 有哪些跟踪回访的技巧？
5. 有哪些方法能够维护忠诚客户？

【问题一】 为什么要进行客户跟踪回访？

服务跟踪是经销商商业活动中最有效的促销手段，是服务质量承诺的有机组成部分。

1. 进行跟踪回访的原因

完成交车作业、送客户离店并不代表服务的结束，这是由于以下几方面的原因：

（1）汽车维护服务属于频次消费，一次维修的结束并不代表服务的终止。服务接待通过回访，请客户评价企业的服务情况，表达企业对车主的关心，从而加强客户对企业的印象，增进服务接待与客户之间的关系。

（2）企业可以通过回访，及时发现服务过程中存在的不足，及时沟通客户不满意之处，消除分歧，避免客户将其不满传播或不再惠顾，提升客户对企业服务的满意度。

（3）企业通过回访，解答客户在车辆使用过程中的疑难问题，从而使企业的服务具有主动性，有利于企业培养稳定的忠诚客户群。

（4）企业通过回访，可以发现新的服务机会，进行新的服务预约，完成企业的闭环服务作业。

2. 服务接待在客户跟踪回访环节的主要职责是什么？

（1）根据回访员的回访情况，对存在维修质量问题的车辆安排返工作业。

（2）对需要预约的客户安排预约作业。

（3）对存在遗留问题的客户、曾经出现过抱怨情绪的客户在约定的时间内进行回访，了解客户车辆使用情况，解释客户疑问。

（4）根据客户投诉处理单，处理服务接待权限范围内的投诉事件。

【问题二】　如何开展跟踪回访服务？

企业进行客户跟踪的作业流程图如图7-1所示。

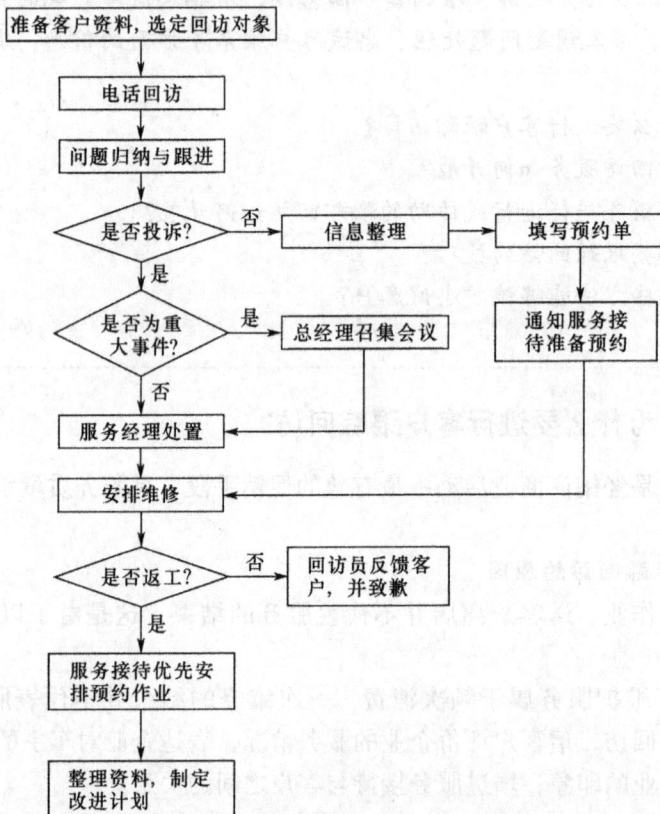

图 7-1　企业跟踪回访流程示意图

（一）准备客户资料，选定回访对象

（1）服务接待整理手中的客户资料，估算保养、易损件、定期更换件的到期时间，然后将客户资料交给专职的回访员，回访员对每位服务顾问的资料进行整理、汇总。

（2）回访员在每天回访前要整理好客户资料，将客户资料按照离店时间依次排列。需要准备的资料包括：问诊表、委托书、派工单、结算单、回访记录表（表7-1）和顾客抱怨（投诉）处理单（表7-2）。

表7-1 回访记录表

日期：＿＿＿＿＿ 电话回访员姓名：＿＿＿＿＿ 序号：＿＿＿＿＿

所选的顾客			电话询问的结果							结　论	
服务顾问	顾客姓名	车型	无不足之处	1.维修质量	2.服务态度	3.服务等待	4.	5.	其他不足	顾客评述（抱怨,批评,建议,表扬）	回电话	返修	由谁完成
维修日期	电话号码	车牌号											完成否
1.													
2.													
3.													
4.													
5.													
6.													
7.													
8.													
9.													
10.													

（3）回访员要筛选和确定回访对象。对重点客户、事故客户、大修客户及有投诉记录的客户由客户接待进行100%回访，其他客户由回访员按30%的比例进行回访。

表7-2 顾客抱怨(投诉)处理单

抱怨(投诉人)姓名		联系方式	
车牌号码		车型	
购买日期		行驶里程	
车架号码		发动机号码	
顾客抱怨(投拆)来源	□顾客　　□RSSC　　□CRM　　□其他		
顾客抱怨(投拆)日期			
顾客抱怨(投拆)问题:	□质量　　□服务　　□配件　　□销售　　□其他		

调查结果:

调查人:　　　　日期:

处理结果:

处理人:　　　　处理人:

电话回访结果(不满意问题):□非常满意　　□满意　　□一般　　□不满意　　□很不满意

抱怨(投诉)原因分析:

改进措施:

对被投诉者的意见:

（二）电话回访

回访员严格按照电话礼仪的要求，正确问候及称呼对方，询问对方是否有时间接受回访，语言表达要清楚明了，并告知回访所需的大致时间。主要回访任务有：

1. 投诉事件处置

（1）将客户投诉处理单登记编号后，当天提交经商销售后经理或总经理。

（2）重大事件第一时间通知总经理，由总经理召集会议，并由服务经理会同客户管理部门协作处置。重大事件通常包括：

① 涉及金额较大的投诉事件。

② 可能导致媒体报道或产生较大负面影响的事件。

（3）一般投诉由服务经理完成客户投诉处理单后，第二天交回回访员；对需要返工维修的车辆由回访员通知服务接待与客户联系，并填写返工通知单（表7-3），由服务接待与客户进行优先预约，安排返工。

（4）回访员在处置后三天内进行一次回访，记录回访内容，需要上传厂家的，整理后上传厂家。

2. 一般回访

（1）预约回访员将客户的预约信息进行记录，填写预约单，并通知服务接待接单。

（2）回访员整理并修订客户资料，联系不上或资料发生变更的要及时告知服务接待。

3. 满意度调查

（1）回访员请客户对企业的服务进行评价，包括整体服务情况、维修保养情况、服务接待的服务水平、客休区服务、维修价格等问题，并注意做好记录。

（2）了解车辆使用情况，解答客户疑问，并善意引导客户。对不能解答的问题，要做好记录，并与客户约定反馈时间。

4. 投诉处理

回访员如果遇到客户投诉，首先要真诚地道歉，然后认真地将客户的投诉内容如实记录到投诉处理单上，并表示对客户的同情，告知客户会立即联系相关人员处理。

（三）问题归纳和跟进

1. 进行主动邀约

（1）回访员根据客户档案，对近期内需要保养的车主进行服务提醒，邀约客户来店保养。

（2）如果企业近期内有促销活动，回访员可以根据客户档案对符合参加促销活动条件的车主进行主动邀约。

表 7-3　返工通知单

编号：_____

时间：	原委托书编号：
质检员：	原维修工组：
车牌号码：	现维修工组：

返工原因说明

返工安排

处理结果

车间主管签名：_____	技术总监签名：_____
服务经理签名：_____	总经理/站长签名：_____

2. 关爱问候

回访员根据客户档案，在节假日或对客户而言很重要的日期（如生日、结婚纪念日等），对客户进行关爱问候，以体现公司对客户的重视及关爱。

（四）整理资料，制定改进计划

（1）回访员根据回访情况，填写回访汇总表，整理回访汇总表、客户投诉处理单和返工汇总表（表7-4）。每周将分析结果发给服务经理和相关人员，并按月装订，保存2年。

（2）服务经理对每月的回访情况进行通报，并采用相应的绩效管理机制。

（3）分析原因，要求各环节人员制订整改计划。

（4）进行监督，持续改进

对制定的改进计划进行跟踪，并了解改进后的情况，制定持续的改善计划。

表7-4 返工汇总表

技术总监：_____ 期间：_____

| 日期 | 工作订单号 | 服务顾问 | 修理工 | 内返或外返/不合格现象 | 不合格类型（×） | | | | 措施 | 完成日期 |
					清洁	维修质量	工作未做	其他故障		
		合计								

（五）定时提醒

（1）整理客户档案。服务接待整理手中的客户资料，估算保养、易损件、定期更换件的到期时间，然后将客户资料交给专职的回访员，回访员对各服务接待的资料进行整理、汇总。

（2）回访员主动提醒客户定期保养，有联系不上客户的情况及时告知服务接待。

（3）回访员将客户的预约信息进行记录，并通知服务接待准备服务预约。

【问题三】 如何开展需要服务接待进行或协助的跟踪回访？

（一）需要服务接待跟踪回访的客户

服务跟踪回访是企业服务闭环中的重要组成部分，因此很多企业专门设有信息回访员专门进行此项工作。但是，有些类型的客户由服务接待进行回访更能获得如期的效果。

1. 对未查出故障的客户进行跟踪回访

某些客户反映的故障不易经常出现，有时维修服务企业会更换部分部件进行试验，由客户继续使用车辆进行观察，在此过程中需要服务接待按与客户约定的观察周期定期和客户联系，确认故障是否重现。

2. 对大修车辆主动跟踪回访

对进行了大事故维修、总成大修的客户定期进行联系问候，询问车辆使用情况，解答客户疑问，提醒客户定期回厂检查或保养。

3. 对经历过服务失误的客户进行跟踪回访

服务接待要和维修服务过程中经历过服务失误的客户及时进行沟通，努力消除客户的不满情绪，避免用户将不满意传播或不再惠顾。

（二）服务接待跟踪回访流程

服务接待进行服务跟踪回访的工作流程如图7-2所示。

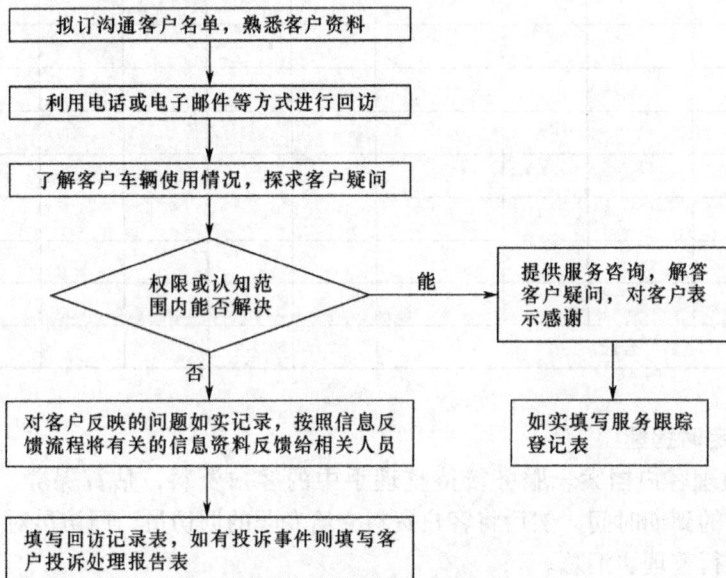

图 7-2　服务接待跟踪回访流程示意图

【问题四】　进行跟踪回访有哪些技巧？

（1）最好在维修一周之内打电话询问用户是否对服务满意。

（2）打电话时，为避免用户觉得他的车辆有问题，建议使用标准语言，发音要自然、友善。

① 打回访电话要懂得基本维修常识、善于沟通，并注意语言技巧。讲话不要太快，一方面给没有准备的用户时间和机会回忆细节，另一方面避免用户觉得

你很着急。

② 不要打断用户讲话，记下用户的评语（批评、表扬）。

③ 打电话时间要回避用户休息时间、会议高峰及活动高峰期，可在上午 9:00 ~ 11:00 或下午 16:00 ~ 18:30 进行回访。

（3）如果用户有抱怨，不要找借口搪塞，而要如实记录客户投诉内容，并告知客户反馈时间。

（4）处理投诉意见和客户疑问时，不作职权外的承诺或答应客户职权外的条件。

（5）如果与客户约定了回访时间，服务接待就要严格遵守约定时间，否则效果将适得其反。

（6）如果服务接待由于其他原因不能进行回访，需将客户信息告知客服人员。回访的客服人员需要了解事情经过，向客户致歉并积极缓解客户情绪，让客户感觉到企业对他的关注。

【问题五】 有哪些方式可以维护客户忠诚?

对售后服务企业而言，客户忠诚度是一个十分关键的指标。客户的忠诚度是指客户经过长期沉淀而形成的情感诉求，它是客户在历次交易活动中状态的积累。在当前的市场环境下，汽车服务企业仅仅吸引新客户是不够的，公司必须把这些新客户变成有一定忠诚度的老客户。

汽车企业所提供的汽车产品和服务的卓越品质是提高客户满意度的前提，培养忠诚客户是汽车服务企业追求的工作目标。如图 7-3 所示维持忠实度纽带策略轮显示可以通过四个方面的纽带来实现培养忠诚客户的目标。

1. 利用财务纽带维系客户群

（1）对客户进行量和频次的鼓励，根据客户购买数量的多少，给予他们不同的价格水平。实施量或频次的鼓励，主要依据是：

① 由于将若干次的交易量集中在一次的交易中完成，节约了交易成本，所以，汽车企业可以将节约的部分交易成本以优惠的形式返回给消费者，以实现双赢。

② 单次购买量的增大，实现了提前消费或消费储备。客户表现出的不是消费量的提高，而是

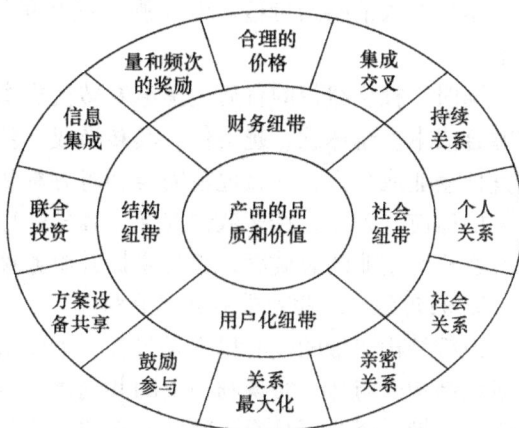

图 7-3 维持忠实度纽带策略轮

保持消费量不变情况下的透支性购买，这就可以防止在以后的消费过程中，消费者受到竞争产品的诱惑。

③ 量的提高不仅仅表现在单次交易量，还表现在累积消费量。对累计消费量给予一定的奖励，是为了鼓励消费者的忠实行为，同时也可形成一种转换成本。如果消费者中途改变了品牌的选择，则以前的消费所可能带来的奖励就会因此丧失而形成转换成本，如汽车服务企业对维修保养的车辆实行积分卡制度就是采用累计奖励的策略。

（2）集成购买或交叉购买奖励。客户不一定在单一品种上购买得比较多，尤其是对汽车关联产品而言，每个家庭不可能无限制地购买，其数量是有限的。对于单一产品消费潜力有限的情况，可以通过集成购买或交叉购买，即通过购买相关产品和服务来提高客户对企业的贡献和价值。如汽车美容装潢、关联性服务、汽车维护等。对客户购买或使用同一企业、同一品牌产品服务群的行为给予价格优惠或财务上的奖励，是财务纽带交叉购买策略的体现。

（3）采取较稳定的价格策略。所谓稳定的价格策略，主要是为客户提供无论市场价格如何波动，企业给予客户的价格都保持在一个比较稳定合理的水平。在组织市场销售中，该策略使用得比较多。特别是当汽车产品与服务价格降低时，应考虑给近期购买的客户相当额度的优惠，以维护老客户的利益，保持客户忠诚。

2. 利用社会和心理纽带维系客户群

社会和心理纽带着重强调通过不断交易而形成的个人关系对客户忠实度的意义。任何交易都是通过人来实现的，具体的交易人除了具备交易本身所实现的需求以外，还具备了自己的情感需求。个人关系首先表现出的是一种情感价值。情感需求的满足，可以使得购买行为的决策者、实施者在对交易获得价值的评估上，增加个人情感的价值。专业服务接待可以通过情感销售为企业创造额外的价值。

同时，社会纽带的背后也蕴涵着转换成本。转换成本包括了和交易人的熟悉和磨合成本。越熟悉、越信任，其转换成本就越高。客户如果不同你交易而转换为其他企业或个人，那么他就需要和对方重新建立彼此的友谊、信任，包括相互风格的适应。因此，在多数情况下，客户的忠实与企业员工的忠实息息相关，要提升客户对企业的忠诚度，首先要提升服务接待对企业的忠诚度。

3. 利用组织结构纽带维系客户群

组织结构纽带的核心思想是与客户形成供应链，成为利益共同体。通过一定的组织结构来与客户实现利益上的共同体。组织结构可以是资本纽带，也可以是非资本纽带。企业不是通过利益交换的方式与客户沟通，而是通过与客户成为利益共同体，实现客户对企业的忠诚，形成利益共同体的方式是与客户一起去实现一个目标或一种追求。在这样的背景下，服务接待和客户的关系不是单纯的交易关系，而是一种伙伴关系。例如：企业进行抽奖答谢长期在企业进行维护保养的汽车用户，这只是一种交易行为。但是如果汽车企业组织汽车俱乐部，为汽车用户长期提供培训、交友、信息沟通的机会，则情况就发生了变化。此时，企业已不是单纯地与客户建立一种交易的买卖关系，而是建立了共同发展壮大的机会，形成了伙伴关系。

4. 用户纽带

用户纽带是涉及对用户个性化需求满足的具体问题。要充分满足客户个性化的需求，就需要与客户形成互动性的交流，充分了解客户的问题与需求。服务接待要鼓励客户与自己一起，共同解决所遇到的问题，而不是服务接待单纯地卖给客户一件产品而已。服务接待要让客户觉得与自己的合作非常有价值，他所获得的不仅仅是个性化需求的满足，更关键的是他参与了解决其问题的全过程。

任务实施

当小王接到周经理电话的时候，一头雾水，有什么事呢？好像最近自己没犯什么错误呀。小王带着忐忑不安的心情来到了周经理的办公室前，敲了敲门，然后推开门走了进去。暗暗地打量了一下周经理的表情，看看是多云还是晴天。周经理当然明白小王的这点小伎俩，知道如果直接说的话，未必会得到好的效果，因此笑着和小王说："小王你坐下，最近感觉怎样呀？"

小王听了周经理的问话，心情稍稍地放松了一下，说道："还可以。"看到小王情绪稳定下来，周经理一边给小王倒了一杯茶，一边问："小王，有三种朋友：净友、益友和损友，你最喜欢哪一种？"

由于小王涉世较浅，对这三类朋友的说法并不是很明白，现在听到周经理这么讲，非常感兴趣，心里明白这是周经理要给自己上课了。上一次正是由于周经理的一番谈话拨开了自己心头的迷雾，这一次又有了新的进步机会，小王怎能不抓住，就连忙问道："这三种朋友是什么含义呀，周经理？"

周经理笑了笑，说道："所谓净友，是指一类喜欢给我们提意见的朋友，他们经常会发现我们的一些失误，从而使我们获得了进步的机会；益友是指一类积极向上的朋友，在他们那里我们总能学习到好的方面，从而激励我们勇于向前；损友是指一类生活上的朋友，他们可能给我们带来放松和快乐，但并不会对我们的事业有什么帮助。"

小王听了，非常兴奋，原来交朋友也有这么多讲究，于是说道："那我当然喜欢净友和益友了，损友就算了吧。"周经理听了小王的回答，笑了一下，他明白，小王的心门快要打开了，这时候谈话的效果才是最佳的。就接着说："其实对于人而言，这三类朋友都是需要的，关键是遇到事情的时候如何来取舍。当我们郁闷的时候可以找损友，因为他们能够使我们放松。当我们做事的时候，要找益友。益友会使我们做事的时候事半功倍。当我们学习没有方向和动力的时候，要找诤友。诤友可以给我们指示方向。"

小王听了周经理的话，茅塞顿开，说道："周经理，您说得太好了，我一直为如何交朋友而头疼，现在我知道应该用什么样的交友原则了。"只听周经理说道："小王，有个问题你想过没有？我曾经说过，要把客户当我们的朋友，你说，那些抱怨甚至投诉的客户算是什么样的朋友呀？"

听到这里，小王有点明白周经理为什么要和自己谈这个话题了，是啊，能够诚恳地对我们提出意见的客户不正是我们的诤友吗？正是由于有他们的鞭策，我们才能够经常发现自己的不足之处，使我们的服务水平不断得到提高。但是这个问题自己确实还有一点没有想明白，就问道："可是周经理，回访不是有专门的回访员吗？好像这个不是我们的职责范围呀。"

周经理听到小王的话，心里暗想，这小王真是顽固呀，于是就用一种恨铁不成钢的语气继续说道："小王，回访员的工作更多的是企业对服务的一种促进和监督的作用，而公司要求服务接待对问题客户进行回访，是企业主动服务客户的精神体现，旨在帮助每一位服务接待提高业务水平，培养稳定的客户群。我看了你的月度回访报告，是100%的客户满意度，对问题客户你基本上就没有回访，你觉得这样做对自己或公司又有什么用呢？"

响鼓不用重锤敲，周经理虽然不是采用批评的语气，但是每一句话都如同巨雷响在小王的心间。是呀，自己放着能够给自己提意见的诤友不去请教，而是要小聪明来应付企业的工作，于客户、于自己、于公司均毫无益处，这又是何苦呢。对问题客户进行回访，可以消除可能出现的意外情况，加深自己与客户之间的感情沟通，培养公司的稳定客户群，这又何乐而不为呢。刹那之间，小王想通了公司要求服务接待进行电话回访的深层含义，也想通了周经理和自己谈话的良苦用心。小王站起身来，说道："周经理，多谢您的开导，我想我应该知道怎么做了。"说完，小王向周经理鞠了个躬，转身离开了周经理的办公室。看着小王离去的背影，周经理暗自点了点头，真是孺子可教也。

任务二

客户投诉事件处理

任务目标

目标：能够处理一般性投诉事件

任务下达

对于投诉事件而言，很多服务接待都是很头疼的。可以说，没有哪个服务接待愿意自己经常遇到此类问题，可又有哪个服务接待能够回避这个问题，或因人、或因事总会遇到需要处理的投诉。大家的难处周经理也很清楚，但是一个服务接待如果想成长起来，学会处理投诉事件是一条必经之路。鉴于此，周经理专门组织了一个"如何处理好投诉事件"的内部交流会。

任务分析

能否有效地处理投诉事件，化客户投诉为客户满意，直接反映企业的服务能力。上述问题的明确，需要掌握的知识点包括：

1. 什么是客户投诉？
2. 处理一般性投诉事件的作业流程是怎样的？
3. 处理客户投诉事件有哪些技巧？

【问题一】 什么是客户投诉？

汽车售后服务具有服务周期长、涉及面广、客户诉求复杂多变的特点，在售后服务提供的过程中经常会遇到客户投诉的事件。投诉是客户对服务不满意，或认为自己的合法权益受到侵害而向企业、政府或第三方管理机构提起投诉以讨回公道的行为，是客户不满意的一种诉求性很强的表现形式。

（一）产生客户投诉的原因是什么

很多原因可能导致客户的投诉，从维修质量到汽车产品，从服务质量到服务承诺，每一个可能出现服务失误的地方都可能导致客户投诉。图 7-4 所示为2008 年汽车投诉主要服务问题分析示意图。对客户而言，投诉是维护自身权益的有效手段，随着人们消费理念的不断成熟，越来越多的客户在对服务不满意的时候，都会选择投诉的方式来维护自身的合法权益。虽然投诉事件对于汽车服务企业而言只是个案，但是它带来的危害性却不容忽视。如果不能妥善地处理投诉事件，不仅会导致客户流失，还可能给企业带来很大的负面影响。

（二）投诉的种类

按照投诉原因的不同，我们可以把投诉分为以下几种：

（1）汽车产品本身的质量投诉。因汽车产品本身存在缺陷或车辆由于其他原因出现性能障碍，而使客户产生不满情绪，导致客户投诉。

（2）服务质量投诉。汽车产品服务是长时间、多人员、多项目的服务。在

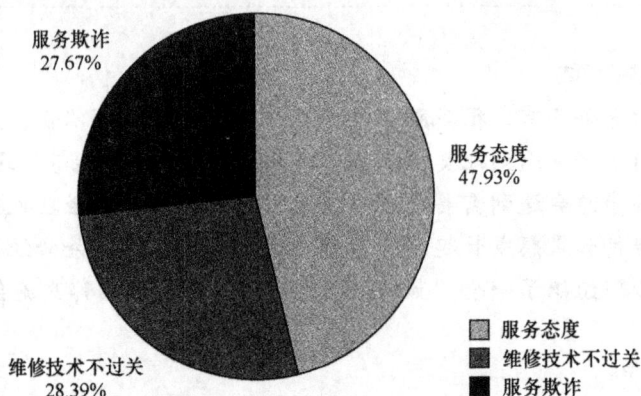

图 7-4　2008 年汽车投诉主要服务问题分析示意图

整个复杂的服务过程中即使是在一个环节出现沟通不够或服务态度不良，也会导致客户投诉。

（3）维修技术投诉。汽车是技术含量很高的消耗性产品，需要专门的技术人员提供服务。由于维修技术不到位导致故障不能一次性排除，甚至多次都不能得到解决，从而导致客户投诉。

（4）备件质量投诉。汽车产品的备件门类多、品种多。由于配件质量的不稳定易出现索赔，若不能及时处理，会导致客户投诉。

（5）服务价格投诉。由于客户对市场行情不甚了解，服务价格高于客户原来的预期，而同时服务接待没有做好沟通工作，导致客户投诉。

（6）客户另有企图的恶意投诉。少部分客户单方面恶意扩大事态或被竞争对手利用，企图获得更多利益或达到其他目的的投诉。

（三）投诉的方式

投诉可以根据客户的反映渠道分为一般投诉、重大投诉和恶意投诉三类。

1. 一般投诉

（1）面对面地表示不满。这类客户会直接将不满发泄给接待他们的人，如服务接待、结算员等。

（2）到公司领导处投诉。针对服务过程中出现的问题，有些客户直接向公司高层领导投诉，以期得到尽快解决。

（3）向汽车俱乐部或车友俱乐部反映，通过组织进行协调解决。

（4）投诉厂家。由于当前信息渠道越来越丰富，针对经销商服务不到位的问题，有些客户会通过有关渠道直接向汽车厂家投诉，以达到解决的目的。

2. 严重投诉或公关危机

如果客户的一般投诉不能得到有效的处理和解决，有些客户就会通过其他的渠道进行投诉。

（1）向行业主管部门投诉。客户对严重存在的质量问题会向行业主管部门投诉，以期得到公正合理的解决。

（2）向消费者协会投诉。有些客户为了得到支持会向消费者协会投诉来获得解决。

（3）向电视、广播、报纸等新闻媒体表示不满。

（4）在互联网上发布消息。有些客户希望通过互联网引起更多的社会人士关注，从而给厂家或公司施加压力。

（5）通过法律渠道解决其投诉问题。

3. 恶意投诉

（1）客户提出过当索赔要求。这是指客户对企业服务失误不符合公平性原则，提出过分要求，并有意扩大事端以获取额外补偿的投诉事件。

（2）非服务过失客户无理取闹。企业没有服务失误，而客户希望获得额外补偿而提出的投诉。

（3）第三方恶意利用。由于企业没有对投诉事件及时妥善处理，而被第三方恶意利用的投诉事件。

（四）客户投诉诉求方式

客户投诉诉求的方式通常有5种，图7-5所示为客户投诉诉求分析示意图。

（1）出现的故障免费予以维修。

（2）对由于服务失误或质量问题导致的时间、精神和经济损失要求赔偿。

（3）要求对存在重大质量问题的车辆退货。

（4）要求企业召回存在批量问题的车辆。

（5）要求企业对出现的服务失误进行认错并道歉。

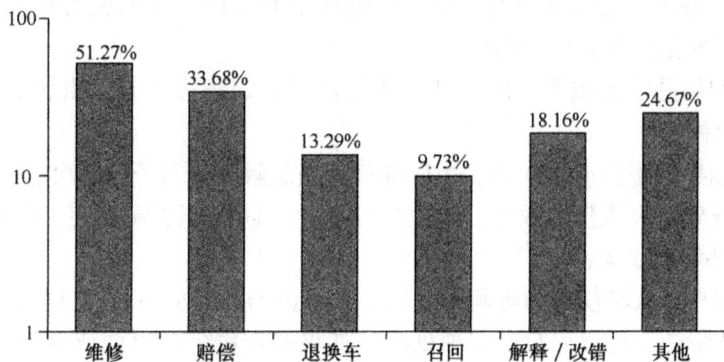

图7-5 客户投诉诉求分析示意图

【问题二】 处理一般性投诉事件的作业流程是怎样的?

从某种意义上说,恰当地处理投诉是最重要的售后服务工作。汽车企业有效处理客户投诉的重要手段之一就是按照既定的流程来处理投诉事件。

(一) 投诉处理作业流程

客户投诉处理作业流程示意图如图7-6所示。

1. 接受并记录客户投诉

接到客户投诉电话后,服务接待不可和客户争论,而要注意鼓励客户及时投诉问题。在客户诉说的过程中千万不能打断他们,以免增加已有的愤怒和敌意,使问题更难处理,服务接待在接受投诉的时候一定要作好记录,根据客户投诉登记表详细记录客户投诉的全部内容,如投诉人、投诉时间、投诉对象和投诉要求等。

2. 判定投诉是否成立

在了解客户投诉的内容后,要确定客户投诉的理由是否充分,投诉要求是否合理。如果投诉并不成立,就可以委婉的方式答复客户,以取得客户的谅解,消除误会。

3. 确认投诉性质,判断事实真相

客户抱怨的原因千差万别,必须在弄清事实的基础上进行认真分析。在很多情况下客户会强调那些支持其观点的情况,所以服务接待不能马上作出判断,而要通过内部信息系统查明客户投诉的具体原因及造成客户投诉的具体责任人。

4. 确定投诉处理责任部门

依据客户投诉的内容,确定相关的具体受理单位和受理负责人。

(1) 如果是产品质量问题,由信息管理中心按照厂家的投诉处理流程上传厂家,由厂家指定投诉处理部门。

(2) 如果是维修质量问题,则由售后经理确定解决方案,由服务接待负责安排客户返修。

(3) 如果是服务质量问题,由服务经理确定解决方案予以解决。

(4) 导致重大责任事故的,上报总经理,由总经理协调各部门进行处理。

5. 提供解决方案

依据客户对汽车使用和理解的不同客户投诉的内容也不同。首先,要冷静地判断这件事情是否可以由自己单独处理?如果必须由公司出面或其他部门处理,应马上转移到其他部门处理或提交更高一层管理机构处理。其次,服务接待仍然负有处理客户投诉的责任,从有关部门接手处理,直到客户问题圆满解决——这是一站式汽车服务的具体表现。

接受并记录客户投诉

是否成立？ —否→ 耐心向客户解释

是↓

判定投诉性质

是否是产品质量投诉？ —否→ 是否是服务质量投诉？ —否→

是↓ 　　　　是↓

有礼貌地倾听客户投诉，不要马上作出判断、争辩或承诺，填写投诉表格

向总经理、汽车制造厂商相关部门报告。若事态扩大，由厂家公关部处理 ←是— 是否是保修期内两次以上重复投诉？

否↓

是否是涉及媒体、事故等的重大投诉？ ←是

否↓

是否可以解决？ —是→ 迅速处理并通知客户维修，进行适当解释

否↓ ↓

一个工作日内发布初步回复信函，并确认收到客户投诉 　检讨问题，提出整改意见

↓ ↓

调查细节：维修记录、保养记录等，交给相关部门处理 　建立投诉意见处理档案，以备核查

↓ ↓

安排上门服务或通知客户将车送到服务站进一步检查 ←是— 是否需要更多信息 　涉及厂方或重大投诉将处理结果上传厂家

否↓

是否可以解决？

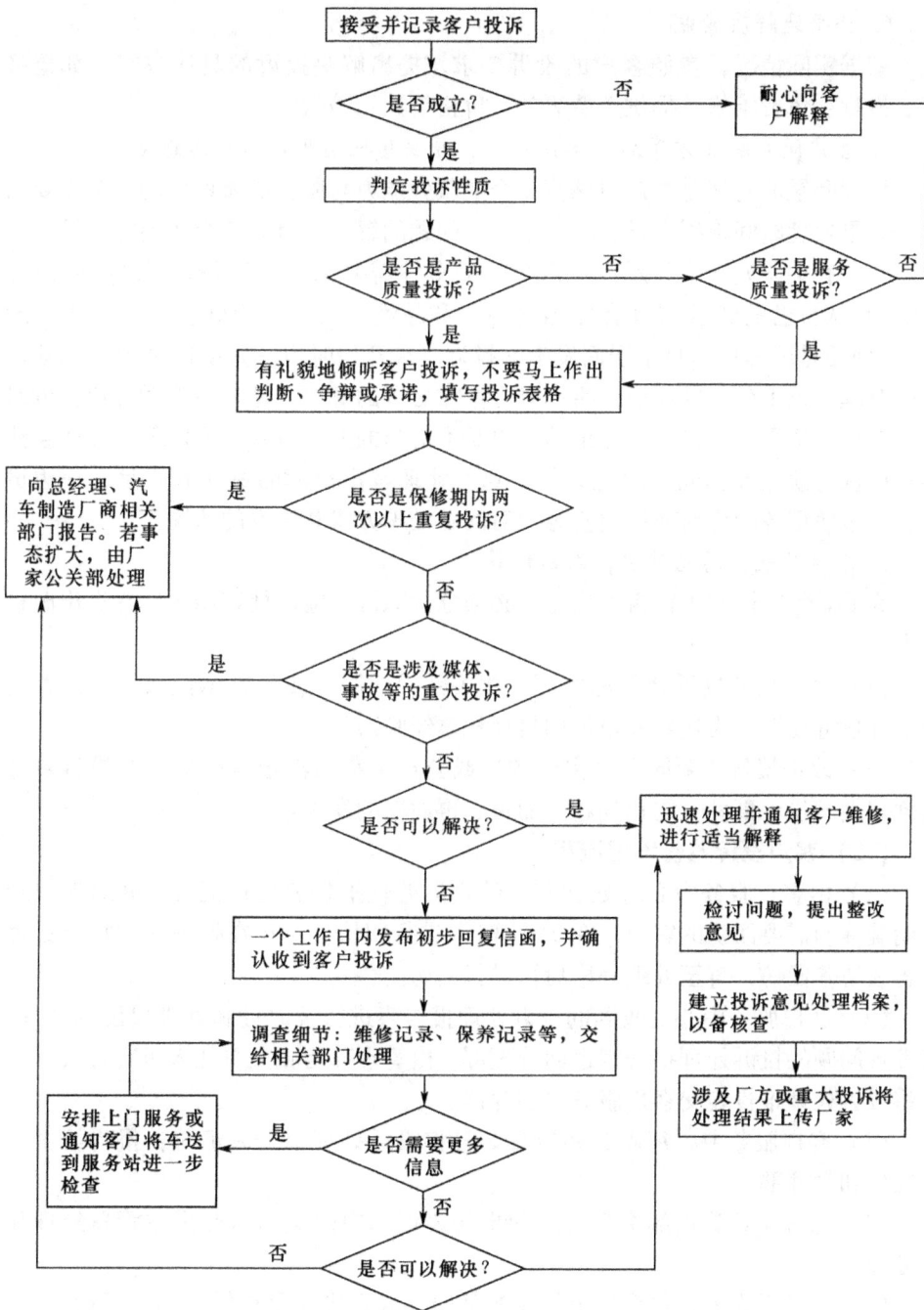

图 7-6　客户投诉处理作业流程示意图

6. 公平地解决索赔

依据实际情况，参照客户的投诉要求，提出解决投诉的具体方案，如退换车、换货、免费维修、提供免费服务、价格折让、赔偿等。

7. 客户同意解决方案后应尽快处理，并注意收集客户的反馈意见

处理问题的时间是客户对该汽车企业服务能力与服务品质评价的一个重要指标。如果处理时间拖得太长，不仅不利于问题的解决，有时甚至还会将问题进一步恶化。有关研究报告显示，一次负面的事件需要 12 次正面的事件才能弥补。"当场承认自己的错误须具有相当的勇气和品性；给人一个好感胜过一千个理由。"即使是因客户本身错误而发生的投诉，在开始时也一定要向他道歉，就算自己有理由也不可立即反驳，否则只会增加更多的麻烦。这是在应对客户投诉时的一个重要法则。但是，一味地赔罪也是不恰当的处理方式，低声下气反而会让客户误认为缺乏处理问题的能力与诚意。处理客户投诉的最佳方式是，一边道歉，一边使用各种应对方法建立客户对问题处理方式和结果的认同。

8. 检讨结果，总结改进，做好记录

为了避免同样的事情再度发生，必须分析原因，检讨处理结果，并提出改进报告。

（1）每一次的投诉处理都要写入相关部门的服务质量警示记录，以便查阅和统计投诉规律，为达到零投诉的目标积累经验。

（2）改进报告：要向上级主管领导或公司董事会汇报有影响力的投诉事件或规律性的投诉事件，防止问题一而再、再而三的发生。

（二）客户投诉监督管理流程

（1）由客户服务中心对处理完毕的投诉处理报告表进行汇总，并对客户经理明确标明需要回访的客户，在 24 小时内进行回访；对正在处理中的投诉处理报告表暂停回访，直至处理完毕后再进行回访。

（2）客户服务中心对收到的投诉处理报告表进行及时性和处理尺度的考核，将发现问题的投诉处理报告表返回管理部，由管理部与相关责任人进行过失认定后将投诉处理报告表交客户服务中心存档。

（3）客户服务中心每周二和每月 2 日将投诉处理报告表汇总，报告给主管总经理和管理部。

（4）每月 4 日管理部将投诉处理报告表汇总中的奖罚情况报主管总经理和财务部。

（5）除责任人外，每个环节涉及的部门都应安排主要责任人和次要责任人，不得由于人员休息延误投诉处理报告表的处理时效性。

（6）当事人不得直接参与客户投诉处理。

【问题三】 处理客户投诉事件有哪些技巧？

（一）处理投诉的原则

企业对客户投诉的处理好坏直接关系到企业的服务能力。在投诉处理过程中，要把握如下原则：

（1）先处理心情，再处理事情。客户在开始陈述其不满时，往往都是一腔怒火，这时候如果马上处理，可能并不利于事情的解决，我们应在倾听过程中不断地表达歉意，同时允诺事情将在最短时间内解决，从而使客户逐渐静下来。等客户怒火平息后，再认真仔细地了解实情的真相，进行处理。

（2）不回避。发生问题后，不能采取回避的原则，因为回避只能将问题搁置而得不到解决，还有可能发生其他的意外而更不利于事情的解决。

（3）第一时间处理。当发生投诉问题后，使问题得到尽快的解决是最有效的方法。

（4）找出原因，控制局面，防止节外生枝、事态扩大。汽车企业要针对客户申诉，迅速查找出引起他们不满的真实原因，才能在处理过程中做到心中有数，有的放矢。许多客户往往故意夸大自己的不满意，以求"同情"，实现自己的"目的"。如某客户汽车空调出现问题，他在陈述中就说汽车是多么耗油，即机械性能多么欠佳等，这时就需要我们的人员在倾听过程中准确判断客户的"真正"不满之处，有针对性地进行处理，从而防止节外生枝，事态扩大。

（5）必要时请上级领导参与，运用团队的力量解决问题。

（6）在投诉处理过程中，服务接待不要作职权外的承诺，涉及赔偿问题时，要把握诚意道歉、适当让步、合理赔偿的原则。

（二）处理投诉的技巧

巧妙地处理投诉、化解客户的不满情绪是客户服务的重要手段。

1. 稳定客户情绪、防止意外状况的技巧

处理投诉最关键的环节是要稳定客户的情绪，可以运用以下技巧：

（1）表示歉意。不管投诉是由于什么原因，都给客户带来了很大程度的不便，因此，在解决问题前表示歉意是十分必要的。

（2）让客户放松。当客户情绪激动的时候，首先是让客户放松下来，可以让客户坐下，并端上茶水。让他慢慢讲，从而起到稳定情绪的作用。

（3）不争辩。站在客户的角度而言，投诉是不得已而为之。当客户反映问题时，如果与他们发生争论不仅不利于问题的解决，反而有可能进一步激化矛盾，扩大冲突的范围。

（4）换时、换地、换人。当投诉的问题比较严重时，可以采用换时、换地、换人的方法，减少冲突，避免激化，控制范围。首先是变更应对的人，必要时请

出主管、经理或其他领导，从而让对方看出你的诚意。其次就是变更场所。尤其对于感情用事的客户而言，变个场所较能让客户恢复冷静。最后应注意不要马上回答，要以"时间"换取冲突冷却的机会。服务接待可以告诉客户："我回去后好好地把原因和情况调查清楚后，一定会以负责的态度处理好这件事情。"这种方法是要获得一定的冷却期，尤其是客户所投诉的是难以处理的问题时，应尽量利用这种方法。

（5）转移话题。对于某些一般性的投诉，可以采用转移话题的方法，来调节客户的情绪。

2. 与客户交谈的技巧

（1）以诚恳、专注的态度来听取客户对汽车产品、服务的意见，听取他们的不满和牢骚。倾听客户不满过程中要面向客户，使其感到企业对他们的意见非常重视，譬如工作人员在倾听时应拿笔记下客户所说的重点，虽不能彻底安抚客户，却可以平息客户的怒火，防止事态进一步扩大。

（2）确认自己理解的事实是否与对方所说的一致，并站在对方的立场上替客户考虑，不可心存偏见。每个人都有自己的价值观和审美观，很可能对客户来讲是非常重要的事情，而你却感到无所谓，因此在倾听过程中你的想法与对方所述可能会有偏差。这时一定要站在客户的立场上替客户考虑，同时将听到的内容简单地复述一遍，以确认自己能够把握客户的真实想法。

（3）听客户反应问题时不可有防范心理，不要认为客户吹毛求疵，鸡蛋里面挑骨头。绝大多数客户的不满都是因为我们工作失误造成的，即使部分客户无理取闹，我们也不可与之争执。

（4）必要时，认同客户的情感，对其抱怨表示理解。

【案例】"让我在服务站等那么久！"

客户心理：A. 在百忙之中浪费时间；

     B. 不愉快。

注意点：A. 首先道歉，以消除客户的不满；

    B. 说明修理厂的结构。

应对办法一："我们的工作宗旨就是'客户至上'，如今有不周到的地方真是太抱歉了。假如我是您的话，一定会有同样的想法。为了有利于今后提高我们的服务质量与水平，可否拜托您给我们提一些改进意见呢？"

应对办法二："给您增添这么多麻烦真是对不起！最近由于客户们的安全意识提高了，来保养的车子也大为增加。我们一定会尽力地做好服务，但希望您最好还是利用预约制度，假如能够早点联络的话，效率可能会高一点。"

任务实施

对于这样的讨论会，大家还是很感兴趣的，毕竟能够圆满地解决意外投诉是每一位服务接待都期待的。

在讨论会上，小李的发言很有代表性。对于投诉事件，小李的观点是查清真相，快速处理，及时答复，妥善处理。这时有人问小李说："如果客户是恶意投诉呢？我们应该怎么办？"说实话，作为服务接待而言，由于长时间的服务工作，使得每一位服务接待都有一套自己的应对客户的方法，但是大家对恶意投诉却无一例外的头疼。当有人问到这个问题的时候，小李考虑了一下，回答说："第一，我们处理时，不能先入为主，主观定义客户为恶意；第二，要如实记录客户投诉的内容，以防后期出现意外时缺乏有效证据；第三，统一口径，公司所有与客户接触的人对事件的态度必须是一致的；第四，尽快查明真相，公平地提出解决方案；第五，不回避，通过正当的法律渠道来解决问题；第六，注意运用公关技巧化解矛盾，避免局面的进一步恶化。"小李的发言激起了大家的兴趣，在讨论会上，你一言我一语，大家讨论得热火朝天。对于大家的讨论，小王也非常感兴趣，自己虽然已经参加了工作，也参加过一些企业内部的投诉事件处理培训，但是毕竟经历有限，对投诉事件没有切身的感受。他听着大家的发言，脑海里不由得想起了前一段时间同事之间的一次谈话："投诉事件吗，小王你不要急，总会遇到的，我告诉你一个绝招——太极拳法，就是一哄二拖三躲四赖五推，这一套组合拳下来也就差不多了。"

敏感的周经理看到小王在那里一副走神的样子，就问道："小王，你在想什么呢？对于投诉，你谈谈你的看法？"

突然的提问让小王一楞神，当看到大家都看着自己时，小王紧张得什么都忘了，脑子里只有刚才想到的一个词，不由脱口而出："太极拳法。"听到小王的回答，大家不由得都乐了，这家伙，把玩笑话都说出来了。话一出口，小王便十分后悔，但是，话说出来就收不回来了，他期期艾艾地看着周经理，心里暗想，唉，又得挨批评了。

听到小王的回答，周经理又好气，又好笑，其实这太极拳法周经理怎么会不知道，虽然登不得大雅之堂，而实际上这种方法却十分普遍和流行。想到这里，周经理感到自己有必要表态了。周经理用少见的认真语气和大家说道："其实大家的想法我也很清楚，但我希望在遇到投诉事件时，大家一定要按照公司的流程来处理，不要用太极拳法。用太极拳法可能一时很有效，但是这种方法并不是解决矛盾，而是回避矛盾。如果经常用这种方法来处理投诉，不仅会损害公司形象，导致客户的流失，还很有可能激化矛盾，给投诉的处理带来更大的难度。"说到这里周经理停了下来，看了看小王，只见小王站在那里脸红得就好像小媳妇一样。周经理其实明白小王也是说漏嘴了，于是就提了个问题，顺便给小王个台阶下。周经理说着在电脑上调出了一个案例，问道："小王，这里有一个投诉事件，你说应该如何来处理。"

小王深吸了口气，把激动的心情平静下来，认真地看着周经理打出来的案例：客户反映，他的车发生事故后，在服务站更换了主、副安全气囊，使用一段时间后发现安全气囊灯报警。服务站接到客户反映后赶到当地，检测后发现是由于之前更换副气囊时，发生器连接线接线方式错误所致。维修站更换了副气囊连接线，故障消除。当服务站人员要求用户支付抢修费用时，客户认为发生安全气囊灯报警与维修站没有为其更换连接线有关，因此拒绝支付抢修等费用，所以向厂家进行了投诉。

小王仔细揣摩了一下，然后回答道："如果这件事情交给我来处理的话，首先我先调查客户的维修档案，确认客户是否在我店维修，并确定维修项目及服务项目等情况，核实客户投诉是否成立。如果投诉成立，我认为主要是由两个原因导致的：一是维修质量保证问题。由于维修站采取非规范的维修操作方式，造成车辆故障隐患，是客户对维修质量产生质疑抱怨的第一因素。二是客户反映车辆问题后，维修站没有核实自身问题而向客户收取费用，这是客户抱怨升级导致投诉的触发点。在本案例中，我认为客户投诉的主要心理是认为收费不合理，因此，维修站在分析原因后，应采取以下处理方式和态度：

(1) 就维修技术及质量问题与客户沟通、致歉。

(2) 采取补救措施解决用户车辆故障问题(必要时上门服务)。

(3) 减免本次维修费用，并考虑给客户适当补偿。

(4) 对维修当事人、紧急救援当事人进行内部教育处理。

为避免类似事件的发生，针对此次投诉所暴露出来的问题，我认为维修站在下述方面需要改进和提高：

(1) 加强当事人维修技能专业培训。

(2) 加强员工维修、服务规范的培训。"

小王逻辑清楚，层次分明，有始有终的回答得到了大家经久不息的掌声，周经理看着小王，十分欣慰地笑了。

参 考 文 献

[1] 克里斯托弗·洛夫洛克，约亨·沃茨. 服务营销[M]. 郭贤达，等，译. 北京：中国人民大学出版社，2007.

[2] 米奇·施奈德. 汽车维修企业管理指南[M]. 袁和，译. 北京：机械工业出版社，2006.

[3] 王永盛. 车险理赔查勘与定损[M]. 北京. 机械工业出版社，2006.